本书受到"华东政法大学学术专著出版资助项目"资助

英汉学术期刊中
应用语言学书评比较研究

语类与元话语

李玉　著

上海三联书店

目　　录

前言 ●●● 1

图目录 ●●●●●●●●●●●●●●●●●●●●●●●●●●●●●●●●●●●●●●● 1

表目录 ●●●●●●●●●●●●●●●●●●●●●●●●●●●●●●●●●●●●●●● 1

第一章　引言 ●●●●●●●●●●●●●●●●●●●●●●●●●●●●●●● 1

　1.1　研究背景 ●●●●●●●●●●●●●●●●●●●●●●●●●●●● 2

　1.2　研究目标 ●●●●●●●●●●●●●●●●●●●●●●●●●●●● 5

　1.3　研究意义 ●●●●●●●●●●●●●●●●●●●●●●●●●●●● 6

　1.4　本书结构 ●●●●●●●●●●●●●●●●●●●●●●●●●●●● 8

第二章　文献综述 ●●●●●●●●●●●●●●●●●●●●●●●●● 11

　2.1　元话语研究 ●●●●●●●●●●●●●●●●●●●●●●●●● 11

　　2.1.1　元话语的定义 ●●●●●●●●●●●●●●●●●● 11

　　2.1.2　元话语的分类模式 ●●●●●●●●●●●● 19

　　2.1.3　元话语的研究视角 ●●●●●●●●●●●● 30

　　2.1.4　国内外元话语研究现状 ●●●●●● 39

　　2.1.5　小结 ●●●●●●●●●●●●●●●●●●●●●●●●●●● 45

　2.2　语类研究 ●●●●●●●●●●●●●●●●●●●●●●●●●●● 47

　　2.2.1　语类概念的发展 ●●●●●●●●●●●●●● 48

　　2.2.2　语类的定义 ●●●●●●●●●●●●●●●●●●● 50

　　2.2.3　语类与话语社团 ●●●●●●●●●●●●●● 54

　　2.2.4　语类研究的流派 ●●●●●●●●●●●●●● 56

2.2.5　小结 ……………………………………… 67

2.3　学术书评研究 ……………………………………… 68
　　2.3.1　书评研究的历史 ………………………… 68
　　2.3.2　学术书评的特征和功能 ………………… 69
　　2.3.3　国内外学术书评研究现状 ……………… 74
　　2.3.4　小结 ……………………………………… 77

第三章　理论框架及研究方法 ………………………… 78
3.1　Motta-Roth(1995)的书评语步分析结构 ………… 78
3.2　Hyland(2005a)的元话语分析框架 ……………… 82
　　3.2.1　引导式元话语 …………………………… 82
　　3.2.2　互动式元话语 …………………………… 84
3.3　本研究的分析框架 ………………………………… 86
　　3.3.1　本研究的书评语类结构分析框架 ……… 86
　　3.3.2　本研究的元话语分析框架 ……………… 88
3.4　语料来源与研究方法 ……………………………… 92
　　3.4.1　语料收集的原则 ………………………… 92
　　3.4.2　语料描述 ………………………………… 93
　　3.4.3　分析程序 ………………………………… 94
　　3.4.4　研究方法 ………………………………… 96

第四章　英汉学术书评的语类研究 …………………… 98
4.1　英汉学术书评中的语步分析 ……………………… 99
　　4.1.1　语步的总体分布 ………………………… 99
　　4.1.2　语步的循环与套嵌 …………………… 108
4.2　英汉学术书评中的步骤分析 …………………… 110
　　4.2.1　英汉学术书评中步骤的总体分布 …… 110
　　4.2.2　英汉学术书评中步骤的具体分析 …… 120

　　　4.2.3　步骤的套嵌 ……………………… 162

　4.3　本章小结 ……………………………… 165

第五章　英汉学术书评的元话语比较研究 ………… 167

　5.1　元话语资源在英汉书评语篇中的总体使用情况以及
　　　在语步中的分布情况 ………………………… 169

　　　5.1.1　元话语资源在英汉书评语篇中的总体
　　　　　使用情况 ……………………………… 169

　　　5.1.2　元话语资源在英汉书评语篇语步中的
　　　　　分布情况 ……………………………… 172

　5.2　引导式元话语在英汉书评语步及其步骤中的分布 … 174

　　　5.2.1　逻辑标记语在英汉书评语步及其步骤中的
　　　　　分布 ……………………………………… 174

　　　5.2.2　框架标记语在英汉书评语步及其步骤中的
　　　　　分布 ……………………………………… 184

　　　5.2.3　消息来源标记语在英汉书评语步及其
　　　　　步骤中的分布 ………………………… 190

　　　5.2.4　注解标记语在英汉书评语步及其步骤中的
　　　　　分布 ……………………………………… 204

　5.3　互动式元话语在英汉书评语步及其步骤中的分布 … 213

　　　5.3.1　模糊标记语在英汉书评语步及其步骤中的
　　　　　分布 ……………………………………… 213

　　　5.3.2　增强标记语在英汉书评语步及其步骤中的
　　　　　分布 ……………………………………… 224

　　　5.3.3　态度标记语在英汉书评语步及其步骤中的
　　　　　分布 ……………………………………… 233

　　　5.3.4　交际主体标记语在英汉书评语步及其
　　　　　步骤中的分布 ………………………… 242

5.4　本章小结 ･･････････････････････････････ 254

第六章　英汉学术书评中语类结构和元话语使用情况的
　　　　多维度解读 ･･････････････････････････ 256
　6.1　对英汉学术书评中语类结构和元话语使用情况解读的
　　　　思维模式视角 ･･････････････････････････ 256
　　　6.1.1　整体思维和个体思维 ････････････････ 257
　　　6.1.2　形象思维和抽象思维 ････････････････ 258
　　　6.1.3　归纳法和演绎法 ･････････････････････ 259
　6.2　对英汉学术书评中语类结构和元话语使用情况解读的
　　　　文化视角 ･･････････････････････････････ 261
　　　6.2.1　大文化 ･･････････････････････････････ 262
　　　6.2.2　小文化 ･･････････････････････････････ 267
　6.3　对英汉学术书评中语类结构和元话语使用情况解读的
　　　　语用视角 ･･････････････････････････････ 271
　　　6.3.1　礼貌策略 ････････････････････････････ 271
　　　6.3.2　合作原则 ････････････････････････････ 278
　6.4　本章小结 ･･････････････････････････････ 284

第七章　结语 ･･････････････････････････････････ 286
　7.1　研究结论 ･･････････････････････････････ 286
　7.2　研究启示 ･･････････････････････････････ 291
　　　7.2.1　理论启示 ････････････････････････････ 291
　　　7.2.2　实践启示 ････････････････････････････ 292
　7.3　研究局限性与研究展望 ････････････････ 293

参考文献 ･･････････････････････････････････････ 296
附录 ･･ 322

前　　言

　　学术书评是对新出版学术著作的介绍和评价,主要发挥信息性和评价性功能,是各个学科话语社团的成员了解所在研究领域发展前沿的重要手段,为知识构建和学术交流提供平台。但它在学界尚未引起足够重视,甚至被视为学术文献的"二等公民",这在学术语类系统中留下进一步研究的空间。在本研究中,我们将学术书评写作视为社交活动和基于期待的实践,具有对话性和互动性。书评作者需要妥善处理交际参与者之间的关系:一方面,他们需要将自身投射到书评语篇中,依据在相关学科领域的经验对目标读者的认知水平、处理信息的能力、获取信息的需求等方面进行预测,并通过对修辞手段的策略运用构建和维护与读者之间的互动关系,实现说服读者接受其论断的交际目标;另一方面,他们需要恰当处理与学术话语社团中其他成员的关系,通过文本间性与同行协商,将自己所作论断置于整个学科领域中,为学科发展做出贡献。基于对学术书评的这种认识,本研究以调整过的Motta-Roth(1995)的书评语步结构模式和 Hyland(2005a)的元话语分类模式为分析框架,对英汉学术期刊中应用语言学书评语篇的语类结构以及元话语资源的各个项目在各个语步及其步骤中的分布情况进行比较研究,并分别从思维视角、文化视角和语用视角对分析结果进行多维解读。研究拟回答以下问题:

　　(1)在应用语言学这一学科规约中,英语国家的写作者如何在国际语境下处理学术书评的修辞框架并使用元话语资源?

　　(2)在应用语言学这一学科规约中,中国的写作者如何在国内语境下处理学术书评的修辞框架并使用元话语资源？

（3）在英汉两种不同的文化语境下，应用语言学学术书评的修辞框架结构和元话语资源的分布有何异同？

（4）如何对同一学科社团、不同文化语境下的这些异同进行多维度解读？

为回答上述研究问题，我们从国际和国内权威的学术期刊中选取100篇应用语言学学术书评语篇（50篇为英语语境下撰写的发表在国际期刊的书评，50篇为汉语语境下撰写的发表在国内期刊的书评），对语料中的语步、步骤和元话语项目进行人工的和基于功能的识别与标注，并综合运用定性分析与定量分析相结合、理论分析与文本分析相结合以及比较的研究方法，呈现英汉语书评语篇的"语步-步骤"结构和元话语项目的分布特点，并统计分析语步和步骤在英汉书评语篇中的出现频率以及元话语项目在不同语步和步骤中的使用频率。

英汉语书评语篇在语类结构和元话语资源的使用方面既存在共性也存在差异。两者的共性为：

（1）书评语篇修辞结构的构建方面：英汉学术书评语篇都以语步1开始，其中以步骤4开头的语篇均占较大比例；语步结构都涉及语步的逆序、循环、套嵌等现象；语篇的发展趋势均为"整体"（语步1)-"局部"（语步2和语步3)-"整体"（语步4)；对英汉语书评中各个步骤出现频率的统计发现，步骤1、步骤4、步骤5、步骤7、步骤8、步骤10和步骤12为英汉语书评的必选步骤，步骤11为英汉书评的可选步骤。

（2）元话语项目在书评语步和步骤中的分布方面：英汉学术书评中都使用了丰富的元话语资源；引导式元话语的使用均多于互动式元话语；消息来源标记语均是引导式元话语中使用频率最高的元话语类别，态度标记语均是互动式元话语中使用频率最高的元话语类别；元话语项目多集中在语步1的步骤4、语步2的步骤 8、语步 3 的步骤 10 和语步 4 的步骤 12；元话语项目都多集中在作为书评主体部分的语步 2 和语步 3。

两者的差异表现在：

(1) 书评语篇修辞结构的构建方面：对四个语步在英汉书评语篇中出现频率的统计发现，英语书评中的四个语步均为必选语步，在汉语书评中，语步 1、语步 2 为必选语步，语步 3 为常规语步，语步 4 为可选语步；对语步结构的呈现方式和语步在书评语篇中出现频次的统计表明，英语书评的语步结构比汉语书评的语步结构复杂，英语作者在书评结构的构建中更具灵活性；英汉书评语篇在必选步骤和可选步骤的选项方面也存在差异，步骤 3 和步骤 6 在英语书评中为可选步骤，在汉语书评中为必选步骤，步骤 2 和步骤 9 在汉语书评中为可选步骤，在英语书评中则为必选步骤；步骤 3 在英汉语书评语篇中的使用也表现出较大差异，它在实施介绍作者信息的修辞功能时，所评著作者的所属单位这项信息在汉语书评语篇中出现较多，英语书评语篇则较少涉及。

(2) 元话语项目在书评语步和步骤中的分布方面：总体说来，根据标准化处理过的使用频数，英汉语书评具有不同的修辞倾向，英语书评使用的元话语资源远远多于汉语书评，每一种元话语类别在英语书评中的使用也都多于汉语书评；在自我提及语的使用方面，英语作者多使用单数第一人称代词"I"，用于凸显作者的论断和对学科社团所做的贡献。而汉语作者即使在单一作者的情况下也倾向于使用排他性的复数第一人称代词"我们"，强调对集体的融入。

英汉语书评语篇在语类结构和元话语资源使用方面的相似之处表明，学术写作是一项基于话语社团的行为，同属于应用语言学学术书评语类话语社团的英汉语作者在书评语篇的撰写中遵循了相同的学科规约和语类规约，通过对书评语篇中人际关系的考察恰当地呈现修辞结构，并运用元话语手段在"语步-步骤"

结构中实现交际意图，反映了英汉作者作为书评语类内部成员的身份，他们以这种群体内身份构建与读者的对话。两者之间的不同之处表明，思维模式、文化、语用等因素在语类强加的规约外也会对学术书评写作带来影响，来自英汉不同语言文化背景以及处在国际、国内不同发表语境的书评作者在这些因素的影响下对潜在的读者需求产生不同预期、对交际目标产生不同期待、对自身与学术话语社团之间的关系产生不同定位，并通过对语类结构和元话语资源的策略运用构建不同的人际关系，实现特定交际功能。

　　本研究在理论方面和实践方面都有一定的启示意义。在理论方面，本研究从跨文化的角度为 Motta-Roth(1995)书评语类理论的普适性提供了证据；研究对元话语项目在书评这个学界较少关注的语类中使用情况的考察，在一定程度上拓展了元话语分类模式的应用范围，加深了人们对学术书评特征的了解；标识特定交际意图的元话语资源与实施特定交际功能的"语步-步骤"的结合，能更全面深入地展现学术书评语篇的互动性和策略性，为其他语篇类型的研究提供借鉴；对研究结果从中西方的思维模式、文化和语用等多个角度进行解读，将语类结构理论和元话语理论置于跨文化和多学科的语境下考察，为它们的进一步发展提供了多维视角。在实践方面，本研究有助于培养学术写作新手的语类能力，掌握特定话语社团的语类规约；有助于培养学术写作新手的元话语意识，帮助他们发展读者意识、掌握与读者建立关系的恰当手段、获取表达与协商态度的资源，并最终参与到特定社团的对话中；有助于培养学术写作新手的跨文化意识，帮助其发展更具批判性和更有效的学术阅读和写作能力；在英语已成为世界"学术通用语"的语境下，本研究有助于学术写作新手了解国际学术领域的写作规约，迎合新的文化语境期待，有利于提升学术观点在国际上的认可度，达到传播学术思想、进行学术交流的目的。

图目录

图 4.1　学术书评的修辞结构模式 / 107

图 5.1　元话语资源在英汉应用语言学学术书评语篇各个语步的
　　　　总体分布情况 / 173

图 5.2　逻辑标记语在英汉学术书评语步中的分布 / 177

图 5.3　框架标记语在英汉学术书评语步中的分布 / 186

图 5.4　消息来源标记语在英汉学术书评语步中的分布 / 193

图 5.5　注解标记语在英汉学术书评语步中的分布 / 207

图 5.6　模糊标记语在英汉学术书评语步中的分布 / 215

图 5.7　增强标记语在英汉学术书评语步中的分布 / 226

图 5.8　态度标记语在英汉学术书评语步中的分布 / 235

图 5.9　交际主体标记语在英汉学术书评语步中的分布 / 245

表目录

表 2.1　三种语类研究流派的比较（Hyland，2004c：50）/ 65

表 3.1　书评中的语步和步骤 / 80

表 3.2　学术书评中的修辞结构 / 87

表 3.3　英汉学术书评中元话语分类列表 / 88

表 3.4　语料选取情况列表 / 93

表 4.1　英语书评中的语步结构 / 99

表 4.2　汉语书评中的语步结构 / 102

表 4.3　英汉语书评中语步的出现频率 / 104

表 4.4　英汉语书评中语步的出现频次 / 106

表 4.5　英语书评中的步骤 / 111

表 4.6　汉语书评中的步骤 / 114

表 4.7　英汉语书评中步骤的出现频率 / 118

表 4.8　英汉书评语篇中的必选步骤和可选步骤 / 119

表 4.9　由读者对象引出的读者群介绍 / 125

表 4.10　由著作信息引出的读者群介绍 / 126

表 4.11　汉语书评中的读者群介绍 / 127

表 4.12　概括话题内容所涉及的主要方面 / 130

表 4.13　英汉书评著作出版信息 / 136

表 4.14　概述著作结构所涉及的主要方面 / 138

表 4.15　"could/would＋V."的评价结构 / 150

表 5.1　英汉应用语言学学术书评语篇元话语资源的总体使用情
　　　　况 / 169

表 5.2 逻辑标记语在英汉学术书评语步及其步骤中的使用情况 / 175

表 5.3 框架标记语在英汉学术书评语步及其步骤中的使用情况 / 185

表 5.4 消息来源标记语在英汉学术书评语步及其步骤中的使用情况 / 191

表 5.5 注解标记语在英汉学术书评语步及其步骤中的使用情况 / 205

表 5.6 模糊标记语在英汉学术书评语步及其步骤中的使用情况 / 214

表 5.7 增强标记语在英汉学术书评语步及其步骤中的使用情况 / 225

表 5.8 态度标记语在英汉学术书评语步及其步骤中的使用情况 / 234

表 5.9 交际主体标记语在英汉学术书评语步及其步骤中的使用情况 / 243

第一章 引言

　　学术语篇常被认为是对自然界和人类世界进行的客观描述，"缺乏主观性(lack of subjectivity)"是它区别于非学术语篇的主要特征(Cecchetto，1997：142)。人们还将它与修辞对立起来，把它的说服力归于研究方法的合理性、消息来源的可靠性、推理的严谨性以及观点表达的客观性。但是近年来，学术语篇逐渐丧失了作为"客观"的话语形式的传统标签，它不再被看做是对研究过程和研究结果的事实性呈现。读者接触到的文本都是作者主观解读和过滤后的结果(Toulmin，1972)，并且可以对作者的解读方式提出异议(Hyland，2004d)。作者和读者之间的这种互动关系也成为构建学术语篇和增强其说服力的重要因素，我们甚至可以说，学术语篇事实上是使用语言来认可、构建和协商社会关系的一种行为，它的成功与否在很大程度上取决于作者是否与读者进行了恰当的对话(Myers，1989)。因此，作者在对语篇的构建和组织中，需要把目标读者的知识和兴趣考虑在内，同时还需将自身投射到语篇中，发挥其作为交际主体的能动性。

　　学术语篇涉及互动关系的观点也得到了其他学者的认可。Fowler(1991)认为，语篇是作者和读者基于共享的知识进行协商和创造的结果。Hyland(2005a)也主张，写作从来都不是中立的，它涉及写作者的兴趣、观点、立场和价值观。学术语篇对修辞的策略使用其实是作者在平衡事实信息和社交互动之间的关系时付出的努力(Bazerman，1988；Swales，1990)。

1.1 研究背景

众所周知,英语是国际舞台上科学研究领域交流信息的主导性语言,并且已经越来越成为"学术通用语(academic *lingua franca*)"(Duszak，1997：21；Mauranen et al. ，2016：55)。每年产出的学术论文中大多数都是用英语撰写的(Swales，1985),"在一些研究领域,这个比例甚至达到了90%以上"(Hyland，2006：24)。换句话说,越来越多的学术交流发生在国际层面,越来越多来自不同国家的学者加入到国际学术交流中,英美学术写作风格已经成为现代国际学术交流的标准。基于英语建立起来的国际话语社团有一套广泛认同的共同目标,成员间有彼此熟知和认可的交流机制(Swales，1990)。想要加入特定话语社团并在话语社团内产出语篇的写作者,就需要在社团目前的规约下界定写作目标、从事写作活动(Bizzell，1992)。这样看来,逐步获取国际交流的能力就成为非英语国家的写作者加入国际话语社团成员的必备技能。

但是,在一语环境下从事研究的非英语国家的学者想要在国际期刊发表学术论文往往会面临诸多挑战和障碍,或者可以说,能用母语进行有效写作的作者在用作为目标语的英语写作时很难达到相同的效果。在这种国际语境下,学者们意识到,跨语言的对比分析是深入了解英语写作的有效方式(Mauranen et al. ，2016)。应用语言学家自20世纪90年代起,开始从事跨文化研究,就学术论文的修辞在英语与其他语言之间进行比较,以期找到非英语国家的学者用英语撰写学术论文的难点所在。可能的原因是,他们虽然已经掌握了目标语的词汇、语法等特征,但是对修辞策略的使用未能达到本族语者的期待。有效的论断涉及对语言资源的恰当运用,作者在语篇中呈现自我的方式、协商论断的方式以及与读者互动的方式都与特定文化中的规约和期待紧密相连。

　　要达到对修辞策略和元话语资源的恰当使用需要借助语类和元话语这两个工具。语类能够把不同语言中的话语模式统一起来,在容许个人风格变体的同时,将一致性强加在话语社团成员身上(Widdowson,1979:61)。语类分析已经成为语篇分析的重要方法,是非英语国家学术写作教学的重要方面。它关注的是语言使用中重复出现的因素,为使用它们的语篇和社团提供描写和解释(Hyland,2011:172)。从修辞角度对语类进行分析的方法叫做语步分析(move analysis),它首先由 Swales(1990)提出,用于识别语篇中实施不同修辞功能的部分。这些不断出现的选择与特定话语社团的行为密切相关,其成员共享广泛的社交目的。更为具体的语步分析还会考察每一语步中不同的步骤。语步分析对语篇的修辞目标进行显性研究,它在语篇层面研究文本,考察的对象为跨越句子边界实施修辞功能的话语片段。需要指出的是,虽然语类分析是考察语篇的有效方式,但是分析者们越来越意识到,过于简单地考察语篇不同部分的功能而忽视作者复杂的交际目的或意图是存在风险的。在语篇分析时,需要将语类分析和元话语特征结合起来,分析作者在构建语篇时从一个语步过渡到另一个语步背后的动机,即作者是如何对语篇外的社会语境做出反馈的。语类分析和元话语资源之间具有内在的关联性,语步和步骤为学术写作和理解提供引导功能,这种功能通过元话语资源手段得以实现。元话语是促进交际的重要手段,反映了话语社团的文化规约和价值体系,构成了语篇的社会语境,能支持作者对论断的表达并构建与读者的关系。越来越多的研究关注不同文化中元话语使用的异同(Dahl,2004),是学术语篇实现其交际功能的重要手段。

本研究所关注的学术语篇是学术书评。它是各个学科的话语社团进行学术交流的重要形式，其目的既复杂又多样（Swales，2004），其中信息性和评价性是书评发挥的两项主要功能（Hyland，2000；Salager-Meyer et al.，2004；Suárez et al.，2008）。它除了告知读者某个特定学科新出版著作的信息，还能在学术社团内评价专业同行的学术工作。学术书评有助于知识的构建和学科社团社交凝聚力的发挥（Hyland，2000），为学术讨论和评价提供平台。Motta-Roth（1998）的语步修辞结构界定了书评在英语中的语类地位（Suárez & Moreno，2008），但是这一语类仍然在学术研究中经常被忽视。目前对学术书评的研究多基于跨学科视角（Motta-Roth，1998；Hyland，2000；Hyland & Tse，2006），研究对象多为书评的评价性，研究语料多为英语书评语篇，对其他语言中的书评语篇涉及较少。

本研究对汉语语境下具有较小话语社团期刊里的书评与国际期刊的书评进行比较分析，考察书评作者如何通过语类结构的分析考察不同文化语境下书评语篇的展开方式，以及如何通过元话语资源的使用把所评著作与同领域其他著作以及类似研究话题相互关联起来，如何把自己投射到语篇中，加入与读者、著作以及著作作者互动的语境中，以达到说服读者接受作者对所评著作发表的论断的交际目标（Hyland，2011：177）。本研究所做的比较分析把语言和文化变体（Duszak，1997：11）的因素考虑进来，考察来自不同语言和不同文化语境（英语和汉语）的同一学科社团（应用语言学）在对学术书评语篇使用的异同，并从思维、文化和语用等维度对研究结果进行解读，阐释语篇如何融入到作者所处的文化语境中，以期在对书评语篇进行充分描写的基础上达到解释的充分性。

综上所述，本研究中的学术书评写作被视作一种社会交际行为。在建构学术书评语篇的实践活动中,写作者将自身和写作成品置于本研究所涉及的应用语言学学科社团中,并与学科社团的其他成员进行交流,以期获取学科话语社团的认可。作者在这一实践活动中,通过元话语资源的策略性使用妥善处理自身、读者和语篇之间的互动关系,获取读者对其观点的接受,实现其交际意图。同时,作者还要使语篇的修辞结构符合书评写作语类的规约,以满足学科社团和读者的期待。

1.2 研究目标

本研究借鉴 Motta-Roth(1995)的书评语步结构模式和 Hyland(2005a)的元话语分类模式,对英汉语书评语篇的语类结构和元话语资源在不同语步和步骤中的分布情况进行了比较研究,旨在揭示书评语篇在英汉语不同的语言和文化语境下如何实现语篇构建以及作者—读者关系的互动,达到作者的交际目标。具体说来,本研究要实现的目标主要有以下几个方面:

第一,系统梳理元话语的定义、分类模式、研究视角、国内外研究现状,以及语类概念的发展、语类的定义和语类研究的不同流派,加深对元话语和语类概念的了解,为研究框架的构建和语料分析做好铺垫。

第二,考察应用语言学领域英汉学术书评语篇的"语步-步骤"结构,揭示每一个语步和步骤如何在语篇中发挥各自的功能,实现书评语篇的交际目标,并体现其目的性、步骤性和规约性。这种方法与传统的内容分析方法相比能更有效地解读学术书评(Nicolaisen,2002)。

第三,通过定量分析和定性分析相结合的方法,考察元话语资源在英汉书评语篇中的总体分布以及每一种元话语类别在英汉书评语步和步骤中的使用情况,了解元话语在英汉学术书评语篇中的使用特点，说明元话语手段在实现语步和步骤的交际功能、构建书评语篇结构、达到语篇的连贯性以及协商人际关系中发挥的作用。

第四，分析应用语言学学术书评的修辞框架结构和元话语资源的分布在英汉两种不同的文化语境下有何共性，说明来自不同文化的学科社团成员为维护其成员资格如何在行为模式上展示出相似性、确立其研究领域并标识这一学科社团的特征。

第五，在应用语言学这一学科社团中，考察英汉学术书评作者在用各自母语从事学术写作时对元话语的使用和语类结构的运用产生的不同，说明不同语言在书评语类构建时的差异性。

第六，从思维模式视角、文化视角和语用视角对英汉应用语言学学术书评中语类结构和元话语使用的情况进行多维度解读，这种阐释维度的多样化能够为语言现象提供解释的充分性，以期为相关研究和学术写作教学提供更多启示。

1.3　研究意义

本研究的目标在于比较拥有国际读者群的英语文化语境和拥有国内读者群的汉语文化语境下应用语言学领域的学术书评语篇，考察学术书评语篇的修辞结构和元话语资源的使用，揭示不同文化语境中修辞规约的倾向性，以及话语社团的成员在传播学科知识的过程中共享的信念和价值观。本研究具有一定的理论意义和实践意义：

（1）理论意义

第一，书评作为学术期刊的一部分，在对学科的界定和使学科合法化方面发挥重要作用。但是人们对这一语类的关注明显不足。本研究对应用语言学学术书评的修辞结构以及元话语资源在语篇中各个语步和步骤中的分布情况进行了细致深入的分析,考察书评的宏观结构以及它在微观层面的话语实现方式,有利于加深人们对学术书评这一语类特点的认识。

第二,研究中使用的跨语言和跨文化的研究方法能够考察同一语类在不同文化语境中的异同,这有利于推动语类研究的"生物多样性",拓展这一领域的研究成果。

第三,人们对元话语的研究多集中在研究论文、学术写作等方面,本研究对学术书评中元话语资源的考察扩大了元话语的应用范围。

第四,英语和汉语语境下对于元话语的研究多集中在英语语篇,本研究对汉语书评语篇中元话语使用情况的考察对于元话语在汉语其他语篇类型中的研究有一定参考价值,也为元话语提供了更广泛的跨语言跨文化的语料支撑。

（2）实践意义

目前,国际学术交流的不断深入以及国内对学术话语社团成员的期待和要求的不断提高使得中国学者在国际期刊发表学术观点变得越来越重要,而学术书评是应用语言学领域的学生或学者进行国际学术交流的重要手段,对学术书评的交际功能、语类修辞结构以及元话语资源使用情况的了解就显得非常必要。本研究对英汉学术书评的比较在国际学术交流、学术写作教学、学术阅读等方面具有一定指导意义,具体表现为:

第一,英语是国际范围内学术交流中占强势地位的语言,比较国际期刊学术书评和中国期刊学术书评的语类结构及其元话语策略运用的异同,了解两种文化语境下的学科话语规约,有利于国际学术社团的交流和对话,有利于我国学者参与国际语类研究和学术英语研究。

第二,研究对于那些想要在国际期刊发表研究成果的写作者有一定启示作用。熟悉国际学术领域的写作规约,有效调动多种元话语资源,迎合新的文化语境期待,有利于提升学术观点的认可度,达到传播学术思想、进行学术交流的目的。

第三,研究对于学术写作教学提供了有价值的思路。学术写作具有对话性(对读者期待的预见和回应)和互文性(与其他语篇的关联),教师在写作教学中提升学生的语类意识、元话语意识和跨文化意识,能够帮助学生理解特定学术社团的规约性和协同性,通过对社团的介入发展有效的读者、作者和语篇之间的互动关系,进而提高学术写作素养。

第四,研究有利于指导学术语篇的阅读,读者通过语篇的语类结构了解语篇各个部分的功能,通过元话语资源的使用特征了解作者如何构建语篇、如何发展与读者的关系以及如何实现交际目标,这样能加深对语篇的理解,对学术语篇进行积极的、批判性的阅读。

1.4　本书结构

本书由七章组成。

第一章为引言。主要描述了与本研究相关的背景,阐释了研究目标,从学术价值和现实意义两个方面说明了研究意义,最后呈现了本论文的结构安排。

第二章为文献综述。主要包括元话语研究、语类研究和学术书评研究。在对元话语研究的介绍中,首先从广义元话语和狭义元话语两个角度对元话语的界定进行了整理,然后讨论了几种具有较大影响力的元话语分类模式:Williams(1981a)的元话语分类模式、Vande Kopple(1985)的元话语分类模式、Crismore et al.(1993)的元话语分类模式、Hyland(1998a)的元话语分类模式以及 Ädel(2006/2010)的元话语分类模式,接下来回顾了元话语的主要研究视角:社会交际视角、功能视角、认知视角、语用学视角、修辞视角和心理语言学视角,随后又梳理了国内外元话语研究现状,最后对这一节的内容进行小结。在对语类研究的介绍中,首先梳理了语类概念的来源与发展,然后说明了不同学科对语类的界定,接下来阐述了语类与话语社团之间的关系,随后回顾了语类研究的三个不同流派并对它们进行了比较,最后对这一节的内容进行了小结。在对学术书评研究的介绍中,首先回顾了书评研究的历史,然后介绍了学术书评的特征和功能,接下来阐述了学术书评的研究现状,最后对这一节内容进行了小结。

第三章为理论框架及研究方法。首先介绍了 Motta-Roth(1995)的书评语步分析结构,然后介绍了 Hyland(2005a)的元话语分析框架,并对每一种元话语类别的功能进行了简单说明,接下来按照本研究的需求对书评语步分析框架和元话语分析框架进行了适当调整,构建了本研究的理论框架,随后介绍了本研究的语料来源,具体包括语料收集的原则、对语料选取情况的描述、对研究问题的阐述和对分析程序的介绍,最后介绍了本研究采取的主要研究方法。

第四章为英汉学术书评的语类研究。首先总结了英汉学术书评中语步结构的总体分布,比较了语步的分布特点,并举例说明语步的循环与套嵌现象,然后总结了英汉学术书评中步骤结构的总体分布,根据步骤的出现频率比较英汉书评中的必选步骤和可选步骤,举例说明了与步骤相关联的语言线索,并介绍了步骤的套嵌现象,最后对本章进行了小结。

第五章为英汉学术书评的元话语比较研究。首先介绍了元话语资源在英汉书评语篇中的总体使用情况以及在各个语步中的总体分布情况,然后通过比较以及举例说明的方式对英汉书评语篇中每一种元话语资源在每一个语步及步骤中的使用情况进行了阐述,最后对本章进行了总结。

第六章为英汉学术书评中语类结构和元话语使用情况的多维度分析,分析的维度包括思维模式视角、文化视角和语用视角。

首先介绍了中西方思维模式差异对英汉书评中语类结构和元话语使用情况的阐释，具体包括整体思维和个体思维、形象思维和抽象思维、归纳法和演绎法，然后从文化视角解读英汉书评语篇比较的差异，主要涉及大文化中的高语境文化和低语境文化、集体主义和个人主义、高不确定性规避文化和低不确定性规避文化，以及小文化中的写作文化、读者负责型写作模式和作者负责型写作模式。接下来阐释了对英汉语书评语篇分析结果进行解读的语用视角，主要包括礼貌策略和合作原则，最后对本章进行了总结。

　　第七章为本研究的结语部分。首先总结了对英汉学术书评语篇的修辞结构和元话语使用情况进行跨文化比较分析的结果，然后阐释了研究结果在理论和实践两方面的启示，最后指出研究存在的不足之处，并对后续相关研究提供了建议。

第二章　　文献综述

2.1　元话语研究

由于元话语概念对于口头和书面交流的重要意义,它自提出以来就受到不同学科领域学者的关注,涉及很多不同语境。同时,由于这一概念本身的模糊性(Nash, 1992：100),学者们对其界定和分类也不尽相同(Williams, 1981a; Hyland, 1998a; Hyland & Tse, 2004a; Vande Kopple, 1985; Ifantidou, 2005; 李秀明,2006;徐赳赳,2006)。本节将从元话语的定义和功能、分类、研究视角和争议等方面对这一概念进行介绍,为本研究中元话语的界定和理论框架的构建奠定基础。

2.1.1　元话语的定义

元话语研究者一直在致力于回答什么是元话语,以及元话语标记语在特定文本中所发挥的功能这两个问题。这一小节中,我们将就这两个问题涉及的内容进行回顾和整理,以期对元话语有更清晰的认识。

从词源学来说,meta-这一前缀可以追溯到古希腊时期。它源于 metaphysics,用于指"在 …… 之后"。"元话语(metadiscourse)"概念最早由 Zelling Harris 于 1959 年提出(Bäcklund, 1998),指的是作者(说话者)用于给读者(听话人)标识话语解读的方式。事实上，元话语现象由来已久。Crismore (1989)考察了公元前 5 世纪以来五个主要历史时期 10 种不同语类中元话语的使用情况，最后得出元话语是普遍存在的结论。不同研究领域的学者使用不同术语来表达"元话语"概念，Crismore (1989：49—89)对此作了总结：如符号学家 Niklas(1987)的"路标(signposting)"、言语交际理论家 Rossiter(1974)的"元交际 (metacommunication)"、社会语言学家（Bateson, 1972; Goffman，1974)的"框架(frame)"，以及 Schiffrin(1980)和 Ragan & Hopper(1981)的"元交谈(meta-talk)"、心理语言学 Keller (1979)的"开场白(gambits)"、修辞学家 Conley(1983)的"思想修辞格(figures of thought)"。另外，还有 Meyer(1975)的"信号词 (signaling)"、Lautamatti(1978)的"非主题语言材料(non-topical linguistic material)"等等。这些不同的术语反映了对元话语研究的不同视角、不同理解和关注点，以各自不同的方式对元话语研究作出贡献。我国学者对这一语言现象的中文译名也没有统一的标准，如"亚言语"(成晓光，1997/1999)、"元话语"(李佐文，2001)、"元语篇"(徐海铭，2004)等。术语使用和中文译名的不同在一定程度上造成了对这一语言现象理解的困难。Nash(1992：100)对此作出如下评价："metadiscourse 这个词也许具有客观性 (objective)和科学性(scientific)的光环，但是对它定义的界限却和修辞(rhetoric)或文体(style)一样难以确定。"

　　目前，人们往往基于元话语在语篇中的功能将其分为广义元话语和狭义元话语。下面我们就从广义和狭义两个方面来厘清元话语概念。

2.1.1.1　广义元话语

　　对元话语的广义研究也被称为"综合方法（integrative approach)"(Mauranen，1993a；Ädel，2003)。在这一研究传统中，语篇互动性(textual interaction)被认为是元话语的定义性特征,是作者或说话者在语篇中标识其显性存在的方式。它包括用于语篇组织的语言资源(即语篇功能),如"as follows","next","to conclude","put another way"等,也包括用于传达作者对于命题内容的态度、评价以及对读者态度的语言资源(即人际功能),强调作者和读者之间的互动关系(Hyland,2005a),如"appropriately","definitely","possibly","consider","think about"等。这两种资源都可以帮助读者或听话者组织、解读和判断话语信息。采用这种方法的学者有:Williams(1981a,1981b),Vande Kopple(1985,1988),Crismore(1989),Markkannen et al.(1993),Luukka(1994),Dafouz-Milne(2008),Hyland(1998a,2000,2004a,2004b,2004c,2004d,2005a,2005b),Infantidou(2005)等。接下来我们会介绍这些学者对于元话语的界定。

Williams(1981a)是从广义角度对元话语这一术语进行研究的第一个语言学家(Ädel,2003:47),他的著作 *Style:Ten Lessons in Clarity and Grace* 引起了人们对这一语言现象的广泛关注。Williams 把元话语应用到写作领域,并将其定义为"关于写作的写作(writing about writing),用于指主题(subject matter)以外的任何东西"(1981a:211—212)。Williams 认为元话语是一种风格变体,它既能够展示语篇的组织,使结构更容易被辨识,又能给出观点和事实的来源,标识作者的意图,使读者更容易建构语篇意义。Williams 还指出了元话语在不同体裁语篇中的使用情况,认为它在操作说明书、技术手册、科学写作、法律文本中使用较少,在文学批评、记叙文和个人信件中使用较频繁,在议论文写作中使用的最为普遍,因为作者在语篇中要经常指向观点的陈述、读者对观点的理解等。

Vande Kopple(1985)将话语分为两个层面:在其中一个层面上,它提供关于语篇主题的信息,扩展命题内容;在另一个层面,即元话语层面上，它不增加命题材料，但帮助读者对材料进行组织、分类、解读、评价并作出反馈。在后来的研究中，Vande Kopple 指出，人们忽视了语篇中的元话语要素，"目前的大多数研究关注的依然是信息语篇以及读者对这类语篇的处理过程，似乎这些语篇只包含一种意义，即指示（referential）、概念（ideational）或命题（propositional）意义"（1988：233）。他将元话语界定为显性地服务于人际功能和语篇功能的语言项目：人际功能引导读者组织语篇，表达对语篇内容的态度和情感，从而与读者建立人际关系；语篇功能着重于语篇的构建，引导读者按照作者意图解读语篇。Vande Kopple 对元话语的定义为"帮助读者对材料进行连接、组织、解读、评价及表达态度，而非用于扩展指示材料的语篇"（1997：2）。换句话说，也就是那些不增加命题信息但标识作者存在的语言材料。Vande Kopple 使用元话语来"标识用于传达除指示意义以外的其他意义"（2002：92），并认为元话语是关于话语的话语，不涉及命题内容。

Crismore（1989）认为，任何形式的语言交流都包括话语的两个层面：一个是基本话语层面，包含命题和指示意义，帮助我们传达信息，表达思想；另一个是元话语层面，包含命题态度、语篇意义和人际意义。其中，元话语层面为基本话语层面服务，使作者的意图更容易被读者理解和接受。Crismore 基于这种认识，创立了元话语研究的修辞学模式，认为它是一种"社会性的、修辞性的工具，在语用学意义上行使以言行事的功能"（1989：4）。作为引导性的、读者友好型的语言材料，元话语被作者用来指引而非告知读者，与读者就意图、目的、意义和态度进行隐性的苏格拉底式对话（Socratic dialogues）（Crismore & Farnsworth，1989）。Crismore et al. 研究了美国和芬兰的学生写作中对元话语使用的文化和性别差异，指出，元话语是"口语或书面语中的语言材料，它不增加任何命题内容，目的在于帮助受话者或读者组织、解释和评价所提供的信息"(1993：40)。其功能在于"如何对主题进行阅读、做出反应和评价"(1993：39)。他们宣称"作者通过在语篇中使用特定的手段来传达其个性、可信度、对读者的考虑、与主题和读者的关系"(1993：40)。元话语在语篇中引导读者，帮助读者更好地理解话语和作者的观点。

上文所提到的基于功能的元话语定义均在元话语和命题内容之间进行了明确的划分，认为元话语与命题内容无关。一些学者对此提出了异议。Mao(1993)通过实例证明，某些语境下的元话语也具有真假值，属于命题，因此他主张将基本话语和元话语的界限模糊化。Luukka 也提出质疑，如果把元话语界定为不增加语篇命题意义的因素，那么就可以在不改变语篇真实意义的情况下去除元话语，这显然是不合理的，因此，"我不简单地把元话语定义为语篇的非命题成分，而是采取功能视角，把它看做是交际行为"(1994：78)。在对元话语的研究中，除了 Vande Kopple (1985) 和 Crismore (1989) 所强调的语篇和人际方面以外，Luukka(1994)在对学术会议上提交的五篇芬兰语论文的口头版本和书面版本中的语境元话语进行的研究中提出了"语境元话语(contextual metadiscourse)"的概念，认为它是作者和读者对交际场景和作为场景的语篇进行评价的方式。

对元话语进行广义研究的学者还有 Hyland(2000)。他认为，"元话语是用于组织语篇或作者对语篇内容或读者表达立场的语言资源"(2000：109)。它常被用作概括性术语，涵盖各种不同的连贯特征和人际特征，通过帮助读者按照作者以及特定话语社团所倾向的理解方式连接、组织和解读材料，把语篇和语境联系起来(Hyland，1998a)。通过元话语的恰当使用，作者不仅能够将枯燥晦涩的语篇转为连贯的、读者友好型的语篇，还能把它与特定语境联系起来，传达作者的个性、可信度，读者敏感性以及作者与语篇的关系(Hyland，2000)。因此，Hyland 把元话语视为功能性类别。同时，Hyland(2004c)也指出了将元话语与命题内容割裂开的不足。他认为，语篇意义依赖于其所有构成要素的结合，很难把命题材料与非命题材料区分开来。Hyland & Tse(2004a)提出了元话语的三个基本特征：它不同于话语中的命题意义；它指的是那些反映作者—读者关系的语篇特征；它只指向语篇内部的关系。为弥补前期元话语界定中存在的缺憾，Hyland提出了元话语的人际模式，指出元话语的功能在于"协商语篇中互动意义的自反性表达，帮助读者（或说话者）表达观点，使读者参与其中，成为特定社团的成员"(2005a：37)。

综合以上各位学者从广义角度对元话语进行的界定，可以看出，它指的是语篇中与话语组织或者作者立场显性相关的方面，它揭示了作者的读者意识。综合性方法的关注点在于，无论是对语篇态度或评价的表达，还是对语篇组织的展示，作者在语篇中都被显性地呈现出来。对于读者而言，元话语可以帮助他们组织、解读和评价语篇中的信息。从这个意义上说，元话语具有说服性的修辞功能，因为它的目标在于影响作者对语篇的理解。

2.1.1.2　狭义元话语

对元话语的狭义研究方法被称为"非包容性方法(non-inclusive approach)"(Mauranen，1993a)或"非综合性方法(non-integrative approach)"(Ädel & Mauranen，2010；Ädel，2003)。这一研究传统把人际因素排除在外，将元话语的范围限制为仅用于实现语篇功能的语言要素，强调它的语篇组织功能。它把自反性(reflexivity)置于中心位置，关注作者揭示自身和交际目的的方式。采用狭义视角的学者有：Schiffrin(1980)，Mauranen(1993a,1993b)，Ädel(2006)等。

Schiffrin(1980)是元话语研究中经常被引用的社会学家，她关注的是口头语篇中的元话语，使用"metatalk"这一术语讨论会话中关于交谈的交谈。她在会话研究中发现，说话者会使用诸如

"Well"，"That's what I meant"，"I am arguing that"，"I'm telling you that"等元话语资源组织和评价会话。这种指向自身话语的评价不同于说话者对信息的组织，它能使说话者以"活跃者（animator）"的身份呈现，在话语的产生过程中发挥积极作用。另外，Schiffrin（1980）把元话语分为两大类：组织类（organizational brackets）和评价类（evaluative brackets）。"Bracket"在这里指的是元语言小句，标识话语单位（具有内在结构的交谈语块）之间的界限。组织类元话语可以启动或终止话语块（如"There are five points here"），而评价类则识别说话者对于所说话语的立场（如"That's interesting"）。Schiffrin还指出，"作为组织类别时，元话语发挥指示和信息功能；作为评价类别时，元话语发挥表达和象征功能"（1980：231）。她还意识到一些元话语资源的多功能性，比如"That's my opinion"用于标识说话者观点的结束时属于组织类元话语，用于标识说话者的态度时就属于评价类元话语。

Mauranen(1993a，1993b)是这一研究传统里有代表性的重要一员，她和Schiffrin一样，也使用"metatext"这一术语描述元话语现象。她采用跨文化视角研究学术写作中的元话语现象，并把它界定为"关于语篇本身的语篇"，是一种"语篇自反性（text reflexivity）"现象（Mauranen，1993b：55）。语篇自反性是书面语篇本身的一部分，用于组织语篇，并对其进行评价。语篇自反性包括语篇中那些不用于直接传达语篇主题内容（subject matter）的因素。Schiffrin对于语篇自反性的研究仅限于语篇本身，未能考虑语篇的人际方面。

Mauranen(1993a)认为，元话语资源所发挥的作用超越命题内容以外，主要用于组织语篇。她强调作者对语篇的显性评价，例如"Let us now explore the implications of the above theory"，"We shall divide such factors in three categories as follows …"，

"The book is …"，"in the following section …"，"in addition …"等等。她还指出，元话语的区别性特征在于，它指向的是语篇或写作过程，而非语篇或写作之外的任何东西。Mauranen对元话语的理解中忽视了与写作相关的两个非常重要的因素：作者和读者。

Ädel(2006)也从自反性的角度理解元话语，她认为，我们在进行交流时，不仅谈论世界和我们自己，还使用语言来谈论交谈(talk about talk)。人类能显性地将自己呈现为经历者(experiencers)和交流者(communicators)，既可以评价讨论的话题，也可以评价交流的场景。换句话说，所有的人类语言都可以被说话者通过自反性手段用于评价与语言相关的事物。

Ädel(2006：16)将元话语定义为"不断展开的语篇的语篇，或作者对其正在进行中的话语的显性评价"。这个概念包含两个层面：元语篇(metatext)和作者–读者互动(writer-reader interaction)。前者指的是自反性的语言表达，指向语篇本身或其语言形式，后者指的是现有语篇中以作者或想象的读者身份存在的现有作者或读者。元话语所指向的语言项目揭示了作者和读者在语篇中的呈现，它可以指向语篇组织，也可以对语篇进行评价。元话语具有不同的表现形式，包括语素、词、短语、小句和句群(Ädel，2006：2)。

Ädel(2006)对元话语研究的贡献主要有以下几个方面：(1)为表达语篇、读者和作者之间的关系，提出了"自反三角(reflexive triangle)"，凸显了语篇参与者的功能。(2)总结了自反性三方面的特征：作者如何指向自身，作者如何与读者交流，作者如何指向自己的语篇。第一个方面涉及到作者显性的自我提及(explicit self-mentions)现象，如第一人称代词(包括单数和复数)、无人称的形式等。第二个方面与关系标记语(relational markers)有关，如祈使句、融他性的"we"，作者通过这些方式与读者显性地建立关系。第三个方面通过元语篇或作者留下的语篇线索来实现，以在研究论文中引导读者。(3)总结了元话语的四个特征：它是一个模糊的范畴，其界限难以划分；它是一个功能性的范畴，在词汇语法层面的实现是通过各种不同的形式和结构；元话语的表达可能具有多功能性，可以同时发挥几种语言功能；它依赖语境，也就是说，要确定某一词汇语法手段是否实施元话语功能，必须要密切考察语境。

通过对前期研究的考察发现，狭义视角的元话语研究者多使用"metatext"而不是"metadiscourse"这个术语。这种术语使用的倾向性可以由"discourse"和"text"之间的区别提供部分解释。"discourse"常被视作广义的术语，用于指整个交际行为或事件，而"text"是狭义的术语，指的是对交际行为或事件的书面记录(Brown & Yule, 1983：5 - 12)。因此，人们普遍把"metadiscourse"用作包含人际和语篇因素的广义术语，用"metatext"指仅包含语篇因素的狭义术语，它关注的焦点是语篇内部的事物，主要用于厘清语篇结构，不提供关于主题的信息。从这个角度来说，元话语的狭义研究者采用"metatext"来描述这一语言现象是恰当的，因为他们所关注的语言现象只描述语篇功能这一狭义的范围，基本与 Halliday's(1973)的语篇功能概念相对应。但是，Mauranen(1993a)在谈论 Vande Kopple 的元话语现象时仍然使用"metatext"就不恰当了，因为 Vande Kopple 是从广义视角对元话语进行的研究，包含语篇功能和人际功能。

2.1.2　元话语的分类模式

了解元话语的方法除了考察其定义以外，还可以考察其分类。虽然接受元话语概念很容易，但是"要确立其界限却很难"(Swales, 1990：188)。在过去的三十多年里，人们提出了不同的元话语分类模式(Ädel, 2006；Crismore et al., 1993；Hyland, 1998a,2005a；Vande Kopple, 1985)。元话语分类模式的差异可能是由以下因素造成的：(1)学科和研究视角的不同带来的元话语定义的模糊性和功能的多样性，这一点我们可以从上一节的讨论中看出；(2)元话语模式的提出往往是基于对大量语料的归类和甄别，元话语研究中分类模式的不同可能与研究者所采用的语料有关(穆从军，2010)，如 Crismore(1985)的元话语分类模式是基于对社会学类教材的考察，Hyland & Tse(2004b)以研究生论文作为语料。总体来说，这些分类越来越呈现出全面、清晰、简化等趋势(Abdi et al.，2010)。在这一节中，我们会讨论具有较大影响力的几种元话语分类模式。

2.1.2.1　Williams(1981a)的元话语分类模式

William 是元话语研究的领路人，对这一领域在他之后的研究者产生很大影响。他(1981a)认为，元话语是作者直接或间接地告诉读者如何理解其想法的方式。他所举的元话语示例包括改变主语的方式和对观点表达确定性的方式。他把元话语视为风格变体，分为三大类，每一类又分为成对出现的两小类。

(1) 模糊限制语和加强语(hedges and emphatics)。前者显示了作者对论断的不确定性，留下商讨的余地和空间(如"possible"，"might"，"would"，"appear to be"等)，后者用于强调作者的断言，显示断言的可信度(如"of course"，"essentially"，"surely"，"definitely"等)。

(2) 序列语和话题引导语(sequencers and topicalizers)。两者均用于在语篇中引导读者。前者是过渡词，用于帮助作者组织语篇，保持语篇的衔接性和连贯性(如"for one thing"，"to start with"，"next"，"finally"等)；后者用于宣告话题的转换(如"to come back to"，"with regard to"，"in terms of"，"to move on"等)。

(3) 归属语和叙述语(attributors and narrators)。前者用于告知读者观点和事实的来源(如"according to"，"claim"，

"believe"，"demonstrate"等)，后者是对作者思维过程的叙述，叙述的主语往往是第一人称代词(如"What I am trying to say"，"I think"，"I believe"等)。

后来，Williams(1983)又基于 Halliday(1973)的三大语言元功能，将元话语重新划分为三大类：语篇推进组织语(advance organizers。发挥语篇功能)，连接语(connectives。发挥语篇功能)，人际话语(interpersonal discourse。发挥人际功能)。

在谈及元话语与修辞的关系时，Williams(1981a)指出，元话语的使用与否在一定程度上会影响到语篇中的作者-读者关系。

2.1.2.2　Vande Kopple(1985)的元话语分类模式

Vande Kopple(1985)是第一个全面地从功能视角对元话语进行划分的学者，他参考 Williams(1981a)的研究，将元话语划分为七种不同的类型(Vande Kopple，1985：83-85)。

(1) 语篇连接词(text connectives)。这类元话语资源能够帮助读者顺畅地理解语篇，以恰当的方式构建语篇。它又可分为五小类：序列词(如"first"，"next"，"in the third place"等)；表达逻辑或时间关系的词(如"however"，"nevertheless"，"as a consequence"，"at the same time"等)；提示上文已呈现内容的词(如"as I noted in Chapter One"等)；宣告下文将出现内容的词(如"as we shall see in the next section")；话题引导词(如"for example"，"there are"，"as for"，"in regard to")。

(2) 语码注解词(code glosses)。这类元话语资源能通过下定义、注解、补充说明、限定范围等方法帮助读者掌握语篇中特定部分的恰当含义，如"in other words"，"that is"等。

(3) 言外之力指示词(illocution markers)。这类词在语篇的特定部分向读者显性地标识作者的言语行为，比如，作者可以通过使用诸如"I hypothesize that"，"to sum up"，"we claim that"，"I promise to"，"for example"等短语和小句的使用来实施假设、总结、宣告、承诺、举例等言语行为。

　　(4) 效度标记语(validity markers)。这类词用于标识作者对命题内容的可能性或真值的判断，表达作者对命题材料可信度的观点。效度标记语具体又包括三种类型：模糊限制语(hedges)(如"perhaps"，"may"，"might"，"seem"，"to a certain extent")；强势语(emphatics)(如"clearly"，"undoubtedly"，"it is obvious that")；归属语(attributors)(如"according to Einstein")。

　　(5) 叙述者(narrators)。这类元话语资源的主要功能在于让读者知道信息的来源，如"according to James"，"Mrs. Wilson announced that"，"the principal reported that"等。

　　(6) 态度标记语(attitude markers)。这类词可以揭示作者对命题内容的态度，如"surprisingly"，"I find it interesting that"，"it is alarming to note that"。

　　(7) 评价语(commentary)。这类元话语资源直接把读者拉到与作者的隐性对话中，如"most of you will oppose the idea that"，"you might wish to read the last chapter first"，"you will probably find the following material difficult at first"，"my friends"等。

　　在把元话语分为七类的同时，Vande Kopple(1985)还注意到，有些词或词组可以实施不止一种功能。例如，"I hypothesize that"既可以是言外之力指示词，也可以是效度标记语。"To conclude this section"既可以用作语篇连接词，又可以用作言外之力指示词。只有在特定的语篇中才能确定这些表达属于哪一种类别。

　　Beauvais(1989：13)指出，对元话语的分类应主要关注其功能，而不是实现这些功能的特定语言形式。Vande Kopple(1985)基于Halliday(1985)关于语言三大元功能的论述，把这七类元话语资源所发挥的功能归于两类。其中，语篇连接词和语码注解词发挥语篇功能，增强语篇连贯性，增大语篇的可读性。言外之力指示词、效度标记语、叙述者、评价语、态度标记语描述的是元话语的人际功能。对人际类别项目的使用反映了作者寻求建立与读者关系的努力。Vande Kopple(1985)对于元话语的分类模式后来得到其他学者的进一步发展(Crismore，1989；Crismore & Farnsworth，1990；Crismore et al.，1993)。

2.1.2.3　Crismore et al.(1993)的元话语分类模式

Crismore et al.(1993)对美国和芬兰大学生议论文写作中元话语的使用情况进行了跨文化研究，并考察了性别因素对元话语使用的影响。他们以Vande Kopple(1985)的分类体系为基础，保留了把元话语分为语篇元话语和人际元话语两大类的做法，同时又基于特定的语用功能对它们的次类别进行重新组织和安排。

在语篇元话语(textual metadiscourse)这一类别中，Crismore et al.(1993)去除了Vande Kopple(1985)模式中的叙述者(narrators)和时间连接词(temporal connectives)，保留了序列词(sequencers)、提示语(reminders)、逻辑连接词(logical connectives)和话题引导语(topicalizers)这四个次类别。同时，将这一大类的命名由涵盖范围较小的语篇连接词(text connectives)改为语篇标记语(text markers)。他们把语码注解词(code glosses)、宣告语(announcements)、言外之力指示词(illocution markers)归入阐释标记语(interpretive markers)这一新类别下。在阐释标记语类别下，效度标记语(validity markers)被分为三个次类：模糊限制语(hedges)、确信标记语(certainty markers)、归属语(attributors)，保留态度标记语(attitude markers)和评价语(commentary)为次类别。另外，因叙述者(narrators)和归属语均可用于说服读者、告知读者信息来源，它们被合并在一起。这样，Crismore et al.(1993)修正过的元话语模式如下：

(i) 语篇元话语。这类元话语资源用于语篇内部对语篇结构的标识。它包括两个子类：

　　1）语篇标记语。包含逻辑连接词（如"and"，"but"，"therefore"，"in addition"，"however"，"because"，"which"等）、序列词（如"first"，"second"等）、提示语（如"as we noted earlier"等）、话题引导语（如"well"，"now the question arises"，"in regard to"等）。

　　2）阐释标记语。包含语码注解语（如"namely"，"for example"，"what I mean is"等）、言外之力标记语（如"I state again that"，"I plead with you"等）和宣告语（如"in the next section"）。

　　(ii)人际元话语(interpersonal metadiscourse)。这类元话语资源用于支持读者、语篇和作者之间的互动，包含五个子类：

　　3）模糊限制语（如"can"，"could"，"may"，"might"，"would"，"I think"，"I suppose"等）

　　4）确信标记语（如"certainly"，"I know"，"really"等）

　　5）归属语（如"Einstein claimed that"，"I find it surprising that"等）

　　6）态度标记语（如"I hope"，"unfortunately"，"most importantly"，"doubtfully"等）

　　7）评价语（如"you may not agree that"，"as a colleague"，"think about it"，"let's"等）。

　　Crismore et al.（1993）的元话语分类模式是对 Vande Kopple（1985）元话语模式的进一步发展，除了对类别以及次类别的修正以外，还将标点符号包括在内。具体说来，在特定语境中，如果冒号、逗号、下划线和括号等标点后的内容是解释性的，就可以将其认定为阐释标记语中的语码注解语，如"This is what Farnsworth is promising：smoking"。

　　2.1.2.4　Hyland(1998a)的元话语分类模式

　　Hyland(1998a)以 Crismore et al.（1993）的元话语分类模式

为基础,以微生物学、经济学、天体物理学和应用语言学四个学科的28篇学术语篇为语料,从语用视角将元话语分为两类:语篇元话语和人际元话语,并在每一类别下进一步划分出更细致的次类别。Hyland(1998a:442—445)的元话语分类模式如下:

i) 语篇元话语(textual metadiscourse),这类语言资源通过将命题与命题之间以及命题与其他语篇之间关联起来构建有说服力的、连贯的语篇,显性地构建作者所期待的对命题意义的解读,使读者获知作者的意图。这一类元话语又可以分为五小类:

1) 逻辑连接词(logical connectives),主要涉及关联词(conjunctions),通过标识递进、因果、对比等关系,帮助读者解读观点之间的语用关联,如"in addition"、"but"、"therefore"、"thus"、"and"等。

2) 框架标记语(frame markers),它主要用于提供语篇中较长片段的解释性框架信息,显性标识语篇界限或语篇图示结构因素,如序列(如"first"、"then")、语篇发展阶段(如"to conclude"、"in sum")、话语目标(如"I argue here"、"my purpose is")、话题转换(如"well"、"now")。

3) 内指标记语(endophoric markers),用于指向语篇其他部分的表达(如"see Table 2"、"as noted above"),它可以使额外添加的概念材料显性化,帮助读者获取作者的论断意图。

4) 证源标记语(evidentials),它与内指标记语发挥的元话语功能类似,用于标记源自其他语篇的信息来源,能够建立文本间性,展示本领域内的相关研究,引导读者对语篇的解读,如"according to X"、"(Y, 1990)"、"Z states"等。

5) 语码注解语(code glosses),作者通过解释、对比、扩充等手段提供额外信息,是作者对读者的知识水平以及对语篇理解能力的预期,如"such as"、"in other words"、"for instance"等。

ii) 人际元话语(interpersonal metadiscourse),这类元话语资

源向读者提示作者对于命题信息以及读者的态度，构建作者－读者关系以及对命题的主观协商。从根本上说，人际元话语是互动的、评价的，表达了作者在交际行为中的个性（persona）。它有五个次类别：

6）模糊限制语（hedges），表达了作者在呈现和评价命题信息时态度的不坚定，如"possible"，"might"，"perhaps"等。

7）增强语（emphatics），用于强调作者的确信程度和命题的力度，如"it is obvious"，"definitely"，"of course"等。模糊限制语和增强语的使用反映了作者表达论断的力度，两者之间应保持平衡，迎合读者的面子需求，以及与修辞相关的社团规则。

8）态度标记语（attitude markers），表达了作者对语篇信息的情感态度，如"surprisingly"，"unfortunately"，"I agree"等。

9）关系标记语（relational markers），这是作者显性面向读者的手段，以引起读者的关注或使读者作为语篇的参与者，如"frankly"，"note that"，"you can see"等。

10）人称标记语（person markers），它反映了作者在语篇中的呈现程度，可以通过第一人称代词或物主形容词的使用频率来判断，如"I"，"we"，"my"，"mine"，"our"等。

Hyland（1998a）在介绍这一元话语分类模式的同时也指出了它所存在的问题：在实际语言使用中，一些语言项目可以同时发挥多种语用功能。元话语与命题内容之间的界限并不总是那么分明，实施语篇功能和人际功能的元话语类别之间往往也不是非此即彼的关系。比如，语篇对比连接词"but"和"however"，在引出对断言的积极回应时，也可以表示礼貌，发挥人际功能。同样，语码注解语不仅可以揭示作者对共享主题的评价，也能暗示作者相对于读者而言的权威地位。在元话语的次类别层面，这些问题就更为突出，例如，将模糊限制语归于不确定标记语就忽视了其重要的情感功能，而态度标记语同时也暗示了作者对于读者的立场。

2.1.2.5　Ädel(2006/2010)的元话语分类模式

Ädel(2006)以 Jakobson(1985)的语言功能为基础,提出元话语的自反模式(reflexive model),把元话语分为"人称元话语(personal metadiscourse)"和"非人称元话语(impersonal metadiscourse)"。人称元话语通过人称代词(如"I","we","you")或名词(如"the writer","dear reader")直接指向现有语篇的作者和/或读者。这种显性的指示是把现有话语的参与者作为话语参与者,也就是说,它所指向的对象是发挥话语角色的作者和语篇潜在的读者。相反,非人称元话语并不显性地指向话语参与者,它的实现方式可以是被动语态或其他非人称结构。非人称元话语分为四种不同类型:(1)指示语(phorics)(如"below","following","before","above","back to","begin","last"等),(2)语篇参照语(references to the text)(如"essay","paragraph","text","phrase","sentence","word"等),(3)语码注解语(code glosses)(如"briefly","i. e.","mean","namely"等),(4)话语标签语(discourse labels)(如"mention","put","say","question","such as","conclude","aim","stress"等)。

Ädel(2006:27ff)在其自反模式中还提出了识别元话语的四个标准:(1)显性(Explicitness):要求把对话语世界的所指公开地陈述出来;(2)话语世界(World of discourse):关注点必须是正在进行的话语,而不是其他语篇之外的世俗的(worldly)行为或现象;(3)目前的语篇(The current text):元话语材料必须指向目前的语篇而非其他语篇,即文本间性(intertextuality);(4)以说话者-作者身份存在的说话者-作者,以及以读者身份存在的读者(Speaker-writer qua speaker-writer and audience qua audience):一个语言单位要成为元话语,只有它用来指语篇的生产者和接收者发挥话语参与者的作用时，即在话语世界中（the world of discourse。与真实世界中真实的人相对）。

　　Ädel(2006)的元话语自反模式具有以下几点优势：首先，这一模式具有高度的理论精确性，提出了明确的标准，限制了元话语这一模糊概念的范围，把它与其他现象区别开来，如评价/立场，缓和和归属（mitigation and attribution）。第二，通过凸显元话语的自反性（与非命题内容相对），避免了关于元话语概念的主要反对意见(Mauranen, 1993a; Sinclair, 2005)。第三，它规避了元话语中命题元素这个问题。第四，它将作者和读者包括在内，这样就把元话语这一概念置于具体的语境中了。

　　Ädel(2010)对大学里的 30 场讲座和 130 篇研究生论文中人称元话语的使用情况进行了定性的和基于语料库的对比研究，考察学术英语中口头元话语和书面元话语的话语功能，构建了新的元话语分类体系。这一分类体系(Ädel, 2010：83 - 90)包含四个类别的 23 种话语功能：

　　i) 元语言评价(metalinguitic comments)

　　(1) 修复(repairing)，例如"I'm sorry"，"I didn't mean to say that out loud"等

　　(2) 重新表述(reformulating)，例如"if you'll allow me just"，"rephrase it a little …"，"or … if you want"等

　　(3) 对语言形式/意义的评价(commenting on linguistic form/meaning)，例如"I don't know exactly how to put it but …"，"if you will …"等

　　(4) 澄清(clarifying)，例如"I do not mean to say that …"，"I should note for the sake of clarity that …"等

　　(5) 术语处理(managing terminology)，例如"by this we mean that …"，"I define … as …"等

　　ii) 话语组织(discourse organization)

（6）引入话题（introducing topic），例如"in this paper I explore …"等

（7）限制话语（delimiting topic），例如"we're not gonna deal with all eight here"，"I will focus on …"等

（8）补充话题（adding to topic），例如"we might add that …"等

（9）总结话题（concluding topic），例如"we've now covered …"，"we conclude that …"等

（10）标记题外话（marking aside），例如"I want to do a little aside here …"等

（11）列举（enumerating），例如"we're gonna talk about … first"，"I have two objections against …"等

（12）内指标记（endophoric marking），例如"from these map points"，"we see that …"等

（13）预告下文（previewing），例如"as I discuss below …"，"as we will see later …"等

（14）回顾上文（reviewing），例如"we have seen two different arguments"，"as I discussed above …"等

（15）语境化（contextualizing），例如"there's still time for another question"，"I have said little about …"等

iii）言语行为标签（speech act labels）

（16）论证（arguing），例如"I am postulating that …"，"I argue that …"等

（17）举例子（exemplifying），例如"I will use the embezzlement example to examine …"等

（18）其他言语行为标签（other speech act labeling），例如"I wanna remind you that …"，"I am suggesting that …"等

iv）读者/听众指向（references to the audience）

（19）理解/手段管理（managing comprehension/channel），例如"you know what I mean?"，"I didn't catch that …"等

（20）读者/听众管理（managing audience discipline），例如"Can I get your attention please?"，"Can we have a little bit of quiet?"等

（21）读者/听众反馈预期（anticipating the audience's response），例如"you might still think that …"，"you might then wonder how …"等

（22）语篇管理（managing the message），例如"I hope you enjoyed reviewing these materials"，"I have attempted to present the reader with …"等

（23）场景想象（imaging scenarios），例如"suppose I say that …"，"imagine the following situation …"等。

Ädel（2010）这一分类模式是对 Ädel（2006）模式的扩展和修正，能对口头元话语和书面元话语进行全面的描述。需要指出的是，这一模式的提出仅仅是基于学术话语，是否适用于非正式会话还需进一步验证。同时，这一研究只关注了人称元话语，对于非人称元话语类别仍需进一步研究。

2.1.3　元话语的研究视角

通过以上两节的回顾，我们可以看出，学者们提出了不同的元话语定义和分类模式。这一节主要关注交际理论学家、社会语言学家、心理语言学家、语用学家、认知语言学家、修辞学家等不同领域的学者对元话语研究的不同视角。

2.1.3.1　元话语研究的社会交际视角

从社会交际视角进行的元话语研究主要考察的是元话语在人类交际中所发挥的作用以及影响言语交际的产出和理解的社会因素。早期从这一视角进行元话语研究的学者主要有言语交际理论家 Rossiter（1974），社会语言学家 Goffman（1974）、

Schiffrin(1980)等。

前面 我 们 已 经 提 到，Rossiter（1974）使用"元 交 际"(metacommunication)这一术语来指广泛意义上的元话语。他认为,所有关于话语的话语都是对交际互动的附加评论,元话语通过显性标识作者在语篇中的意图来帮助读者理解作者意欲表达的信息。Rossiter区分了两种类型的元话语：关于自身话语的元话语和关于他人话语的元话语(对其他研究者的文献进行评价)。他还指出,元话语能帮助参与者探索、阐释和澄清交际过程,因此,元话语是过程因素,它能影响读者对于言语交际的情感反应。这一观点强调了元话语在话语构建过程中的作用。

社会语言学家 Goffman(1974)将人类交际中的元话语视为"框架(frame)",能够向读者或听者提供解读人类交际话语的框架性信息。这一视角下的元话语受到特定场景和语类规范的限制,对元话语的运用和理解需要特定言语社团中的交际行为双方都付出心智努力。另一社会语言学家 Schiffrin(1980)将元话语视为人类言语交际中关于交谈的交谈,她使用"元 交 谈 (metatalk)"这一术语,引导听话者或读者理解说话者或作者的意图。她认为,元话语使得说话者能够控制基本话语,是说话者操控听话者对话语进行解读的工具。另外,社会语言学家 Ragan & Hopper(1981)也和 Schiffrin(1980)一样,把人类交际中元话语的显性形式称为"metatalk"。

2.1.3.2　元话语研究的功能视角

元话语研究的功能视角得益于系统功能语言学的创始者 Halliday 关于语言的功能观点,是元话语研究者广泛采用的视角 (Vande Kopple,1985；Hyland,1998a)。Halliday 认为,语言是符号系统,关注的是社会现实中语言的使用,在系统功能语言学系统中,语言被描述为一种行为潜势和意义潜势,即语言"能做" (can do)、"能指"(can mean)、"能说"(can say)(1973：43)。根据

Halliday(1978,1985,1994)的语言社会论,意义是一种行为形式,能够通过可选的词汇语法潜势显现出来。语言行为的选择源自语言的三种元功能：概念功能、人际功能和语篇功能。概念功能涉及语境内容,它所传达的信息指向过程、人物、物体、属性、状态,以及与现实世界的关系,是"表达经验的一种方式,包括反映我们自身意识的内在和外在世界"(Halliday, 1973：58)。人际系统的选择使语言使用者能够建立人际关系,与读者进行交流,与社会意义相关。人际功能使得作者或说话者在语篇或其他交际场景中把自身的存在显性化,表达其对于命题的观点、态度和评价。Halliday(1973)指出,这一功能发挥调解者(mediator)的角色,其作用体现在两个方面：第一,它允许语言使用者对语篇的概念内容表达个性和自我情感,并对命题内容进行评价；第二,它允许语言使用者在交际场景中介入到与其他参与者进行社交的不同形式中,具体来说,它给了他们引导读者解读命题内容的方式。语篇系统的选择与语言在话语中发挥的组织功能相关,它能使得说话者在话语中以合理的方式组织话语内容。选择的过程是动态的,这一过程的最终目的是在不同层面上进行意义的构建。语言的这三种元功能构成了语言意义系统的整体,是话语参与者实现交际目的的主要工具。

　　Halliday(1973)的元功能概念为元话语研究奠定了理论基础,很多元话语研究者运用元功能从事元话语研究(Crismore & Farnsworth, 1990; Hyland, 1998a,1998b,2000; Vande Kopple, 1985)。在功能视角下,命题意义似乎发挥了概念功能,而元话语则是显性地发挥人际功能和语篇功能的语言项目(Vande Kopple, 1985)。但Halliday(1973)认为,每一小句(clause)都同时发挥这三种功能,元话语也不例外。正如Crismore(1989：65)所指出的那样,"语法和词汇因素可以同时发挥作用,能同时传达概念意义和人际意义,或同时传达语篇意义和人际意义。"因此,除了发挥人际意义和语篇意义,元话语还对命题内容的构建发挥作用。

　　Crismore(1989)提出了全面的元话语研究的修辞模式,由于这一模式是基于 Halliday(1973)的语言功能观,也被认为是从功能视角对元话语进行的研究。Crismore(1989)认为,任何话语,无论是口头语还是书面语,从交际的角度来说都是修辞性的,涉及作者、读者和主题三个要素,作者就某一特定主题与读者进行交流。元话语和基本话语可以用于实施三个修辞目的:信息性、说服性和表达性。这与 Halliday(1973)所提出的关于语言的人际功能和语篇功能密切相关。

　　Ädel(2006)基于 Jakobson(1960)的语言功能观采用功能视角对元话语进行研究,她提出的"反射三角(reflexive triangle)"着重强调了语篇参与者的作用,论述了语篇、作者和读者之间的关系。其他采用功能视角的元话语研究者还有 Dillon(1981)、Luukka(1992)等。Dillon(1981)认为语篇的构建行为与元话语的使用是密切相关的,他把具体的写作-阅读场景分为两个层面,一个层面关注的是作者,他向读者提供关于语篇主题的信息,并扩展指示内容。另一个层面关注的是作者的写作本身以及读者对写作内容的阅读,与元话语相关。Luukka 并不把元话语界定为"语篇的非命题因素",而是"更多地采用功能的方法"对元话语进行研究(1992:78)。

　　2.1.3.3　元话语研究的认知视角

　　还有一些研究者探讨管控元话语手段使用的认知机制,而非形式特征。作为一种认知行为,交际中元话语的使用涉及如何通过对语言形式的选择实现交际意图。

　　Chafe(1986)等学者运用证源标记(evidentials)的元话语资源标识作者态度的有效性,探讨言语交际中元话语的功能。Chafe(1986)论述了证源标记语发挥作用的三种方式:(1)评价知识的可信赖度（如"probably"，"certainly"，"generally"）；（2）使知识模式具体化,这种方式又可分为几种不同的类型：标识基于信念的证源标记语（如"I think"，"I believe"，"in my opinion"等）、标识归纳和演绎等推理的证源标记语（如"evidently"，"it seems"，"must"，"thus"等）；（3）标识知识和期待之间的对比（如"of course"，"in fact"，"however"，"but"，"nevertheless"，"actually"等）。证源标记语这一非命题项目用于表达对于知识的态度,涉及到人类的认知活动,呈现以各种形式实现的信息来源。虽然认知方法只讨论了元话语的一个方面,即信息来源和评价,但它对于学术语篇的理解非常重要。

2.1.3.4　元话语研究的语用学视角

元话语具有内在的语用性（Cao & Hu，2014）,正如Fuertes-Olivera et al.（2001：1292）所指出的那样,元话语可以帮助使用者"达到与两个基本的语用原则相对应的特定目的：合作（cooperation）和省力（least effort）。"Hyland（1998b：437）也曾指出,元话语是"重要的语用建构（a central pragmatic construct）,能够使我们看到作者如何影响读者对于语篇和作者态度的理解"。元话语研究的语用学视角包括：言语行为理论（Beauvais，1989）、合作原则（Kumpf，2000；Abdi et al.，2010）、关联理论（Bu，2014；Ifantidou，2005；Aguilar，2008）。

Beauvais（1986）将元话语研究纳入言语行为理论的分析框架中,发展了元话语的言语行为模式,在言语行为诸多研究（Austin，1962；Searle，1969）的语境下,对元话语进行界定,并对其功能和形式进行分类。Beauvais将元话语定义为,"句子中以显性或部分显性的形式传达言外之力内容的成分"（1986：30）。在后来的论著中,Beauvais（1989：15）利用Austin（1962）和Searle（1969）的术语,将元话语界定为"识别言外行为的言外之力标记语"。在这里,元话语标记语的使用能向读者彰显作者在语篇的特定阶段要实施的语篇行为。Beauvais(1986)的模式将元话语分为主要类别和次要类别,每一种都有典型的(canonical)和部分显性(partially explicit)的形式。这一模式用第一人称来描述显性言外行为(如"I should point out"),用第二和第三人称描述隐性的言外行为(如"Brown states that","You may consider")。Beauvais(1986)的言语行为模式也可以应用于语篇分析,他举了这样一个元话语例子"I believe that tax reform is necessary.",这个例子中包含了一个施为句(performative sentence),用了施为动词"believe"的第一人称现在时的陈述语气,言外之力通过小句"I believe that"传达出来。但是,并非所有的元话语都可以通过显性的、明确的施为句反映出来,例如,在"It has been observed that large scale testing is increasing"一句中,就无法找到实施言外之力的行为人。Crismore(1989)指出这一模式的缺陷,认为它并不适用于广义的语言功能和修辞原则。虽然 Beauvais(1986)的元话语言语行为模式存在局限性,但是元话语似乎可以看作是言语行为理论语境下言外行为的一种类型。

在 Beauvais(1986)之前,其他学者也注意到元话语与言语行为之间的关联性。Vande Kopple(1980：51)指出,"元话语常用于标识基本话语的发展阶段,展示作者对基本话语的立场,塑造读者对基本话语的态度,这会引起对言语行为(speech act)的关注"。Crismore(1985：11)也曾指出"元话语引起对交际言语行为(communicative speech act)的关注,将读者作为积极的参与者,标识作者的存在"。Crismore(1989)将语言的三种元功能和言语行为理论结合起来解释元话语的功能和所实施的行为。两位学者都意识到元话语所发挥的多种交际功能,以及作者在交际中的目标,但他们未能全面考察言语行为所提供的可能性。

基于 Grice(1975)的合作原则对元话语进行解读的研究较少,Kumpf(2000)将元话语扩展到视觉领域,把视觉元话语的一致性（consistency）与 Grice（1975）的关联准则（maxim of relation）结合起来，认为读者可以借此期待话语中项目的关联性。他强调，一致性和关联性描写了语篇的视觉连贯性，满足现代主义对于秩序（order）和统一（unity）的需求。同时，Kumpf（2000：420）认为，将合作原则扩展到写作领域是可行的，它能增加元话语的功能，即作者可以发挥"合作交际者"（cooperative communicators）的角色。Abdi et al.（2010）结合 Hyland（2005a）的元话语模式，通过对元话语策略选择的质性考察，更系统全面地将 Grice（1975）合作原则的概念与研究论文中元话语的使用结合起来，构建一个在元话语策略使用中发挥作用的合作原则模式。他们认为，话语社团通过学术论文进行的交流完全可以被视作由隐性和显性规约所塑造的合作行为。

　　Ifantidou（2005）对 Hyland（1998a，1999a）、Vande Kopple（1985，1988）等学者将元话语理解为语言中非命题的、修辞的、文体的和次要的方面提出异议。他从语言学和医学教科书中选取真实语料作为例证，基于实验证据，利用 Sperber & Wilson（1995）的关联理论框架，从语义和语用的角度对元话语的特征进行重新解读：在语义层面，元话语可以使人们共享话语的命题内容；在语用层面，元话语是对学术话语的有效解读必不可少的要素。Bu（2014）从关联-顺应论（relevance-adaptation theory）的视角对学术讲座中的元话语现象进行了描写，认为关联-顺应模式的构建可以用于探索学术讲座中元话语的使用情况、语用描写和功能等。Aguilar（2008）在 Sperber & Wilson（1986）的关联理论框架下研究了工程学学术话语中元话语的使用，探讨元话语使用的动机。运用关联理论解读话语时，既涉及语篇因素，也涉及非语言因素，如说话者的意图、社会语境和认知语境等。

　　Hyland（1998a）虽然没有给出明确的元话语语用模式，但他一直把元话语视作语用建构。在从语用视角讨论学术语篇中的元话语现象时,他指出,学术话语应将言外行为与言后效果结合起来,元话语标识了作者在呈现命题意义时的交际意图。Hyland (1998a)认为,从语用学的角度看,元话语发挥了对语境的解释功能。它提供了语用预设的途径,帮助读者处理语篇,编码观点之间的联系,用合适的方式对材料进行排序以说服潜在作者。

2.1.3.5 元话语研究的修辞视角

修辞学家对元话语研究也表现出极大兴趣(Conley,1983;Flower,1987;Crismore,1989;Hyland,1998a,1998b,2005b),主要关注言语交际中元话语所发挥的修辞功能。从修辞学的角度来看,元话语被视作一种修辞策略,是作者向潜在读者呈现命题材料的手段,主要用于说服读者接受作者论断的有效性。元话语的使用不再只是点缀品,而是一种修辞行为,是用于有效交流的修辞策略。Conley(1983)将元话语定义为"思想修辞格(figure of thought)",是一种过滤作者观点的修辞手段,以使其观点更全面,更具说服力。他认为元话语的使用涉及到文体的两个层面,第一个层面是语态,与人称代词的选择有关,第二个层面是陈述、虚拟等动词的语气。Flower(1987)认为元话语是一种策略工具,她区别了元话语的三个不同特征:叙述结构,模糊、强调或评价的态度,个性。Flower(1987)和Conley(1983)都是从作者的视角讨论元话语,没有把读者因素考虑在内。

我们在前文提到,Crismore(1989)所进行的元话语研究反映了其功能视角和语用学视角。其实,她对元话语理论的探讨涉及诸多领域,如符号学、言语交际、哲学、语言学和修辞学等。在修辞学视角下,Crismore(1989)仍然是元话语研究的典型代表,她提出了"元话语的修辞理论"。她认为,元话语是一种社交和修辞工具,关注用语言能做的事情是修辞目标的全部所在。

2.1.3.6 元话语研究的心理语言学视角

心理语言学家也对人类交际中的元话语研究感兴趣,他们关注的是说话者在组织思想和设立交际步骤时采取的策略。在心理语言学领域，说话者可以使用几种策略使其说话内容和话语过程结构化，在特定位置引起听者或读者的注意、帮助他们解读意图、进行社会交际。这些策略以固定或半固定的形式呈现出来，Wray（2000）将其称为"公式化表达（formulaic expression）"。这种研究视角探究说话者或写作者的心理活动和使用策略，为我们理解人类交际提供了新的维度。

Keller（1979）是这一研究视角的代表，他将元话语称为"开场白（gambits）"，用于引介会话内部的话题转换或提醒听话者为下一话轮的到来做好准备。"开场白"是说话者所使用的信号词或信息词，是说话者为实现特定交际任务采用的会话策略。Keller（1979）认为，说话者使用"开场白"实施以下功能：结构化话题的呈现；结构化会话中的话轮；标识他们对于信息、观点、知识、情感或有计划的行为的意识状态；确认交际是否传递给听者。他还总结了"开场白"的四个主要特征，即语义框架（semantic framing）、社交标识（social signaling）、意识状态标识（state-of-consciousness signaling）和交际标识（communicative signaling）。这些构成了说话者所使用的语义、社交、心理和交际控制标识的基础。说话者在会话中使用的"开场白"构建了会话策略，用于实现特定的交际目标。而采用何种形式的"开场白"也需要说话者付出心智努力。

从结构的角度说，一些元话语标记语（如"strictly speaking"，"if you will"，"of course"，"in addition to"）呈现出固定或半固定的形式，心理语言学家用"预制短语（prefabricated phrases）"，"公式化序列（formulaic sequences）"，"规约语言（conventionalized language）"，"搭配（collocations）"，"词块（chunks）"等来命名它们。由于记忆的短时性，这些以语块形式存在的信息单位的使用可以提高听者接收信息的效率（De

Carrico & Nattinger，1998：92)。这种对于序列的短语学分析能够进一步阐明元话语的特征。

2.1.4　国内外元话语研究现状

元话语现象自受到关注以来就引起诸多学科学者的浓厚兴趣，他们从不同视角展开论述，产出了丰硕的研究成果，为人们进一步了解这一重要的语言现象提供了基础。我们在前面几节已经介绍了元话语的定义、分类模式和研究视角，在这一节中，我们将从研究内容、研究方法、元话语的应用等方面简要介绍元话语在国内外的研究现状，从宏观上加深对元话语研究的认识。

2.1.4.1　国外元话语研究现状

元话语是语篇研究关注的重要话题，主要涉及语篇的特征、参与者的互动、历史语言学、跨文化变体和写作教学。它们探讨了元话语在诸多领域的重要性，如日常会话(Schiffrin，1980)，学校教材(Crismore，1984；Hyland，1999b，2000)，科普读物(Crismore & Farnsworth，1990)，研究生论文(Bunton，1999；Swales，1990；Mauranen，1993b；Luuka，1994；Moreno，1997，1998；Hyland，1998b，1999a，2000，2001a，2001b；Mur-Dueñas，2007)，报纸社论(Khabbazi-Oskouei，2013)，经济语篇(Mauranen，1993a)，新闻语篇(Peterlin & Moe，2016)，广告语篇(Fuertes-Olivera et al.，2001)等。

学术书面交流中关于元话语的实证研究主要集中在三个方面：首先，与特定学科规约相关的研究，比如 Swales et al.(1998)考察了十个不同学科中祈使形式(介入标记语的一种类型)的使用情况；Hyland(1999b)分析了八个不同学科中学术引用行为(证源标记语)对学科知识构建发挥作用的方式，并对经验丰富的写作者进行了访谈；Hyland(2001a)研究了八个不同学科学术论文中的自我引用和排他性第一人称代词的使用情况；Abdi(2002)探讨了自然科学和社会科学中作者如何通过人际元话语的使用呈现其身份。这些研究均表明，作者积极参与到知识构建中，他们的语篇策略会受到学科期待和学科规约的影响，不同的学科社团对元话语的使用存在差异。其次，与文化差异相关的研究，尤其是不同学术语类中英语和其他语言的对比研究，例如，英语和西班牙语（Martín，2003，2005；Martín & Burgess，2004；Lorés-Sanz，2006，2009a)以及英语和法语（Swales & Van Bonn，2007)中论文摘要的对比研究；英语和西班牙语（Moreno & Suárez，2009；Lorés-Sanz，2009b)以及英语和意大利语（Bondi，2009)中书评的对比研究；英语和西班牙语中教材的对比研究（McCabe，2004)；英语和西班牙语研究论文的对比研究（Mur-Dueñas，2007，2010；Sheldon，2009)等等。这些研究往往只针对语言中人际特征的某一方面，如：模糊限制语（Vassileva，1997；Salager-Meyer et al.，2003)，人称代词（Lorés-Sanz，2006；Vassileva，2001；Mur-Dueñas，2007；Sheldon，2009)，评价标记语（Mur-Dueñas，2010)等。另外，Crismore et al. (1993)探讨了美国学生和芬兰学生写作中对元话语使用的异同，并将性别因素考虑在内；Dahl(2004)对三种语言（英语、法语和挪威语）和三个学科（经济学、语言学和医学）中语篇元话语的使用情况进行研究。这些对元话语使用的跨文化研究部分地证实了元话语使用的普遍性，也说明，在元话语使用中文化差异确实存在。最后，与新手作者和专家作者相关的研究，例如，Barton(1993)研究了专家作者和学生作者在议论文写作中对证源标记语使用的差异；Longo(1994)考察了新手作者和专家作者在机械工程学的研究计划中对元话语使用的数量和类型的差异；Cheng & Steffensen(1997)的研究发现，接受过元话语使用指导的美国大学生的写作水平比控制组的学生明显提高，他们不仅能更有效地使用元话语标记语，还能关注读者需求，使写作语篇中的概念意义、语篇意义和人际意义都得到提升。总体说来，专家学者比新手学者更善于使用元话语资源,这对教师的写作教学有一定的启示意义。

学者们对口语中元话语的研究关注较少。Keller(1979)和Schiffrin(1980)考察了学术口语交际中的元话语。Keller(1979)研究了电视访谈节目中半固定形式(semi-fixed expressions)的会话话语,如"The main point is","I have something to add to that","What I really said is this"等。Schiffrin(1980)研究了诸如"that's what I mean","I'll tell you","I'll put it this way"之类的元语言表达。Swales(2001)对密歇根英语学术演讲语料库(Michigan Corpus of Academic Speech in English)中涉及的元话语表达进行了研究,并对它们在言语事件(speech-events)中的分布进行了初步描写。Ilie(2003)研究了议会辩论中的元话语,在她的研究中,口语元话语被视为一组修辞结构的交际和互动策略,说话者可以用以标识、凸显、缓和或者取消他们话语的一部分以及他们与不同的受话者和/或听众的各种关联。Thompson(2003)的研究只关注讲座中的语篇结构标记。Pérez-Llantada(2006)比较了学术演讲和写作中的元话语。对口头学术英语中元话语的使用进行研究的还有 Luukka(1994)和 Mauranen(2001)。Luukka(1994)以学术会议论文的口语版和书面版为语料,采取了集总法(lumping approach),但这种高度独白式的口语语料似乎并未能为她所进行的口语和书面语的对比提供有力的支撑,她也未能对这种集总策略进行显性的评价。Mauranen(2001)以学术讲座为语料,她采用的是分裂法(a splitting approach),强调口头和书面元话语的区别,她使用的语料很广泛,不仅包括学术语境下的独白式和对话式的口头话语,还将大量说话者因素考虑在内。

另外,对元话语关注的角度还涉及词汇(Ifantidou,2005)、标点符号(Hyland & Tse,2004a)、视觉(Kumpf,2000)、翻译(Peterlin & Moe,2016)等。

　　从对国外元话语文献的考察中可以看出，近些年，元话语研究取得了丰硕的成果：在研究内容上，人们从不同的视角探讨元话语的本质，依据不同的标准对其进行分类，研究它在不同类型语篇中的功能，并将研究成果用于指导写作、口语等课堂教学，培养学生的元话语意识；在研究方法上，学者多采用描写性的定性分析，考察不同学科、不同文化语境对元话语使用的异同；在语料选取方面，覆盖了学术语篇、经济语篇、新闻语篇、广告语篇等，拓展了元话语的应用范围。但这些研究在不同层面上还存在一些不足。在元话语实证研究中，徐海铭、潘海燕（2005）从三个方面进行了总结：首先，研究对象多为美国本族学生，较少考虑把英语作为外语学习的学生；其次，研究方法上未能考虑学习的动态性和长期性特征，跟踪研究的时长过短；最后，从研究性质上看，多为针对学生作文的描述性分析，未考虑学习者的认知因素和教师的教学行为。综合考虑前期研究的优与劣，他们建议，在考察学生对元话语资源的使用情况时，应采用发展的视角和跟踪研究的方法，并将认知因素考虑在内。另外，研究方法过于简单化与程序化，应将定量研究与定性研究结合起来，用定量研究客观真实地描述现象，用定性分析细致剖析研究对象，深入探究深层机制，这样才能更深入地研究和理解元话语现象。

2.1.4.2　国内元话语研究现状

　　2000 年以来，元话语研究在中国受到了广泛的关注，对其进行的研究主要涉及以下几个方面：

　　第一，对元话语的定义、分类、功能等进行的综合性研究。例如，李佐文（2001）从语言语境、情景语境和文化语境三个方面考察元话语的语境构建功能；徐赳赳（2006）讨论了元话语的范围和分类，以及元话语研究中存在的问题，他把元话语分为词汇元话语、标点元话语和视觉元话语三类；成晓光、姜晖（2008）针对"metadiscourse"中文译名的不统一，从构词和功能两个方面，探讨术语翻译的规范性问题,认为译名的规范有利于元话语在中国更系统深入的研究;杨信彰(2007)从宏观上探讨了元话语与功能语言学之间的联系,认为功能语言学思想是分析作者在写作中协商关系的有力手段;唐建萍(2010)从定义、分类和应用几个方面介绍元话语的研究现状,并指出存在的问题和研究前景;冉志晗、冉永平(2015)分析了狭义、广义和人际性三种模式在元话语识别与分类方面存在的主要问题,并从语篇分析的视角探讨反身性模式在元话语识别与分类方面的启示;李佐文(2003)探讨了元话语与元认知的本质,以及两者之间的联系,认为元话语是交际过程中元认知活动的反映。

第二,关于元话语在教学中应用的实证研究。例如,成晓光(1997),成晓光、姜晖(2004)探讨了如何通过元话语的恰当使用提高学生的写作水平;徐海铭(2004),徐海铭、龚世莲(2006)通过定量方法调查高校英语专业不同年级的本科生在英语写作中使用语篇元话语和人际元话语手段的发展模式,以及元话语手段的使用与写作总体质量的相关度;朱玉山(2012)对中国学术英语作文元话语手段的使用特征进行描述性统计和分析,并从功能角度对其进行阐释;韩美竹(2009)通过教学实验指出,元话语指导有助于提高学生的口语表达能力;闫涛(2010)从功能、语用和二语习得等多维度研究外语教师课堂中元话语的使用。

第三,关于元话语在学术语篇中的应用研究。例如,胡春华(2008)以顺应-关联理论为框架,探讨学术讲座中元话语发挥的作用;辛志英、黄国文(2010)考察了学术语篇中元话语的分布及其与正值和负值语言资源之间的配置特征,描述了作者如何通过元话语的使用实现与读者的社会互动;王强(2016)探究元话语如何在英语学术语篇中通过满足交往行为理论的要求构建主体间性,促进语篇信息的有效传递。

第四,对元话语使用情况的英汉语对比研究。例如,高健

(2009)将中国写作者与本族语者在研究论文中元话语的使用情况进行对比修辞研究；曹凤龙、王晓红（2009）对比分析了中美大学生英语议论文中元话语使用的异同；穆从军（2010）对中英文报纸社论中元话语的使用进行了对比分析，在一定程度上印证了汉语写作模式是读者负责型和英语写作模式是作者负责型的推断。

第五，对汉语中元话语使用情况的研究。例如，李秀明（2006）基于系统功能语言学和言语行为的基本概念和理论，系统地讨论了元话语标记在汉语语篇中的形式特征、功能分类以及在各类语体文本中的使用情况，建立了一个相对完整的汉语元话语标记范畴体系。他的研究为后续汉语元话语标记语研究以及元话语标记语的英汉对比研究奠定了基础；张玉宏（2014）以我国的三部法律组成立法语篇，构建对话性的元话语应用模式对其进行研究；邢欣等（2013）探究了汉语口语中起始标记语的特征和功能类别，把元话语分为表框架的词语、表言语行为的词语、参与者指向类词语和表互动的词语四大类，通过对元话语的分类来探讨其共性规律；谢群（2012）以汉语中的商务谈判话语为语料，探讨元话语在商务谈判中的人际作用。

最后，对典籍翻译中元话语的使用进行研究。例如，鞠玉梅（2015）对《论语》英译文语篇中人际元话语的使用进行分析，认为人际元话语作为一种有效的修辞手段，能够帮助译者构建文本中孔子的修辞人格；纪蓉琴（2014）对《孙子兵法》及其英译本中的元话语标记语使用情况进行英汉对比研究，认为元话语的主体间性可以为典籍英译提供策略选择的依据；黄勤、王晓丽（2010）对元话语"又"在《红楼梦》及两个英译本中的使用情况进行了对比分析；黄勤、王佳怡（2013）对元话语"不过"在《红楼梦》汉英平行语料库中的使用情况进行了分类，并统计了行使不同功能的"不过"的使用频率，进行了英汉语的描述性对比研究。

上文所介绍的元话语的研究文献多为单一视角，高健（2005）

采用多视角的方法研究英语元话语中人际修辞资源的使用。她的目的在于揭示元话语的人际意义潜势,展示元话语在知识构建时的说服能力,反映作者-读者的交际,解释元话语在研究论文语类下如何发挥说服作用。她的研究视角将不同的学派结合起来,如功能语法、古典修辞、社会建构理论、礼貌理论,构建社会交际的概念框架对应用语言学领域中母语者和非母语者所撰写的英语研究论文中元话语的使用进行讨论。她将元话语视作分析工具,以及探索学术写作的有效手段。

元话语研究在我国也取得了丰富的研究成果,我国学者对元话语的概念、功能以及在不同语类中使用情况的讨论深化了人们对元话语的认识。具体来说,对元话语研究涉及的层面较为全面,包括对元话语概念、分类和功能论述,在教学和学术语篇中的实际应用,英汉语的对比研究等,尤其难能可贵的是将元话语的研究与中国的典籍翻译结合起来,丰富了学术界的元话语研究成果,为典籍翻译提供了新的视角。尽管如此,元话语在我国的研究还需要进一步探讨和深化:首先,元话语的应用研究目前关注较多的仍是书面语篇,元话语在口语语篇中的应用同样值得我们关注,以从不同层面加深对元话语的认识;其次,虽然现有研究中涉及到对口语中元话语使用情况的研究,但仅仅考察了语言形式的元话语资源,后续研究可以从语调、重音等方面进行元话语的多模态研究;再次,元话语在教学中的应用关注的重心是写作,忽视了阅读、听力、口语、翻译等基本技能;最后,在跨语言跨文化的元话语研究中,目前研究大多关注的是英语元话语,应加强对汉语中元话语现象的研究以及英汉元话语使用的对比研究。

2.1.5　小结

我们已经对元话语的定义、分类、研究视角、国内外研究现状等进行了综述,这一小节我们将针对人们对元话语研究已经达成的共识和尚存的争议进行总结。

目前，人们对元话语的认识已经达成了如下共识：（1）不管元话语被冠以何种名称，它是普遍存在的一种语言现象；（2）元话语是一个模糊范畴，在元话语和非元话语之间缺少明确的界限，对元话语的界定需要将诸多不同的标准考虑进来；（3）元话语资源是一组连续统，其种类的划分不是绝对的，只是程度上的区别；（4）对元话语的研究可以从逻辑哲学、符号学、语用学、传播学、修辞学等各种静态和动态的视角展开；（5）元话语项目具有多功能性，在同一语境中可以同时发挥不止一种功能；（6）元话语具有语境依赖性，在对元话语进行界定和确定其功能时，需要将语境因素考虑在内；（7）对于术语"元语篇（metatext）"和"元话语（metadiscourse）"的选用问题，学者们也已基本形成一致的看法，前者是狭义的概念，只包括语篇因素，后者是广义的术语，既包括人际因素也包括语篇因素。不同领域的学者对元话语研究所达成的共识有助于我们从多学科的视角理解元话语的本质。Crismore（1989）指出，这种方法可以更精确地定义这一概念，为后期的话语研究提供更全面的分类。

对于元话语研究的争议主要体现在两个方面：

第一，关于命题与非命题的争议。元话语是不是命题，或者说元话语是否会影响到话语的命题内容，这个问题与元话语的性质有关。自元话语现象被关注以来，人们多次将其定义为"非命题材料（non-propositional material）"，认为它与真值条件无关，只包括语篇和人际功能，不涉及概念功能，不增加任何命题信息。也有学者（Ädel，2006；Mauranen，1993a）反对将元话语和命题内容区分开来，他们认为，元话语也可以传达信息，可以有内容，可以构成语篇意义。元话语对于交际的重要性有时甚至大于主题。关于元话语是不是命题的争议其实在于是否将真值条件作为评判元话语的标准。Wittgenstein（1958）认为，使用语言就是在对话者之间的互动游戏中运用规则。使这些规则显性化的论断并不具有真假值。在常规语境下,读者主要关注的是命题所揭示的人际意义的恰当性,以及语篇的逻辑性,而不是它们如何与世界中的真假值关联。元话语将读者介入到话语过程中,捕捉作者的意图,同时,引导作者产出有条理的、连贯的、读者友好型的语篇,从而促进对基本话语的理解。因此,对元话语研究的关注点应放在元话语标记语的互动或人际方面,而不是讨论其真假值。

第二,关于元话语与基本话语的争议。很多研究者将元话语视为帮助作者组织和传达基本话语的次要话语。这种对于基本话语和次要话语的划分,使元话语在话语中处于低等地位。这招致了一些学者的反对。Hyland(2005a)认为,元话语不仅能支持命题内容,也是使命题内容具有连贯性和说服力的方式,命题话语和元话语是平等的,它们应结合在一起,共同构成整个话语的两个方面,指向两个主要实体:世界中的事物和话语中的事物。Mao(1993)试图使基本话语和次要话语的区分模糊化。他认为,从词源学的角度来说,这一术语中的前缀"meta-"指的是"更根本的问题",元话语处理的是根本的交际问题,即如何建立人际纽带、维持语篇间关系的问题。因此,元话语比所谓的基本话语更基本,更接近语言使用的总体目标。

人们对元话语研究产生的共识说明了这一语言现象的普遍性和广泛性,是学者们在理论和实践上不断努力的结果,为进一步的研究和交流奠定了基础。而对于元话语研究现存的争议也说明了这一现象的复杂性,但这也正是学者们进一步深化研究、拓展视角的动力。

2.2 语类研究

近年来,诸多研究领域都对语类概念产生了浓厚兴趣。本节将从语类概念的发展、语类的定义、语类与话语社团、语类研究的三个流派等几个方面介绍语类研究。

2.2.1　语类概念的发展

"genre"是一个法语词，意为"类型、类别"（type）。对这一概念的讨论至少可以追溯到民俗学对神话、传奇和民间故事的研究，而"语类"这一概念本身甚至可以回溯到亚里士多德的作品《诗学》（Poetics），它将文学语篇分为诗歌、小说和戏剧三种不同类型。这种对于语类的传统研究主要基于形式和其他表面特征的相似性，把相似的文学语篇归为一组。后来这一概念也用于音乐、电影、写作等领域，诸多学科相关研究领域的成果也进一步促进了语类概念的发展。

Tarone et al. (1981)首次把这种对文学语篇进行语类分组的做法应用到教材和期刊等非文学语篇中。虽然他们区分的标准依旧是描述性的，即只关注语篇的形式特征，但这种做法的意义在于，它拓展了语类研究的范围，开始对文学以外的其他语篇进行更系统的研究。

将这种基于描述性特征的语类分析向前推进一步的是认知心理学的介入。在认知心理学框架下，"图式""框架"和"脚本"的概念用于揭示组织对世界认知的人类心智能力。其基本原则是，人类想要把概念秩序强加到周围世界，试图把新信息匹配到他们所熟悉的经验模式中，这些经验模式进一步形成其认知构建和知识构造。认知心理学给语类研究带来的最大启示是，人类希望获得概念秩序，能够把对未来事件、行为和交际的期待建立在已形成的秩序模式和知识上。因此，认知心理学观照下的语类分析更多关注的是语类间差异的解释性层面。

20世纪80年代早期，语类研究进入应用语言学领域，这引起了人们的持续关注。人们对语类研究兴趣的增加不仅仅因为它向学术、工作或其他语境下的交流提供了理论视角，还因为它与语言教学领域的密切联系。语类已成为"语言教育领域最重要、最有影响力的概念"(Hyland，2004c：5)。Swales 被视为对语类进行语言学研究的先驱(Dudley-Evans，1998；Bhatia，1993)，他的语类分析理论就是在对学术语篇的教学中逐渐发展起来的，其奠基之作 *Genre Analysis*(1990)是这一领域引用最为广泛的著作之一。对语类分析带来重要影响的还有 Halliday 等人的功能语法和语域研究(Halliday & Hasan，1989；Halliday & Martin，1993；Halliday，1994)。这些研究对语言中特定功能变体的语言特征进行了充分描写，它们和语类研究的共同之处在于，两者都密切关注与教学相关的问题。

　　语类分析在专门用途英语(ESP)研究中也越来越重要，继 Swales(1981)对论文引言的开创性研究之后，很多研究专注于学术论文的不同部分。这一研究方法也已经扩展到学术世界的其他语类，比如博士论文(Hopkins & Dudley-Evans，1988)，商业世界的销售促销信(Bhatia，1993)等。大多数研究都是针对书面语类，因为它们更容易获得(Myers，1989)。但也有针对口头语类的，比如会议发言(Dubois，1980)、销售促销(Charles，1996)等。

　　语类研究是语言学研究中的较新领域(Hüttner，2007：19)，而话语分析是语言学研究中最有影响力的研究领域(Hüttner，2007：20)。两者的共同之处在于，它们都致力于解释特定语言模式的效果和功能。两者的区别主要表现在：1)话语分析关注的是更宽泛的社交群体的语言使用，尤其是日常会话，Swales(1990：58)把日常会话视为"前语类"(pre-genre)，已经不是语类分析的研究范围；2)话语分析要建立的是很多情境下都会重复出现的总体模式，如语篇的连贯性，或问题-解决模式，或总体-具体模式(Hoey，1983)，而语类分析关注的是特定场景尤其是专业场景下语言使用群体的交际目的，仅适用于特定语类的既定模式。学者们对于是否将语类分析纳入话语分析研究中持不同看法。Hüttner(2007)认为，应将语类分析置于话语分析的更宽广语类内，因为两者在研究方法和关注点上有很多相似之处。Swales(1990：18)则主张对这两个研究领域进行明确的划分。

从语类概念的动态发展来看，它已经从古希腊时期的文学和修辞学概念发展为现代语言学中的语篇分析框架，具有多种理论视角和研究方法，也是修辞、写作研究、专门用途英语等领域开展教育实践的工具。Hyland(2004c：26)在谈到语类的重要性时指出："不使用语类我们就无法交流，它是我们在语篇中找到我们所期待的内容的基础，有利于理解语篇的连贯性。"

2.2.2　语类的定义

"语类"这一概念出现在很多学科中，涉及不同的理解和界定。例如，民俗学研究者认为，语类归属于个体言语社团，代表交际规则的文化认同，这种规则管控着文化语境下复杂信息的表达(Ben-Amon，1976)；语言人类学家认为，语类是具有历史特性的社会行为因素，与特定场景下的交际行为密切相关，它是历史的产物，又部分地重塑了历史(Hanks，1987)；在交际民族志研究中，Hymes(1974)用"语类"指诗歌、神话、谚语、谜语、祈祷文、讲座、社论等类别；修辞学家 Miller(1984)认为，语类代表的是基于典型修辞行为的话语规约类型，主要关注语类在特定的和反复出现的场景中要完成的行为；在文学理论中，对"语类"的讨论往往基于维特根斯坦的"家族相似性"概念，Fowler(1982)提出，要将这一概念成功运用到语类研究中需要考虑特定语类成员的生物关联性，即文本间性；在社会语言学研究中，Bergmann &Luckmann(1995)将交际语类描述为解决特定交际问题的方式。在这一节中，我们将着重介绍应用语言学领域对语类的界定。

在对语类进行界定前，Swales(1990：45—57)描述了语类的五个特征：(1)语类是一组交际事件,语言和/或副语言在交际事件中发挥重要作用,交际事件的出现频率存在差异性;(2)使交际事件成为语类的重要特征是共享的交际目的;(3)语类样本在原型性程度上存在差异性;(4)话语社团的不同成员对交际目的的识别程度存在差异,语类规约对其内容、定位和形式进行了限制;(5)话语社团的专家成员对反复出现的交际事件进行命名,这些名称逐渐被更多的社团接纳和采用。

　　Swales对语类进行了非常全面的界定,他(1990：58)认为,"语类包含一组交际事件,其成员共享一组交际目的。话语社团的亲本专家成员可以识别出这些目的,并因此构建了这一语类的合理性。这种合理性塑造了话语的图式结构,并影响和限制内容与风格的选择。……除了交际目的,语类的样本在结构、风格、内容和目标读者等方面也展现出相似性。"Swales(1990)在定义中把语类视作动态的社交语篇,对语类的定义描述了作者如何运用语类知识进行学术写作。这一定义中提到了几个重要概念。首先,"交际事件"(communicative event)指的是语言和/或副语言发挥重要角色的任何事件(Swales,1990：45)。其次,也是最重要的一点,语类因共享的交际目的而联系起来,交际目的与语类的合理性联系起来,也与特定语类的话语社团紧密联系。这里所隐含的假设是,语类主要充当实现特定目标的工具,这一共享目的是所有可能共现的其他特征的主要动机。另外,目标和语类之间并不存在一一对应的关系,某个特定的语类可以实现一组不同的目标。比如,新闻广播的目的除了告知听众信息外,还会影响公众观点。除了交际目的外,这一定义中的另一个重要概念是根据原型程度对语类语篇进行的排列,即语篇在多大程度上可以成为特定语类的典型性代表,它需要将话语社团对于形式和内容的期待考虑在内,并对其进行描写。因此,这些形式和特征虽不能界定社团成员的身份,但能帮助建立成员身份的中心性。Swales

(1990)认为，研究论文、报告、资助申请书等由于不同的交际目的代表不同的语类，具有不同的图式结构。在他的定义中，语类不同于语言学上的"语域"（register）概念，因为前者所关注的结构是基于语篇的不同组成部分，后者是基于文体上"正式-非正式"的连续统，把语言特征与恰当的语境和情景特征关联起来。Swales（1990）关于语类的定义可以作为可靠的修辞-功能教学框架，有利于学生理解话语社团成员所共享的语篇特征。Swales（1990）还基于对学术和职业语篇的考察，创立了 CARS（Create a Research Space）语类分析模式，这种对学术语篇的语类结构和语言形式的描写框架为此类研究提供了重要参考价值。

　　Swales（1990）的语类研究成果对很多研究者产生了影响，比如，Bhatia 就以此为基础，提出自己对语类的界定："语类是可以识别的交际事件，专业社团或学术社团成员能够识别并相互理解其交际目的，它通常在意图、定位、形式和功能方面高度结构化和规约化，话语社团的专家成员常常会充分利用这些限制在社会可识别的目的框架内实现个体目标。"（1993：13）同时，Bhatia 也对Swales（1990）的语类定义提出质疑，认为它"忽视了心理因素，未能关注语类建构中策略的重要性"（Bhatia，1993：16）。Martin & White（2005：32）认为，语类是"一个有阶段的、有目标指向的社会过程"。Swales（1990）和 Bhatia（1993）的语类定义都包含了源于语类系统视角的概念。Martin & White（2005）对于语类关注的视角是个体，是有目标指向的说话者，而 Swales（1990）则把目的性指派给语类，即交际事件本身。如果分析语类的目标是从语言学的角度描写研究对象，那么达到这一目标最直接的途径是将语类构建为社会行为而不用绕道到个体。从这个角度来说，Swales（1990）的定义更能击中要害，它将交际目的作为语类定义的标准，将典型性概念运用到对语类的定义中。总的来说，以上学者所达成的共识是,语类是一种为社会或社会中的某一社团所广为认可的语言运用方式,是实现某一交际目标的语言活动类型,是人们在特定文化语境中所选择的话语策略。

其他对语类进行界定的学者还有 Mauranen(1993b),Couture(1986)等。Mauranen(1993b:8)将语类视为社会行为,认为"语类是社区中典型的可以识别的社会行为,它是在语言中实现的",对于语类的划分应参考社会参数,而非语言参数。语类可以类比为社会上可以识别的任何行为类型,换句话说,通过语言实现的社会行为构成了语类的基础,不断重复的行为模式将行为组织为可以预测的、可理解的形式。将语类视为社会现象是 Swales(1990)语类概念的基础(Mauranen,1993b:12)。

Couture(1986:80—82)则从语类与语域的关系上考察语类特征,认为特定交际场景的语言特征是语域特征,而非语类。语域对词汇和句法的选择进行限制,而语类是对话语结构的选择进行限制。系统功能语言学对语类和语域之间的关系也进行了关注,例如,Halliday(1978)将语类结构的概念置于语域概念的总体框架下,而 Martin(1985)对两者进行了明确的划分,认为语类与整个文本相关联,而语域与由体裁结构所决定的选择相关联。因此,语域体现在不同种类的语言选择中,这些语言选择可以在任何长度的文本片段中实现语场(field)、语旨(tenor)和语势(mode),而语类适用于完整的文本以及与其总体结构相关联的规约。

语类是实现交际目标的一种方式,它是在对特定交际目标的回应中逐渐形成的,也会因这些目标的改变而发生变化(Dudley-Evans,1994)。语类分析(genre analysis)为从应用语言学视角进行的语言使用研究提供了有用的框架(Bhatia,2006)。事实上,这种分析的目的是为了析取出语类中显性和隐性的规约,以帮助新成员发展其语类能力(generic competence)。

2.2.3　语类与话语社团

Swales(1990)在讨论学术和研究语境下的英语时，提出了"话语社团(discourse community)"的概念。他认为，"话语社团基于共享的话语模式和期待，拥有或使用一种或更多种语类"(Swales，1990：26)。语类在此处被定义为交际事件，在对社团目标的交际进展中发挥工具性作用。在学术社团中，学术文本是传递共享内容和话语专业性的工具。语类有各种不同类型，只用话语社团才能识别(Swales，1990)。语类可以被话语社团成员识别，是因为其"原型的"图式结构，或者事件模式的最典型实现方式(Bhatia，1993；Swales，1990)。这些结构是由一系列的修辞"语步""步骤"以及实现这些语步的语言特征发展而来。

Swales(1990：24—27)提出了话语社团的定义性特征：共同的社团目标、成员间的相互交流、信息的经常交流、特定的语类、专业的术语以及新老社团成员的动态交替。根据 Swales(1990)的界定，学术社团(academic community)是典型的话语社团，而学科社团(disciplinary community)是特定学术话语社团中更为具体的话语社团。话语社团的建立已相对成熟，并在语言和非语言方面呈现出高度的灵活性。这些社团中操持不同语言的成员也会在行为方式中呈现或多或少的相似性以维持其成员身份。话语社团常与言语社团(speech community)区别开来，言语社团指的是在语法、词汇等方面自然地共享一种语言的群体(如英语本族语者)，其成员资格不是选择的结果。

想要被认可为某一特定话语社团的成员，需要了解这一社团的相关知识和发展趋势(Bizzell，1992；Swales，1990)，还需要具备特定社团的写作实践意识或能力(Hyland & Hamp-Lyons，2002)。而话语社团内语篇的成功产出依赖于作者在目前社团规约的框架下对目标的界定(Bizzell，1992)。话语社团的概念将语篇、作者和读者联系起来，反映了社团内部的同一性和不同社团间的多样性,体现了语类的社会性。

语类与话语社团关系密切。每一个话语社团都可能会使用几种既定的交流方式,形成不同的语类(Swales,1990)。Swales(1990:26)认为,语类构成了话语社团的关键要素:要想形成话语社团,人们必须发展或者使用至少一种语类。Swales(1990:27)认为,话语社团是由一群追求社会性和一致性的人组成的,话语社团成员代表了一种社会角色,其中既有专家成员,也有新手成员。同时,Swales(1990)也意识到了学科领域知识在话语社团构建中的作用,但他着重关注的是源于共享社团价值的同一性,凸显话语社团的社会修辞性以及文本接受和产出中的话语技巧。Duszak(1997:16)认为,应考量话语社团的社会修辞性和社会文化性,对于前者的关注反映了文本-事件特征(text-event characteristics),对于后者的关注则迎合了学术行为模式的策略性和对话性。

Swales et al. (1998:20)在分析话语社团和语类的密切关系时指出:"话语社团的规约和传统因会议、报告等各种口头行为以及对这些行为的宣传而不断演化,这些反复出现的交际事件就是协调口头生活的语类。这些语类把现在和过去联系起来,在传统和创新之间保持平衡。它们在更宽泛的框架下组织个体角色,并进一步帮助这些个体实现交际目标。"由此可以看出,人们在成为社团成员的过程中获得、使用并修正书面语篇语言。它可以解释我们如何通过特定情境下的行为成为社团成员,可以展示我们作为社团成员的能力和专业性,可以展示区分不同社团间界限的方式。

从语言学习和教学的角度来说,话语社团的概念也至关重要。它承认,一门语言的本族语者也并不总能胜任它的所有语类。新手成员要熟悉话语社团的行为,需要经历学徒期,而是否是本族语者只是个体是否需要经历学徒期的次要因素。

2.2.4 语类研究的流派

不同的学科用不同的方法对语类进行研究。"如果说不同学科的研究者对语类研究存在一致观点的话，那就是语类的复杂性"(Johns et al., 2006：248)。在诸多语类研究传统中，Hyon(1996)认为以下三种视角在理论化、研究性和教学启示方面最有代表性：(a)专门用途英语(ESP)(Bhatia, 1993；Hopkins & Dudley-Evans，1988；Swales, 1990；Thompson, 1994)；(b)北美新修辞研究(North American New Rhetoric Studies)(Bazerman, 1988；Miller, 1984；1994)；(c)澳大利亚系统功能语言学(Australian Systemic Functional Linguistics)(Christie, 1991；Joyce, 1992；Martin, 1989)。Hyon(1996)比较了这三个流派对于语类的界定和分析，并考察了基于语类教学的语境、目标和教学框架。这一小节我们将回顾语类研究的不同传统和相关研究。

2.2.4.1 系统功能语言学流派：作为社交目的的语类

这一流派在美国被称为悉尼学派，它由语言学家和教师提出，它产生的初衷是服务于语言教育，帮助教师把语言学变为可以在教室里运用的工具。它是在 Halliday(1978,1985,1994)的系统功能语言学理论的基础上建立起来的，这一理论不用语法术语描述语言，而是把意义构建作为语言的主要目的，它是基于语言的四种假设提出来的：语言使用是功能性的；语言的功能在于意义的构建；社会语境会对意义产生影响；语言使用者通过特定语境下所做的特定语言选择来构建意义。Halliday(1978,1985/1994)将语言学理解为社交语境下创造意义的一套体系，这比大多数语言理论涉及的内容都更为广泛，它关注的是我们如何把语言作为交际资源的方式以及社交语境下语言与功能之间的关系，而不是组织语法形式的规则。语言是作者用于达到交际功能的选择系统，他们可以借此表达对于世界的经验，与他人进行交流，并创造连贯的信息。系统功能语言学的语类概念产生于语言学框架内,这就意味着,依据这一传统的研究者往往以记叙、议论和说明等广义的修辞模式来理解语类。他们以内在的语言标准来定义语类,考察这些元素是如何以不同的方式结合在一起组成不同语类。

　　对于大多数持系统视角的语类分析者而言,语言组织和社会语境是相关联的,语类概念代表的是"文化语境",而"语域"(即"语场""语势""语旨"的语境体现)概念代表的是"情景语境"。虽然 Halliday 分析语言的中心建构是语域而非语类,但是他的一些学生们,尤其是 Martin(1989,1992,1997),在系统功能语言学框架内发展了语类理论,认为语类研究应能发掘语言组织和语言使用之间的关系。Martin, Christie & Rothery(1987:59)将语类定义为"有阶段的、有目标指向、有目的的社会过程",以及为实现交际目的的特定语境下语言使用的结构形式。他们认为,语类是语域(register)之上,意识形态(ideology。各种语言使用中最高层最抽象的语境)之下的语境层面,是特定文化中语域的具体实现形式。特定文化的成员有目的地相互合作来完成这一社会过程,这体现了语类的目的性;语类要完成一件事情,这体现了它的目标指向性;特定目标的实现需要多个步骤来完成,这体现了它的阶段性。换言之,语类是在特定文化中实现总体修辞目标的语言策略,它强调了语类的目的性、互动性、序列性,以及语言与语境系统关联的方式。正如 Eggins(1994:9)所言,语类是"一种描述文化语境对语言所产生影响的概念,通过探讨阶段性的结构文化将其机构化为实现目标的手段"。系统功能语言学研究强调语类社交目的的重要性,以及对服务这些目的的修辞结构进行描写的重要性。可以这样说,如果一组语篇具有同样的目的,那么它们往往具有同样的结构,因而属于同样的语类(Hyland,2004c:26)。

　　系统功能语言学流派的研究者运用语言的功能概念分析口语语篇和书面语篇，以描述这些语篇的功能目的和结构因素。语类被认为是一种图示结构，是特定文化下的语篇为实现特定交际目的所共享的结构，由词汇-语法项目实现。这一流派的主要贡献在于对各种"前语类"（pre-genres）（Swales，1990）的分析，例如，报道、程序、描写、说明、记叙、趣闻和叙述，它们又可以结合在一起，形成诸如新闻故事、研究报告等更为复杂、成熟的宏观语类（macrogenres）。研究者描述这些前语类的社会功能、类结构和词汇-语法特征，对这些"前语类"的了解对于能否获得基本的读写能力至关重要，也是小学教育和移民教育的重要方面。但对于特定的专业或学术语类而言，它似乎并未明确关注这一特定语类规约的建立。Eggins（1994）认为，系统功能语言学流派的目的在于构建将语言视为社会过程的理论和分析工具，而这反过来又能对语言模式进行全面、具体和系统地描写。

　　基于系统视角的语类研究始于 20 世纪 80 年代早期，当时澳大利亚小学的写作教学采取"过程"教学法，过度强调叙述性语篇。这种写作教学的效果并不令人满意，基于系统功能视角的语类分析者主要关注的是对叙述、程序、报告、描写、阐释等"事实性"语篇的分析。除此之外，他们还关注学术写作、科学写作、食谱、信件、书评、影评等语类。这一视角的语类分析者主要考察语篇的图式结构，即语篇的"开头、中间和结尾"（Martin，1989：86），或者特定语类的"类结构潜势"（generic structure potential），即某一语类中可以获得的语篇结构的范围（Hasan，1984：79）。他们还考察了特定语类的语言特征，如词汇语法模式、连贯模式等。在二语写作课堂中，语类研究的系统功能语言学视角可以使教师按照其主要社会功能和社会语境对相似的语篇进行分类，根据语类之间的关系以及难易和复杂程度对写作课程进行安排，可以帮助学习者按照语类结构分析语篇异同，帮助学生理解语类结构和语类之间的关系以创造性地使用它们。

2.2.4.2　新修辞学流派：作为情境行为的语类

新修辞学流派由一批来自不同学科的北美后现代学者发起，它不像系统功能语言学流派那样基于某一语言学框架，而是源于修辞传统，借鉴了后现代的社会和文学理论（如 Bakhtin, 1986），以及北美对于修辞和写作的研究（如 Freedman & Medway, 1994）。其观点产生于文化和修辞研究的思想和社会视角，只有小部分源于语篇分析。他们的研究较少出于教学目的来描写语篇的语言相似性，而是更多地去考察这些相似性与社会行为规则相关联的方式。他们把语类视作动态的、社会性的语篇，以及话语产生和接受的不断发展的过程，受到社会文化语境下其他相关语篇的影响。这一流派主要关注一语环境下的大学教学，包括修辞、写作研究和专业写作。它鼓励关注特定情境语境下语类所完成的社会功能，而非其形式或规约特征（Hyon, 1996：698）。Bazerman(1988)认为，在写作教学语境下，仅仅向学生提供形式特征是不够的，语篇的社会语境知识可以帮助写作者选择适合特定写作情境的修辞。Freedman & Medway(1994)也提出相似的观点，认为仅仅关注表面特征是不够的，应关注情境特征。

在新修辞学传统下，与语类相关的关键议题包括可及性、政治含意和伦理含意、价值观和信仰等。因此，语类常被认为不是中立的，常常暗含社会等级关系，即语类在授权一方的同时压迫另一方。另外，新修辞学流派的研究者在进行语类研究时，常采用民族志的而非语言学的方法，例如，研究者会通过参与者观察、访谈、物理场景描写以及语篇分析对语类周围的语境进行细致的描写。文本分析的民族志方法迎合了这一流派对于语类的功能和语境侧面的关注，对语类的学术和专业语境，以及文本所实施的行为进行充分描述。这种语类研究的出发点不是语篇，而是社交语境，运用语篇中的规则解读语境。在以语言学为导向的语类研究方法中,往往只是粗线条地指向交际语境的重要性,新修辞学的语类研究超越了这一点。采用这种方法的目的在于详实地描述社团参与者的态度、信仰、价值观和行为,以及特定社团生活中语类要完成的社会行为。因此,有必要考虑"语篇所在的社会和文化活动"(Bazerman,1988:4)。

新修辞学者不仅要描写语类的词汇-语法形式和修辞模式,还要调查其社会、文化和机构语境。通过这些语境,我们能理解写作中创造性产生的条件以及意义协商的环境。这一流派把语类视作专家社团成员手中的灵活工具,教室中语篇的使用和新手作者都不是其关注的主要对象。他们主要关注的是专家使用者如何将语类用于社交目的,以及语类被创造和演化的方式。因此,相关的研究包括:语类的历史演变(Atkinson,1992),科研论文写作中的修改过程以及与编者和审稿人的互动(Myers,1990),把语类转化为不同目的的新语境的社会影响(Freedman & Adam,2000),工作场所的语类研究(Pare,2000)。

在课堂教学中,新修辞学流派把语类视作指导性的框架或修辞策略,而不是反复出现的语言结构。语类的这种不稳定性使得一些新修辞理论家对语类在教学中应用的可能性持怀疑态度。Freedman & Adam(2000)强调,教室情境下的语类与现实世界语境下产生的语类在目标、角色、学习方法和评价类型等方面都不同。从更广泛的意义上说,新修辞学派的学者认为,语类只有在静态下才能被用于教学,而那些处于不断变化中、个体使用者可以重塑的灵活事件是无法用于教学的。他们反对教授书面语类的另外一个原因是,教室不是获取写作理解的真实语境。他们认为,学习涉及社团活动中的合作,无论是写作还是学习写作都无法脱离历史和文化语境,否则,就无法揭示写作者对规约的习得、再生产和掌控。

修辞学流派和系统功能语言学流派的相同之处在于两者都

关注情境语境,不同之处在于,前者的关注点在语类产出和使用的情境语境,后者更多关注的是语类的语言特征。语类更多指的是"话语的典型形式"(Bakhtin,2000:86),它们是在对情境语境的回应中不断演化而形成的重复出现的社会行为(Miller,1984)。换言之,语类是在特定文化反复出现的场景中由反复的社会行为演化而来,产出形式和内容上的常规模式。虽然语类在不断的演变中,人们越来越强调语类的动态性,即他们发展和展示多样性的方式,但就目前而言它是稳定的社会行为。正是这种稳定性使得个体能够理解、识别和产出语类,以完成特定的社交目的。Miller(1984:151)对新修辞语类理论的塑造起开创性作用。他认为,"从修辞学上对语类的合理界定,关注的不是话语的内容或形式,而是语类用于实施的行为。"他(1984:165)还指出,语类体现了"文化合理性"特征,"是理解如何加入社团行为的钥匙"。因此,"语类作为一种修辞方式,可以调节个人意图和社会突发事件,把个体与公众、个体事件和重复事件结合起来"(Miller,1984:163)。也就是说,语类作为社会行为,可以调整外部社交情境和个体内在动机。Berkenkotter & Huckin(1995)把语类视为社会行为,他的研究在新修辞学流派和专门用途英语流派之间架起了桥梁。

2.2.4.3 专门用途英语流派:作为专业能力的语类

专门用途英语流派(ESP:English for Specific Purposes)的语类研究方法是由 Swales(1990)提出来的,这一流派的名称源于它对于专业话语和学术话语语境的关注,并刻意把叙述和日常会话等更概括性的"前语类"排除在外。ESP 主要运用需求分析、语类分析进行基于研究的语言教学,考察语篇的结构和意义、学术或工作语境下对交际行为的要求,以及这些行为借以发展的教学实践,以揭示社会语境对语言使用的限制,以及研究者对其控制的方式。这一流派在很多方面都受到前两种流派的影响。例如,它和系统功能语言学流派一样都关注语言教学，但它的关注点在ESP语境，而非一语或移民环境下的读写训练。它将"独立阶段"（separate stages）的概念进一步发展为语步分析，显示特定语类语篇的不同部分如何服务于交际目标。这一研究传统主要关注修辞组织模式和特定语类的语言特征，语篇结构被分析为一系列的语步，语步又包括一个或多个步骤。用语步形式呈现的语类分析是非常有用的工具，能够帮助非母语者应对学术或专业语境下的写作任务（Bhatia，1993），也能帮助母语者适应新学科的学术风格。

在ESP领域，语步结构分析是语类概念的核心，它根据特定语类的原型交际目的把语篇分为不同部分。Swales（1990：141）提出了CARS（Create a research space）模式，把论文引言部分分为三个基本的语步结构。修辞语步是"用于实现特定交际目标的交际行为"（Swales，2000：35），语步序列代表了语类在完成社会行为以及对语篇连贯理解时的图式结构。无论是书面语篇还是口语语篇，都具有特定语类所具有的特定话语特征。但是，Swales（2002）提醒到，语步分析不能采用过于僵硬和机械的框架，后来，他在CARS模式的基础上又增加了其他可能的语步结构。Bhatia（1993）继承并发展了Swales（1990）的语类概念，将语类研究的范围扩展到专业场景下的语类、次语类（sub-genres）、语类的融合等。她还分析了求职信和销售信的语步结构，认为它们因同样的交际目的同属于促销语类。Hyon（1996：695）指出ESP研究存在的问题，认为"很多ESP学者只关注语类的形式特征，较少关注语篇的特定功能和社交语境"。这一状况正得以改善，Bhatia（1999，2002）在其基于语类的ESP研究中，强调了文本间性（在社会文化语境中，正在研究的语篇与其他相关语篇的关系）的重要性。

ESP的语类研究者认为语类具有反复出现的修辞语步，以及实现这些语步的词汇语法特征,特定的话语社团使用这些语步达到交际目的。这一阵营中有些学者采用了民族志的研究方法(Flowerdew & Wan,2010;Hyland,2001b),很多研究者在Swales(1990)的框架下描述了各种学术专业语类的修辞语步结构和语言特征(Bhatia,1993;Dudley-Evans,1998;Dobakhti,2016)。具体来说,遵循 Swales(1990)分析传统的语类研究主要包括研究论文的引言部分(Swales,1981,1990;Oztürk,2007)、研究论文的结论部分(Brett,1994;Lim,2010)、博士论文的引言和讨论部分(Dudley-Evans,1986)、摘要部分(Tankó,2017)、求职信和促销信(Bhatia,1993)、法律文档(Bhatia,1993)、学术讲座(Thompson,1994)等。

　　ESP 的语类研究流派关注如何在学术和专业场景下帮助英语二语使用者提高口语和写作,他们往往把语类视作分析工具和教学工具,帮助提高各种语类写作的实际运用能力。他们将语类框架化为文本类型,这些类型由它们的形式特征以及社会语境下的交际目的界定。对于 ESP 语类分析者来说,从特定语类分析中获得的信息可以用于课程设计和各种语类的教学。虽然 ESP 被视为语类研究的独立方法,但要识别语类研究的特定 ESP 视角并非易事。这一方面是由于它具有"语用性"(Belcher,2006),另一方面是由于一些 ESP 学者也会综合运用源自系统功能语言学和新修辞学的理论观点和分析工具。比如,John Swales(1990)在这一领域的主要贡献中,既有对学术语类语言-修辞特征的前沿研究,也有对语类所产生语境的民族志描写。事实上,ESP 的语类研究视角游走于前面介绍的两种视角之间。一方面,它和新修辞学流派一样,运用对话性和情境语境的概念;另一方面,它利用了系统功能语言学对语篇结构的理解及其教学原则。但是,它与两者也有不同之处,它比新修辞学流派更具有语言学性质,比系统功能语言学流派更重视社团的功能。正如 Hyon(1996)所指出的那样,ESP 和新修辞学流派一样,都关注语类的社会功能,但它也大量汲取了系统功能语言学流派中对于语篇结构的理解。但 ESP 对于写作的跨文化层面和二语层面的关注是其他两种流派所缺少的。它是一种兼容并蓄的研究方法,不拘泥于某一特定的语言模式,从更抽象的层面上来说,它对任何语言理论都没有偏见,这使它能更多地集中在语类及其使用者社团所固有的特征上。

　　ESP 语类分析将语类描述为"达到交际目标的方式,交际目标是对特定修辞需求的回应"(Dudley-Evans, 1994：219)。这一流派的研究重点在于语篇实现交际目标的方式以及话语社团内的语类发挥的作用,而不是聚焦于语类的分类问题。ESP 虽然也认识到语言分析和语境关联的重要,但是其教学和研究主要关注的还是局部需求。Bhatia(2004,2008)指出,ESP 语类研究需要在语言分析之外加入社会认知和社会文化分析,以对这些因素如何在不同学科和机构中进行语类构建进行更全面的了解。Bhatia 还指出,语类之间虽然有相互融合嵌入的部分,但是依然能保持其自身类别的完整性,意识到这一点是获取专业技能的关键。基于对语类的这一认识,Bhatia 把不同语类学派的因素结合起来,提出了一个包括各种话语和非话语分析工具的多角度语类分析方法。她认为,这种方法对真实话语世界中不同类型语篇的总体结构提供了新的研究视角。

　　2.2.4.4　三种语类研究流派的比较

　　这三种语类研究流派把语言视作人类行为的主要方面,而不是传递思想的工具,它们认为,"语言可以通过语类构建意义和社会语境"(Hyland, 2004c：50)。Hyland(2004c)从定义、理论来源、主要关注点、教学语境等几个方面对三种研究传统进行了比较,如下表所示:

表2.1　三种语类研究流派的比较(Hyland，2004c：50)

语类流派	定义	理论来源	主要关注点	教学语境	举例
系统功能语言学流派	有阶段、有目标导向的社交过程	系统功能语言学	话语结构和特征	一语学校；成人移民	报道、叙述、说明
新修辞学流派	对情境语境做出反馈的反复性社会行为	后现代主义	社交目的；语境	一语大学写作	研究报告、专利、医学报告
专门用途英语流派	呈现相似性模式的社交事件集合	系统功能语言学；Swales	话语结构和特征	二语学术写作和专业写作	研究论文、促销信、学术讲座

　　从上文的介绍和上表的总结我们可以看出，语类教学比以往的写作教学方法都更复杂，要求也更高，但它们也提供了更多的方向和关注点。这三个流派的研究目的都在于描述和解释特定文化语境中社会功能和语言运用之间的关系，但它们在对语类的界定和分析上都有自己独特的方法，这些不同的理论视角反映在基于语类的教学实践中。具体来说，三者的不同之处主要表现在：(1)研究重点方面，专门用途英语流派的研究者将语类视作学术和专业情景下分析非母语者需求的语言方式，以语篇的交际目的和语步结构为研究重点。北美新修辞学流派的学者更关注语类的情景语境，并强调语类的社会功能和行为，以及话语社团的信念和价值观。澳大利亚系统功能语言学研究传统与前两种传统几乎同时出现，它产生于Halliday的系统功能语言学框架下，主要关注中小学写作和非专业语篇，考察语篇的词汇语法、结构与社会功能之间的关系。(2)教学应用范围方面，系统功能语言学致力于提供的分析框架可以阐释各个层面教育中语类的使用，而不仅仅针对中学后的教育。事实上，澳大利亚的语类教学从小

学生的写作就开始了，后来又扩展到中学、成人移民项目和学术课程等(Feez，2001)。新修辞流派关注的是一语语境下的写作研究和专业写作，而专门用途英语流派主要关注的是一语和二语的大学生。(3)研究方法方面，系统功能语言学流派把语类视作特定文化中实现修辞目标的语言策略。专门用途英语流派的教学法日趋明确和连贯，它倾向于使用自上而下的方法以及综合运用关于学习和话语的不同模式，适用于更加有特定需求的特定人群，通常是成人，它将语类概念化，关注特定学术小组和专业小组的交际需求，要求他们对语类行为进行反思，强调在课堂的语类分析中培养学生的修辞意识。

　　三种语类研究流派虽然有很多不同之处，但是它们的共同目标都在于分析不同语境下语类之间的关系，并教授学生如何对特定语境作出有意义的反馈；它们关注的重点都是"机构化的学术或专业场景下的语言行为"(Bhatia，1997：181)，即把语言或话语研究与专业行为结合起来；它们都关注如何加深对专业语言行为中那些被期待的层面和规约化层面的理解；它们都以教育、教学为背景。除此之外，它们达成的共识还有：语类是人们在社团组织中反复用特定方式做事产生的结果；由于社团的相对稳定性，产生于其中的语类也会逐渐形成稳定性，这会赋予社会经验连贯性和意义；语类所具有的特定语言特征既不是完全由语境或语类决定，也不是完全受控于个体作者；语篇并不是简单地由表达内在意义的个体产生，而是受社团或文化的影响，并会因不断变化的需求产生变化；对语类的理解包括特定目的和语境下的形式和内容；语篇的语言应该与特定语境下实施的功能结合起来。

　　通过对这三种语类研究流派的比较，我们发现，它们对二语写作教学中遇到的问题往往提供的是相互矛盾的答案。对于这一点，Hyland(2004c：51)认为，对语类流派的选择应综合考虑教师的兴趣、学生的需求以及教学环境。同时需要指出的是，虽然我们将语类研究分为三种不同的流派，并分析三者之间的异同，但不同语类研究学派之间的界限越来越模糊，近些年来有不断融合的趋势（Swales，2009）。

2.2.5　小结

语类用于对语篇的分类，表明作者如何使用语言应对反复出现的情境。这一概念的提出基于这样一种观点：社团成员常能毫不费力地识别出他们经常使用的语篇的相似性，并能相对容易地阅读、理解这类语篇，甚至能进行写作。这部分原因是写作是一种基于期待的实践：如果作者能基于前期语篇阅读的经验预测到读者的预期，读者就能更容易理解作者的意图。语类研究关注的是写作的本质问题，往往涉及两个方面：特定文本的词汇语法特征；对修辞结构或者结构语步的识别（Hyon，1996）。

语类分析克服了以往语篇分析往往只关注语篇表层的语言特征（Hoey，1983），通过将语篇的语言表达形式和交际目的以及使用场合结合起来揭示特定语类的结构和语言特征，旨在描述和探究特定语境下带有特定交际目的的言语行为规范。语类结构研究的不断深入体现在研究学科的多样性、研究内容的细化、多种研究方法的应用、不同理论框架的整合等。对语类的多角度研究有利于人们更深入地了解学术语篇的语类结构，如：同一学科内的语类结构、不同学科间的语类结构差异、不同语类间的差异性、不同语言和文化背景下的语类结构差异。

可以说，语类，尤其是期刊论文语类，已成为语言学界话语研究的热点。但是，目前研究对学术话语社团的应用语言学学科领域关注较少，对这一学科社团中发挥独特作用的学术书评语类也未给予足够重视。我们有必要综合运用多种方法对学术书评语类进行深入研究。

2.3　学术书评研究

在信息大量涌现的今天，研究者想要了解特定学科的所有信息几乎不太可能。作为学术交流平台的一部分，书评可以引介某一领域的新书，告知读者书的内容和结构。更重要的是，它还可以按照不同标准对新书作出评价，包括它对所涉及问题的解决程度、对读者的影响、对未来研究的启示以及对相应学科领域发展的贡献等等。可以说，书评是研究者及时、快速了解学术发展前沿的重要工具。本节将从书评研究的历史、学术书评的特征和功能，以及国内外学术书评研究现状几个方面对书评做简要介绍。

2.3.1　书评研究的历史

对书籍的评论始于公元前 140 年的雅典，距今有 2000 多年的历史了（Miranda，1996）。当时的评论主要是对学术著作或科技著作内容的总结，按照时间顺序展示学科的进展，它不含批判性（Roper，1978）。正式书评的出现要回溯到 17 世纪早期，其发展却在 18 世纪晚期和 19 世纪。1802 年，期刊 *The Edinburgh* 的发行则标志着更具选择性和批判性书评的出现，当时的书评可以借用评价性语言向公众传达所评著作作者的学术贡献，并能间接影响到作者的学术声誉。这一标志性事件对书评带来了一些重要变化：首先，对几乎所有书籍进行面面俱到的评论这种做法被摒弃了，这一期刊开始按照一定的标准对所要评论的书籍进行选择；第二个变化体现在评论的功能方面，*The Edinburgh* 从一开始就对评论进行了重新界定，认为其最重要的特征就是"评论者的态度"（Roper，1978：45），改变了之前评论中有大量节选和引用的做法。另外，评论的篇幅也被限定在 15 至 20 页之间。为顺应这一趋势，当时的 *Canadian Journal of Philosophy* 把它的书评板块命名为 *Critical Notice*。"到 1865 年，书评已成为文学世界中发展得相当成熟的一部分了"（Darling，1968：60）。事实上，

17世纪到18世纪的书评可以分为批评（critic）和评论（reviewing）两部分，前者主要关注历史出版物，后者主要关注新近出版物。到19世纪，两者之间的界限越来越明显。

早期书评最常见的形式是对内容的简单列举和对章节布局的介绍，这种景观式风格的书评被称为描写性书评，偶尔出现的一两项批评也由于过于简短概括而缺乏实际意义。随着书评的发展，书评作者开始对书籍的学术价值作出评价，包括该书是否对特定领域作出了独特的和原创性的贡献，是否揭示了非常重要的但是尚未发现或处理的问题等。除此之外，书评作者还会考量所评书籍作者对论点的表达是否清楚，是否具有说服力，是否达到了作者撰写该书的目的。另外，他还会关注作者对基本论点表达的精准性、论据呈现的合理性、推理过程的严谨性以及各部分之间的关联性。

从书评的受众来看，早期的书评是为受过良好教育的有限读者服务的，读者本身有能力对书籍的质量作出自己的判断。公共教育的建立和发展带来读者群的扩大，书本出版物也随之增加，期刊中书评的数量也在增加。另外，大学教师的科研、职称晋升等压力也促使他们从事更多的学术出版发行行为。新闻杂志和报纸也产生了评论员这一新的职业，对书籍的质量作出评价。由此看来，现实的诸多因素使得更广泛的读者能通过更多的途径阅读到书评。

2.3.2 学术书评的特征和功能

书评虽然已经有两千多年的历史了，但是在今天的语言学研究中，它们的地位依然是"被埋没的"（Hyland，2000：43），"局部的"（Giannoni，2000：357）和"边缘化的"（Felber，2002：68）。它"既不是严格意义上的'研究-过程'语类，也不是Swales（1996）所说的学术界的'封闭'语类"（Hyland，2000：43）。对学术书评研究的不足表明它在学界尚未引起足够重视，以及它较低的学术地位,它是一项不受学界欢迎的任务。Riley & Spreitzer(1970)将书评视为学术文献的二等公民。他认为,由于在整个评价过程中缺乏规范的结构和社会组织,书评只不过发挥了简单的摘要功能。这一论断表明,书评往往未能对所评论的作品进行恰当的批评,他们惯常的做法是只描绘作品正面、积极的层面,较少提及其不尽如人意之处。书评作者这样做的原因主要是,他们意识到他们所做的评论会受到学科领域的专业审视,由于无法匿名,他们担心负向评价会受到同行的反对,而正向评价则不会有此顾虑,会带来社团的和谐。还有一个重要原因,就是互惠性,即书评作者之间互相给对方的作品积极评价。一些学者分析了书评缺乏学术价值的原因:书评只是作者对某本书表达的个人观点(Sabosik, 1988);期刊留给书评的印刷空间有限,不利于书评作者充分表达自己的观点(Hoge & West, 1979);书评很少参考所在领域的前期研究,缺乏学术上的严肃性(Klemp, 1981);书评在研究中很少被引用,这在一定程度上也降低了其学术价值(Diodato, 1984)。Pohlman(1967)建议书评应该更具学术性,依据一定的标准对著作进行评介。另外,书评缺乏原创性也成为被诟病的原因,有学者认为书评隶属于被评介的图书,甚至把它与摘要、索引和参考书目归为一组。也许正是由于这种低下的地位和诸多的批评,书评的形式和内容仍然是研究中被忽视的话题。

　　尽管有如上不足,人们依然在不断地写作和发表书评。书评写作似乎是研究者的学术生涯中无法避免的一项任务。有趣的是,涉及学术书评写作和研究的话语社团中的专家成员对这一语类的交际功能给予广泛的认可和接受。他们认为,书评是学者们了解所在研究领域发展前沿的重要手段(Snizek & Fuhrman, 1979;Ingram & Mills, 1989),它尤其适用于目前知识激增情况下对信息的了解。社会学家Berger(1963:11)甚至认为,“明智的人应该读书评”,期刊里主要应该阅读的就是书评。书评是学术取得进步的基础(Glenn,1978),它能引起学科内的对话和交流(Champion & Morris,1973)。书评的重要性还在于,它可以向图书作者提供学界同行的反馈,同时也能使书评作者引起人们的关注(Snizek & Fuhrman,1979;Ingram & Mills,1989)。对读者来说,书评能使其"了解新近出版物,为新理论和观点提供同行评价的平台"(Spink et al.,1998:364)。书评也被视作信息过程的一部分,在学术交流中发挥综合性作用,一些专业期刊甚至只发表书评(Hartley,2006)。在学术讨论中,书评往往比学术著作本身更具争议(Holden,1996),能引起更深入的思考和交流。

从学术社团的角度来说,学术书评由学术社团成员撰写,是"学术社团内进行的专业的同行评价"(Lindholm-Romantschuk,1998:40)。它以一种可见的形式呈现同行评价的过程(Schubert et al.,1984),是被特定话语社团所认可的一种学术交流机制,是知识生产和传播的重要形式。学术书评在学科知识的话语构建方面发挥独特作用:学术书评对新近出版的著作进行评介,在获取新书信息方面,它是仅次于学者之间面对面交流的最重要来源,能够帮助那些没有时间或者无法获得图书的研究者了解最新研究动态;学术书评对于新的学科知识进行评价,能够明确地对某一特定学科的知识和实践进行协商;书评向研究者提供了修辞平台,他们通过介绍专业领域的书籍在知识构建中的作用表达自己的立场、标识自己所属的社团组织、加入到学科对话中。

书评的交际目的在于评价产出的知识(Motta-Roth,1996),在更广阔的社团内引起人们对书籍内容和价值的关注。书评不同于期刊论文的同行评价,前者常常是由书籍出版商、期刊、报纸或网站在考量过书籍对于相关领域的价值后而选择出来的,而后者常常是由期刊审稿人选择的结果。两者的区别还表现在,同行评价是在出版之前,给作者修订和改善的机会,而书评是在书籍出版之后发行的,不会对其内容产生影响,除非书籍再版。

书评在科学事实的构建中，地位虽不如研究论文，但它已经像研究论文那样被赋予语类地位（Miranda，1996；Motta-Roth，1998）。它被认为是"科学话语社团中最具价值的语类"（Luzón Marco，2000：66），是"现代知识创造中的关键语类"（Hyland，2000：42），它能"从学术专业角度衡量书籍价值"（徐柏容，1993：80）。Swales（1990：46）对于语类的界定也同样适用于书评语类，书评在界定语类的结构、风格、内容和目标读者等方面呈现出相似的模式。首先，书评也是由一组交际事件组成，体现了特定社交语境下（学术期刊）发挥特定角色的群体之间的关系，这些角色通常是与语境和目标相关联的，对于书评而言，就是在相关领域对新的出版物进行介绍和评价。第二，这些交际事件可由话语社团的专家成员识别，专家成员和读者通过"图式"（引导语篇期待的前期知识）识别语类。他们通过内容图式和形式图式了解书评，前者包括他们在前期掌握的学术信息和特定的学科文化，后者指的是他们前期对书评语类结构特征了解的知识。另外，特定的阅读和写作技能也能帮助这些专家成员了解这些潜在的内容和形式的语篇期待。最后，介绍和评价新出版物的交际目标构成了限制这一语类修辞的理据。因此，读者寻求相关领域最新出版物的评介，作者撰写书评，对这种期待做出回应。

虽然人们对好书评的标准界定不一，但大家普遍认同的是，书评应包含对书本内容的描述和评价。Hartley（2006）认为，书评应该衡量两个因素，一个是新出版图书的学术可信度，另一个是作者的写作风格，如果评介对象是研究性书籍，书评还应衡量其选题的创新性和研究发现的意义。Miranda（1996）指出了成功的书评应具备的主要特征。首先，这类书评会将所评论的书籍置于学科背景的更宽广语境下，讨论它与相同或相似领域其他书籍之间的关系，这样就把所评论书籍放到了相关领域的知识体系中，体现了学科知识的连贯性和系统性。另外，好的书评还会使读者介入其中,将其视为追求知识和从事研究过程中的学术社团成员,把他置于辩论的舞台上,使其听到不同的声音。总之,好的书评就像是"导游",由书评作者带领读者进入书籍的内容、作者的推理方式以及作者得出的结论,在这一过程中,读者跟随书评作者一起探讨书籍作者的写作意图。

对学术书评感兴趣的人群除了特定学科领域的学者,还包括出版商和图书管理员。目前,学术书籍构成了图书市场的很大一部分,图书出版商将学术书评当做考察图书市场的有用工具和促销手段,把新书引入潜在读者的视野。对于图书管理员而言,学术书评的作用主要体现在它能够提供新书或即将出版的书籍信息,是图书馆进行书籍选择时的有效工具。对于这一点,有的学者提出异议,认为书评只是辅助性工具,图书管理员在图书馆藏书的选择方面还会参考引用率等其他因素,而且书评关注的也往往只是少量大型出版社出版的书籍。但无论如何,至少我们可以说,书评为图书管理员的选择提供了参考。由此可以看出,书评可以受益于学科专业、书籍作者、书评作者、读者、出版商和图书管理员等诸多群体。

在自然科学领域,期刊论文几百年来一直是呈现研究结果的最常见方式。但是,社会科学和人文学科依然在很大程度上依赖书籍,尤其是学术专著,它为学者们加入学术话语提供了重要平台,同时也是其在相关领域建立学者身份的重要工具。甚至可以说,书籍在社会科学领域越来越重要,"由于它有更多的空间,可以对理论进行更深入的论述,成为学者们更青睐的表达方式"(Shrivastava,1994:10)。根据 Parson(1990)的统计,在美国出版的学术书籍中,有三分之二以上都属于社会和人文学科,而且这一比例还在呈现不断上升的趋势。值得欣慰的是,学术期刊留给书评的空间也越来越大。Buttlar(1990)经过统计发现,图书馆的期刊中,有 9.5%—10.5%的版面是学术书评。

2.3.3　国内外学术书评研究现状

相对于其他研究而言,学术书评研究尚未引起足够的关注。但对其感兴趣的学者涉及的学科领域很广,包括语言学家、应用语言学家、历史学家和社会学家(Knorr-Cetina, 1981; Bazerman, 1988; Atkinson, 1999; Swales, 1990; Gross et al., 2002; Salager-Meyer et al., 2003)。

在应用语言学领域,对学术书评的研究较为深入全面的要数Hyland 和 Motta-Roth。Hyland(2000)从包括自然科学、社会科学和人文科学在内不同学科的 28 种学术期刊中选取了 160 篇书评,通过对"称赞"和"批评"这两种评价行为的考察研究作者如何运用语义资源对书评的价值进行协商。在具体研究中,作者将"称赞"和"批评"视为言语行为的语义单位,首先统计书评中的正向和负向评价资源。统计结果表明,作者在实施"称赞"言语行为时,主要针对的是著作的总体特征,尤其是对内容的总结和对潜在读者的推荐方面,而"批评"言语行为主要指向具体内容和语篇特征。这一评价模式在学科间呈现出相似性,既发挥概念功能又发挥人际功能。作者还对书评中评价的内容和分布在不同学科中的差异性进行了考察,发现相对于硬科学而言,软科学对评价资源的使用更广泛,在评价中也更具批判性。同时,作者在研究中还强调了书评在学科知识的构建以及学术话语社团的社会实践中所发挥的重要作用。Motta-Roth(1998)在话语分析的理论框架下,从 20 个引用最为广泛的期刊中选取了 60 篇学术书评进行语类分析,这些书评语篇集中在语言学、经济学和化学三个学科,分别代表了人文科学、社会科学和自然科学的学科门类三分法。作者通过分析,对书评语类的修辞结构进行了修辞呈现,并总结了修辞语步中经常出现的语言项目。同时,作者还通过定量分析描写书评语类的学科差异,结果表明,化学书评者更倾向于产出篇幅较短、描述性和客观性的语篇,其评价性较为薄弱。经济学的书评者在对著作的优点进行评价时,常强调其模式。在化学中,出版物的新近性是对其质量进行评价的至关重要的标准。Motta-Roth 的研究还把学科的语篇特征和文化语境结合起来。

　　学术书评的其他研究视角还包括跨语言、跨文化的对比研究(Moreno & Suárez,2008;2009;Itakura & Tsui,2011;Suárez & Moreno,2008);跨学科的对比研究(Diani,2009;Hyland & Tse,2009;2006;Motta-Roth,1996,1998);历时研究(Shaw,2009;Salager-Meyer,2001;Salager-Meyer et al.,2003);基于社会学视角的分析(Burgess,2000)等。这些研究普遍达成的共识是,与其他学术语类相比,书评表现出更多的评价性,主要发挥概念功能和人际功能。其中,概念功能指的是书评作者在对作品进行描述和评价时表达的认知判断,人际功能指的是书评语类的参与者之间建立起来的人际关系,以及书评作者为保持批评与赞扬之间的平衡所付出的努力。

　　对学术书评的研究还涉及评价的类型、书评作者的性别、年龄和身份地位等因素。Carlo & Natowitz(1996)和 Champion & Morris(1973)等人的研究注意到,书评在对书籍进行评价时,正向评价往往多于负向评价。Moore(1978)通过对心理学领域书评作者的性别差异考察发现,他们在选择书籍时,对同性作家的选择要多于异性,而且在对男性作家的书籍进行评价时,负向评价更多。Snizek & Fuhrman(1979)在对社会学领域的书评进行研究时发现,年长书评作者对书籍的正向评价更多,由年长的学者所撰写的书籍收到的正向评价也更多。Hirsch,Kulley & Efron(1974)在对人文和社会科学领域的书评进行研究时发现,书评作者的身份地位越高,其对书评的评价积极因素越多。对于书评的重要性,Miranda(1996)通过对 1732 份书评的考察总结到,学术书评是学术交流的重要标志,可以用于追踪不同知识领域间信息的流通。

　　国内学者对于学术书评的研究视角比较单一，多关注书评的评价性，基于评价理论对其进行研究。例如，唐丽萍（2005）以10篇语言学书评为语料，统计评价阶段自言资源的使用频率，从对话视角对英语学术书评的评价策略进行介入分析，讨论其在赞扬和批评之间呈现出的不同介入倾向。布占廷（2013）以语言学书评标题为研究对象，将其视为次语篇，基于评价理论从书评指示语和引子两个方面考察其中语言选择的特征以及在不同期刊中的机构变异性。陈令君（2012）以评价理论和评价参数模型为理论基础，以200篇英语书评为语料，将书评作者的性别因素考虑在内，研究学术书评的评价参数系统。陈令君（2010）主要从礼貌性和客观性两个语用维度探讨英语学术书评的评价策略。王红阳、程春松（2008）以评价理论为理论框架，对英汉语言学学术书评的态度意义进行对比研究。其他基于评价理论视角的研究还有布占廷（2014）、陈令君（2008）、唐青叶（2004）等。少数学者对学术书评的研究也采用了语用学视角，例如，李经纬（1996）基于Brown & Levinson 的面子保全理论对比分析英汉书评的礼貌策略。袁媛（2012）对语言学书评中表达类言语行为的分布、频次和表达对象进行英汉对比分析。在基于评价理论和语用学相关理论的学术书评研究中，有一部分采用了英汉对比的研究方法，如布占廷（2014），王红阳、程春松（2008）等。

　　通过以上对国内外学术书评研究现状的归纳总结可以发现，学术书评研究已经取得了一定成果，但是相对于它在学术话语社团中发挥的作用而言，还有必要对其进行更深入细致的研究。国内研究相对于国外研究而言还有很大差距。在书评研究所涉及的学科领域方面，国内研究基本都集中在应用语言学领域，国外研究涉及的领域更为广泛，包括语言学、历史学和社会学等。从书评研究的视角方面来看，国内研究大多基于评价理论或评价理论的某一方面，少数采用语用学视角，国外的研究视角涉及语类分析、社会学视角等。两者在对比分析的对象上也存在差距,国内研究的比较对象仅限于英语和汉语学术书评中的评价资源,国外研究的比较对象在跨语言、跨文化的对比方面涉及西班牙语等英语以外的其他语言,除此之外,还包括不同学科间的对比分析,还涉及书评作者的性别、年龄、身份等诸多因素。

2.3.4　小结

书评作为一种篇幅短小的语类,经常被研究社团忽视,这在学术语类系统中留下了进一步研究的空间。通过前面几节对书评的介绍,我们可以看出它在诸多方面对学习者的益处:首先,对书评中评价性语言的研究能揭示出特定领域的不同价值和传统,这些信息为阅读和写作教学提供了重要工具。更具体地说,特定领域的实践知识可以帮助学习者在特定语境中更恰当地理解学术语类是如何发挥作用的。其次,书评本身就是一个矛盾体,一方面,人们给予它的关注很少,另一方面,也正是由于这种不起眼的特性,那些还无法进行研究性论文写作的研究者可以进行书评的撰写。可以说,书评潜在地为新手写作者以及非英语母语写作者提供了参与到学术主流中的机会,为国际期刊的学术书评部分作出贡献。最后,对英语书评的研究能促进学习者更有效地发展书评阅读技能,语类结构意识也能够帮助读者更有批判性地使用书评,在众多的材料中选择自己所需要的。

第三章　理论框架及研究方法

3.1　Motta-Roth(1995)的书评语步分析结构

　　Swales(1990)所提出的针对研究论文引言的 CARS 模式受到广泛关注，并经常被引用。在他的研究中，"语步"(move)和"步骤"(step)被视为分析引言的信息组织所使用的类别，每一语步或步骤都具有独立而完整的交际功能。其中，语步是一种修辞图式单位，它能够实现或增加语篇总体信息，它也被视作话语结构单位，有具体的结构特征和清晰的定义性功能。每个语步都包含一系列步骤，步骤是实现语步的各种元素，它们结合在一起构成语步信息。其他学者也对语步和步骤进行了界定，例如，Nwogu(1997)认为，语步是由一系列词汇、主题意义和修辞特征所体现出来的具有统一意义倾向和特定交际目的的语篇片段，步骤是实现语步的修辞策略。Dudley-Evans & John(1998：89)指出："语步是一个与作者的目的和其希望交流的程度相关的单位，步骤是比语步低一级的文本单位，它向作者的选择提供了具体视角。"Swales & Feak(2003：35)将语步定义为"一个明确的、有界限的交际行为，以达到主要的交际目标。由于它是一个功能范畴，其长度可以从一个小句到几个段落。"Ding(2007)认为，语步分析是语类研究中不可或缺的部分，它是文本的句法和功能单位，可以以交际目的和语言界限来划分。由此可见,学者们对于语步和步骤普遍认同的是,语步是意义单位或功能单位,而非语法和语言形式单位,一个语步由一个或多个步骤实现。从更广的范围来说,语类的构成要素是语步,语步构成了语类的组成部分,服务于交际目的。

Motta-Roth(1995)基于 Swales(1990)提出的语类分析方法考察不同话语社团中语类的修辞结构。她(1995:54)将语类定义为"语篇系统的抽象概念,反复出现在修辞语境中"。她(1995:61)还从功能角度对语步进行了重新界定,认为它是"文本块"(text block),是包含一个或数个句子的话语片段,能够实现特定的交际功能,它与其他语步一起构成语篇中所呈现的特定语类的信息结构。语步是把作者的交际意图和表达内容联系起来的重要单位,体现出书评语类的修辞结构在某个时期的发展阶段特征。每个语步又包含一系列较小的功能单位或言语行为,与语类限制一起形成作者的交际意图。Motta-Roth(1995:61)在对这一现象进行描述时,没有使用 Swales 的"步骤"(step)概念,而是用"次功能"(subfunction)这一术语。她对此的解释是,它们呈现的顺序不是固定的,也不像步骤那样下一步承接上一步,一步一步累积起来(Motta-Roth,1995:143)。具体到书评语类,语步是推进书评作者意图的文本片段,它能促进整个语篇的发展,将新出版物呈现给目标读者。"次功能"可以单独或与其他次功能一起按照语步设立的方向推进文本的发展。

Motta-Roth(1995)通过对语言学、化学和经济学三个学科领域的 180 篇英语学术书评语篇的开创性分析,总结出学术书评的修辞结构,并对其进行图式化描写。她的书评语类分析结构包含四个语步,每个语步又包含数量不等的次功能,具体详见下表:

表 3.1　书评中的语步和步骤

语步 1：引介著作 （Move 1：intro-ducing the book）	次功能 1：界定著作研究主题，并/或 （Sub-function 1：Defining the general topic of the book　and/or）
	次功能 2：介绍潜在读者群，并/或 （Sub-function 2：Informing about potential readership　and/or）
	次功能 3：介绍作者信息，并/或 （Sub-function 3：Informing about the author　and/or）
	次功能 4：概括话题内容，并/或 （Sub-function 4：Making topic generalizations　and/or）
	次功能 5：置著作于研究领域中 （Sub-function 5：Inserting book in the field）
语步 2：概述著作章节 （Move 2：outline the book）	次功能 6：概述著作结构 （Sub-function 6：Providing general view of the organization of the book　and/or）
	次功能 7：陈述具体章节 （Sub-function 7：stating the topic of each chapter）
	次功能 8：介绍附加材料 （Sub-function 8：Citing extra-text material）
语步 3：强调部分章节 （Move 3：highlighting parts of the book）	次功能 9：评价部分特征 （Sub-function 9：Providing focused evaluation）
语步 4：总体评价著作 （Move 4：providing closing evaluation of the book）	次功能 10A：完全推荐/贬损此书 （Sub-function 10A：Definitely recommending/disqualifying the book）
	次功能 10B：推荐此书，并指出不足 （Sub-function 10B：Recommending the book despite indicated shortcoming）

（根据 Motta-Roth，1995：142 整理）

语步 1 是书评的典型语步,对著作以信息性摘要的形式进行引入性介绍,包括著作的研究主题、潜在的读者信息、原书作者信息、对要讨论主题的概述,以及该著作在相关研究领域的地位等。它的目的在于将著作置于相关理论、方法的语境中和特定的学科基础上,在更广的语境下向读者提供信息。

语步 2 是篇幅最长的一部分,对书本的组织结构进行具体的信息性描述,主要包括对著作结构安排的总体介绍、对各个章节内容的介绍、对附加材料的介绍。这一语步中话语呈现的序列高度稳定,它们讨论章节的顺序与书中的顺序一致。

语步 3 与语步 2 的区别在于把关注点从对著作结构的描写转向对著作的评价。虽然话语分析者指出,评价通常贯穿整个著作,但是书评作者将语步 3 作为著作的特定部分凸显出来,进行主观的评价,以强调著作中最好和/或最差的部分,因此它被附码为一个独立的语步,与文本中的总体评价区别开来。

语步 4 通常被置于著作的最后一段,是对著作的总体评价,包括完全推荐或贬损此书,大多会在指出不足的基础上推荐此书。相对于语步 2 和语步 3 对著作内部的关注,这一语步通过把读者带回著作以外的世界来标识书评的结束。作者从外部看待所评著作,对它作出总体评价。语步 3 和语步 4 虽然都是评价,但是它们涉及的重点不同。语步 3 关注的是著作的各个部分,语步 4 讨论的是整本书的总体评价,并影响到作者是否推荐此书。

Motta-Roth(1995)的这四个语步显示了关注点的逐渐变化和语篇的发展。书评在语篇的一开始对著作做总体概述,介绍其基本信息,并把它置于学科语境下,语步 2 和 3 是对著作更详细的介绍,关注著作中的具体方面。语步 4 是总述,在学科语境下对著作作出评价。这一语步中的两个次功能是彼此排斥的,而其他语步中的次功能是可以共存的。

书评语类是由一系列可识别的语步和次功能组织起来,虽然它在信息、功能和语境等方面遵循一定的规则，但是它也存在一些变体，这些变体可用于从认识论的视角解释不同学科的差异性（比如研究对象、研究方法等）。正如 Motta-Roth(1995)所指出的那样，她所提出的书评语步分析结构只是一种倾向性，并不是一成不变的绝对的修辞语步结构。

Motta-Roth(1995)的书评语步分析模式在其他学者的研究中得以验证，例如，De Carvalho(2001)分析了英语和葡萄牙语中文学理论领域的学术书评，Nicolaisen(2002)对英语中图书管理学和信息科学领域的书评进行了语步分析。他们的研究表明，Motta-Roth(1995)从三个学科中总结出来的书评修辞结构与不同语言以及其他不同学科中的书评结构之间没有根本性的差异。

3.2　Hyland(2005a)的元话语分析框架

一直以来，元话语被区分为语篇元话语（textual metadiscourse）和人际元话语（interpersonal metadiscourse）。Hyland(2004b, 2005a, 2005b)和 Hyland & Tse(2004a：161)提出了一个更强大的元话语人际视角，认为"所有的元话语都是人际的，因为它考虑到读者的知识水平、语篇经验和信息处理需求。"本节要介绍的 Hyland(2005a)元话语模式是在前期元话语模式（Vande Kopple，1985；Crismore，1989）的基础上基于大规模的研究论文这一语类提出的，他借用 Thompson & Thetela(1995)的术语"interactive"和"interactional"将元话语分为两大类：引导式元话语（interactive metadiscourse）和互动式元话语（interactional metadiscourse），以识别人际互动的组织特征和评价特征。

3.2.1　引导式元话语

引导式元话语资源不具有经验意义，它被用于组织命题内容,向目标读者呈现连贯的、有说服力的话语,使读者能够按照作者预想的思路解读作者观点。但它们并不是简单地组织文本,对它们的使用要依赖于作者对读者的了解。作者要对潜在读者的理解能力、对相关文本的了解、对解释性指引的需求以及作者-读者关系进行评估,而引导式资源的使用就是这种评估的结果。它可以进一步分为五个主要的次类别:

3.2.1.1 过渡标记语(Transitions)

过渡标记语主要包括连接词和副词短语,标识话语片段之间的递进、因果和对比关系,表达话语之间的语用关联。Hyland (2005a)的元话语分析模式所关注的并不是这些项目是句法上的并列关系还是从属关系等,而是它们所发挥的角色。只有发挥话语内部角色而非外部世界角色的项目才被看作是元话语资源,帮助读者理解思想之间的关联。在过渡标记语所标识的语用关联中,递进(addition)向论证增加因素(如"and","furthermore","moreover","by the way"等),比较(comparison)标识相似(如"similarly","likewise","equally","in the same way","correspondingly"等)或相反(如"in contrast","however","but","on the contrary","on the other hand"等)的论点,因果关系(consequence)向读者传达的是正在得出的结论(如"thus","therefore","consequently","in conclusion"等)或正在反驳的论点(如"admittedly","nevertheless","anyway","in any case","of course"等)。

3.2.1.2 框架标记语(Frame markers)

框架标记语标识的是文本边界或文本图示结构要素。需要注意的是,它所标识的是文本中论证的顺序,而不是事件的发展顺序,其功能在于对论证的排序、标注、预测和改变。框架标记语常常表现为显性的递增关系(如"first","then","1/2","a/b","at the same time","next"等),它们还可以显性地标识文本发展的阶段（如"to summarize"，"in sum"，"by way of introduction"
等）、宣称话语目标（如"I argue here"，"my purpose is"，"the
paper proposes"，"I hope to persuade"，"there are several
reasons why"等）以及标识话题的转换（如"well"，"right，"OK"，
"now"，"let us return to"等）。因此，这一类型下的项目可以提
供关于话语因素的框架信息。

　　3.2.1.3　内指标记语（Endophoric markers）

　　内指标记语用于指向文本其他部分的表达（如"see Figure
2"，"refer to the next section"，"as noted above"等），使得增加
的概念材料显性化，帮助读者获取作者的意图。这种元话语资源
通过指向之前或之后的材料支撑论证，能够把读者引向作者所期
待的他们对话语的解读。

　　3.2.1.4　证源标记语（Evidentials）

　　证源标记语表达的是思想来自其他来源的元话语信息，能够
指引读者对语篇的理解，并标识作者对于话题的掌控。在学术写
作中，它指的是基于社团的文献（community-based literature），为
论证提供重要支撑。它还具有人际特征，指明谁将为某一观点负
责。需要注意的是，应把它与作者对于某一观点的立场区别开来。

　　3.2.1.5　注解标记语（Code glosses）

　　注解标记语通过重述或阐释已经表达的内容增加额外信息，
以保证读者能够获取作者的意图。它反映了作者对于读者知识
的预测，常用的注解标记语项目如"this is called"，"in other
words"，"that is"，"this can be defined as"，"for example"等。

3.2.2　互动式元话语

　　互动式元话语是评价性的和介入性的，它将读者引入到话语
的构建中，告知他们作者对于他们和命题信息的态度，它能反映
作者与读者关系的亲密程度、态度的表达、对认知的判断以及读
者介入的程度。这些资源不仅是作者表达观点的手段，也是他们

介入其他人观点的方法。元话语的这一层面与语篇的主旨相关联，关注的是语篇中的个性水平，可以进一步分为五种类型：

3.2.2.1　模糊标记语（Hedges）

模糊限制语标识作者识别其他声音和观点的态度，它强调观点的主观性，允许信息以观点而非事实的形式呈现出来，这样就开放了协商的空间。作者需要评估某一论断的分量，考虑他们想要赋予这一论断的准确性和可靠性。模糊标记语的使用意味着与其关联的表述是作者的合理推断，而不是特定的事实，传达的是作者对于推理的自信程度。模糊标记语资源包括"possible"，"might"，"perhaps"等手段。

3.2.2.2　增强标记语（Boosters）

增强标记语是诸如"clearly"，"obviously"，"demonstrate"等的项目，作者通过对这一资源的使用排除其他选择，阻止不同观点，表达其对于论断的确定性。它表明作者在意识到多种观点存在的情况下，选择缩小这种多样性，用唯一自信的声音对抗其他可能性，强化论点。文本中模糊标记语和增强标记语的平衡使用传达了作者想要在多大程度上考虑其他可能性，因此，在表达对文本内容的承诺和对读者的尊重方面发挥重要作用。

3.2.2.3　态度标记语（Attitude markers）

态度标记语表明作者对命题在情感上而非认识上的态度，它传达的是惊喜、赞同、重要性、责任、沮丧等，而不是对信息的状态、可能的关联性、可靠性或真值的评价。作者的态度除了可以通过从属句、对比、标点符号等表达出来，还可以使用更为显性的元话语标识方式：动词（如"agree"，"prefer"等）、副词（如"unfortunately"，"hopefully"等）和形容词（如"appropriate"，"logical"，"remarkable"等）。

3.2.2.4　自我提及语（Self mention）

自我提及语指的是作者在文本中的显性呈现，由第一人称代词和物主形容词出现的频率来评估（如"I"，"me"，"mine"，exclusive"we"，"our"，"ours"等）。所有类型的写作都会承载关于作者的信息，通过第一人称进行人称投射的规约也许是最有力的自我呈现方式。作者在语篇中无法避免地将自身以及他们与论断、社团和读者的关系投射进来。作者的显性呈现或缺席是作者的有意识选择，以此来采取特定的立场以及特定语境下的作者身份。

3.2.2.5   介入标记语（Engagement markers）

介入标记语是指向读者的显性手段，使他们作为话语的参与者介入到语篇的构建中，引起他们的关注。介入标记语的使用一方面能帮助作者充分满足读者对于介入和亲近感的期待，可以通过代词（如"you"，"your"，inclusive"we"等）和插入语（如"by the way"，"you may notice"等）的使用来实现。另一方面，介入标记语涉及对读者在修辞上的定位，作者能预测读者可能的反对意见，指引他们作特定的解读，恰当的时候把读者拉近话语，实现这一功能的介入元话语资源包括问句和命令句（如"see"，"note"，"consider"等引导的祈使句，情态动词"should"，"must"，"have to"等）。

3.3   本研究的分析框架

3.3.1   本研究的书评语类结构分析框架

本研究中，我们采用 Swales（1990）对修辞结构的命名方式，即"move"和"step"。中国学者对这两个术语的翻译也不尽相同，葛冬梅、杨瑞英（2005）将它们分别译为"语轮"和"语步"，秦秀白（1997）将它们分别译为"语步"和"步骤"，我们采用后者的翻译。

研究首先按照 Motta-Roth（1995）的书评修辞模式考察语料中的语步和步骤，语步是通过对修辞功能的推断来识别的，而修辞功能是在文本的各个部分与语篇总体目标的相互关联中发展起来的。通过对英汉语书评语步的这种考察，我们发现，Motta-Roth(1995)的模式基本适用于我们的语料，但也有细微差异。我们对她的模式进行了适当调整，以迎合本研究的需要，修订后的修辞模式见下表。

表3.2 学术书评中的修辞结构

语步1：引介著作	步骤1 界定著作研究主题 和/或
	步骤2 介绍潜在读者群 和/或
	步骤3 介绍作者信息 和/或
	步骤4 概括话题内容 和/或
	步骤5 置著作于研究领域中 和/或
	步骤6 介绍著作出版信息
语步2：概述著作章节	步骤7 概述著作结构 和/或
	步骤8 陈述具体章节 和/或
	步骤9 介绍附加材料
语步3：强调部分章节	步骤10 评价部分特征
语步4：总体评价著作	步骤11 完全推荐此书 或
	步骤12 虽有不足，但仍推荐此书

修订后的书评语步模式与原模式相比，变化主要体现在两个方面：一个是在语步1中增加了步骤6"介绍著作出版信息"，Motta-Roth(1995)的模式中没有提及这则信息，我们在对语料的考察中发现无法将它归入原有模式中，就将其列为新的步骤；另一个变化是对语步4的调整，将原有模式的两个可选项的名称进行调整，并分别命名为步骤11和步骤12。这是因为，在我们选取的英语和汉语研究语料中未发现对著作完全贬损的情况，所有的书评作者对所评著作都持推荐态度，不同之处只体现在推荐程度的差异。

3.3.2　本研究的元话语分析框架

Hyland(2005a：X)指出，他的研究致力于"提供最有力、最显性、最有用的元话语模式"。Thompson(2008)甚至认为，Hyland(2005a)提供的是最全面的、理论构建最完善的元话语模式。他的元话语分类标准清晰、简单、可操作性强，很多研究已从不同侧面验证了它的科学性。本研究对元话语资源的分析框架主要参照 Hyland(2005a)的元话语模式，并把前期的元话语研究成果考虑在内(Vande Kopple，1985；Crismore & Farnsworth，1990；Crismore et al.，1993；Mauranen，1993a；Hyland，1999a，1999b,2000；Bunton，1999；Dafouz，2008；Dahl，2003,2004；Hyland & Tse，2004a,2004b)。同时，由于本研究的跨文化性，我们结合汉语特点，参考李秀明(2006)的汉语元话语分类方法，对原有分析框架进行了适当调整。调整后的英汉学术书评元话语分析框架见下表：

表3.3　英汉学术书评中元话语分类列表

一级分类	二级分类	三级分类	英语举例	汉语举例
引导式元话语	逻辑标记语	附加式	in addition, what's more	另外,进一步
		比较式	but, in contrast	然而,可是
		因果式	therefore, accordingly	因此,鉴于
	框架标记语	话题转换式	in terms of, to come back to	从……视角来看,对……而言
		结构标记式	to start with, to conclude	第一……,第二……首先……,其次
	消息来源标记语	内指式	mentioned above, Section X, ()	以下,上述,()
		证源式	according to X, X pointed out, (),"",斜体	根据,……表明(),"",《》

一级分类	二级分类	三级分类	英语举例	汉语举例
	注解标记语	换言式	that is, namely, ( ), —, :	换言之,意味着, ( ), —, :
		举例式	for example, such as, ( ), —, :	例如,诸如, ( ), —, :
互动式元话语	模糊标记语		around, to some extent	在某种程度上,几乎
	增强标记语		always, obvious	尤其是,甚至是
	态度标记语		disappointing, surprisingly, !	必然, 遗憾的是, !
	交际主体标记语	自我提及语	I, (exclusive)we	本文作者, (排他性的)我们
		介入标记语	consider, (inclusive)we,修辞问句,祈使句	请看, (融他性的)我们,修辞问句,祈使句

　　从上表可以看出,调整后的元话语模式依然以功能为依据,分为引导式元话语和互动式元话语。新的分类模式与 Hyland (2005a)的分类模式相比,有几点变化。首先,在元话语的二级分类中,由原有的十个类别变为现在的八个类别。其中,原有模式中引导式元话语框架下的内指标记语和证源标记语被重新命名为内指式和证源式,并重新归到消息来源标记语类别中;原有模式中的自我提及语和介入标记语作为三级分类中的项目被归到交际主体标记语这一类别下;原有模式中的过渡标记语在新模式中被重新命名为逻辑标记语。

　　其次,新的分类模式对元话语类别进行了更为细致的划分,对元话语的次类别进行了三级划分,如逻辑标记语进一步划分为附加式、比较式和因果式三种类别；框架标记语进一步被划分为话题转换式和结构标记式；注解标记语又分为换言式和举例式。这种更为细致的类别划分有利于更为详细地了解英汉语中元话语使用的异同。

最后，原有模式中不包含的标点符号和视觉标记（Kumpf，2000）在新的模式中被考虑进来，并根据其用法归入到相应的类别中。例如，英语中的"（）"、""、"斜体"以及汉语中的"（）"、""、"《》"都可以用作证源标记语；"（）"、"—"和"："都可以用作注解标记语；"！"则可以视为态度标记语的一种。

为了更清晰地界定元话语分类列表中的类别，我们参考它们在英汉语学术书评中的用法，对它们进行重新界定。

逻辑标记语：使独立话语单位（如句子、段落）之间的语义和结构关系显性化的项目，通过显性标记帮助读者解读语用连接。这一类别又可细分为附加式、比较式和因果式，表达不同的逻辑关系；

框架标记语：可以分为话题转换式和结构标记式，其中，话题转换式是作者在语篇中用于组织话语的信号，目的是引出相关话题，改变话题或者继续之前的话题。结构标记式将话语的不同部分以线性的、逐步发展的方式连接起来，将语篇结构分为不同的章节、部分，为读者的解码过程提供便利。

消息来源标记语：标识信息的来源，可以分为内指式和证源式。其中，内指式通过回指照应（anaphoric）或后指照应（cataphoric）的方式指向语篇中的其他部分；证源式所指向的内容既包括其他学者著作中涵盖的文本信息，也包括作者所认为的这一学科内普遍的共享知识。这一元话语类别在语篇中发挥双重功能，既能显性地提及信息来源，又能使消息的权威性达到说服性的目的。

注解标记语：它可以分为换言式和举例式，用于解释、重新阐释、扩展或举例说明命题内容,反映了作者对读者知识的预期。在本研究中,我们把括号、破折号和冒号也归于这一类,因为很多重述和举例都是通过这些视觉标记实现的。

模糊标记语:限制作者对命题肯定程度的特征,是学术写作中特定语用规约的结果。

增强标记语:强调作者对命题的肯定性特征,也是学术写作中特定语用规约的结果。

态度标记语:是作者对特定参数或实体进行情感评价的项目,表达作者对读者以及语篇内容的情感价值。

交际主体标记语:在书评这一话语社团交际行为中,交际的主体主要涉及书评作者和读者,这里把它们进一步分为自我提及语和介入标记语,前者是标识作者身份的显性信号,以自我指称和自我引用为特征。后者的使用能帮助书评作者把读者带入语篇中,涉及对学术知识的协商。

由于元话语类别多样,很多标记语可实施多种功能,对元话语的识别并非易事。虽然每一类别都有定义,但其中一些类别之间的界限并不总是那么明晰,需要把每一个标记语都置于具体语境中进行分析。遇到界限不清的情况时,我们会全面分析语境和上下文,以决定标记语最显著的功能,涉及到两种语言时,会进行平行分析以保证可比性。另外,由于对汉语元话语的研究较少,对其进行的分析就更为复杂。

Hyland(2005a:218—223)对每一种元话语策略都列了形式项目的清单,有必要指出的是,他和很多其他学者都认为无法提供完整的元话语策略形式项目清单。我们借鉴 Hyland(2005a)所列的清单,并通过对英汉语料的分析,总结了英汉语学术书评中的元话语项目,见附录1。

3.4　语料来源与研究方法

本节主要描述研究所使用的文本材料，以及对这些材料进行收集和分析的方法。

3.4.1　语料收集的原则

我们在本研究中关注的是成熟作者的策略性选择，所选的语料是具有可比性的学术书评，由能胜任的一语作者所撰写。为获取英汉语料的最大可比性，尽可能地控制相关因素，我们在进行语料选择时遵循以下标准：

（1）期刊专栏方面，本研究所使用的英文语料选自英文期刊的 *Reviews* 和 *Book reviews* 专栏，汉语语料选自中文期刊的"书刊评介"专栏，中英文语料均不包括"书评文章"；

（2）在作者身份方面，英汉语书评作者的所属单位均为高校，主要从事应用语言学方向的研究，这能尽量保证不同文化语境下话语社团成员身份的统一性。同时，通过作者所属单位、作者简介、作者邮箱、通讯地址、基金项目、引用文献等信息尽量保证英语书评的作者来自说英语国家，汉语书评作者来自中国；

（3）语料新近性方面，英汉书评均选自最近两年的期刊（2015年—2017年），因为时间因素（历时变化）可能会影响到文本的修辞结构、元话语的使用频率和种类等；

（4）学术学科方面，本研究将其限制在应用语言学领域，以排除学科差异对研究结果造成影响。同时，这一限制能够控制一定的语境因素，如交际目的、参与者类型、场景、发表媒介等，这些因素可能会影响到文本的修辞结构和语言结构（Moreno，2007）。

需要说明的是，这里的"应用语言学"除了语言教学方面的语言学理论和方法外，还涉及广义范畴的"与语言学有关的交叉和边缘学科及领域"（戴炜华，2007：58），如人类语言学、心理语言学、生物语言学、社会语言学、人种语言学、神经语言学、统计语言学、计算语言学、语料库语言学、语体学、翻译、语言处理、言语理解等。

除了上述标准,我们还将其他因素考虑在内,例如,选择的书评语篇中所涉及的著作限制在一本;同一作者若撰写多篇书评,也只选取其中一篇;由于单个文本的长度也可能是潜在的影响因素,篇幅过长或过短的书评都被排除在外。

3.4.2 语料描述

本研究所分析的语料为 100 篇书评(英语书评 50 篇,汉语书评 50 篇。英汉语书评语料的信息见附录 2)。其中,英语学术书评语料选自 SSCI 收录的国际应用语言学期刊:《应用语言学》(*Applied Linguistics*),《专门用途英语》(*English for Specific Purposes*),《语用学杂志》(*Journal of Pragmatics*),《学术英语杂志》(*Journal of English for Academic Purposes*)和《第二语言写作杂志》(*Journal of Second Language Writing*)。汉语学术书评语料选自 CSSCI 收录的外语类核心期刊:《现代外语》《外语教学与研究》《外语研究》《外国语》和《外语教学》。所选择的英汉书评语料均发表在应用语言学话语社团的权威期刊上,这样能保证这些文本是由专业作者撰写,他们熟知学科规约以及学科社团对他们的期待,他们在文本中所做的选择被相应话语社团的审核者所接受。下表对语料选取的具体情况进行描述:

表 3.4 语料选取情况列表

	期刊名称	书评篇数	书评字数	平均字/词数	总字/词数	平均字/词数
英语书评	*Applied Linguistics*	9	14549	1617	96899	1938
	English for Specific Purposes	10	17604	1760		
	Journal of English for Academic Purposes	11	22843	2077		

续　表

期刊名称	书评篇数	书评字数	平均字/词数	总字/词数	平均字/词数
Journal of Pragmatics	7	17120	2446		
Journal of Second Language Writing	13	24783	1906		
汉语书评 《当代语言学》	10	35344	3534		
《外国语》	4	22281	5570		
《外语教学与研究》	13	61618	4740	214580	4292
《外语研究》	5	21854	4371		
《现代外语》	18	73483	4082		

　　从语料统计的结果可以看出,英语书评的 5 种来源期刊中,平均词数的范围为 1617—2447,英语书评文本总计 96899 词,平均每篇 1938 个词。汉语书评的 5 种来源期刊中,平均字数的范围为 3534—5570,汉语书评文本总计 214580 个字,平均每篇 4292个字。由于英汉语书评文本的字数差距较大,为了保证可比性,我们在频率统计中将对数字进行标准化处理。

3.4.3　分析程序

　　本研究以 Motta-Roth(1995)的书评语类结构模型和 Hyland(2005a)元话语分类模型为理论框架,采用宏观结构分析与微观语言剖析相结合的方法分析英汉两种文化语境下学术书评的修辞框架,进一步考察元话语资源在各个语步和步骤中的分布情况,并结合思维模式、文化和语用学等多种视角阐释比较分析的结果。我们在研究中所持的假设是,虽然不同文化中的学术书评具有共同的交际目的,但语言文化因素这个变体会产生不同的文化期待,影响到学术书评的修辞结构和元话语资源的使用情况。研究拟回答以下问题:

（1）在应用语言学这一学科规约中,英语国家的写作者如何在国际语境下处理学术书评的修辞框架并使用元话语资源?

（2）在应用语言学这一学科规约中,中国的写作者如何在国内语境下处理学术书评的修辞框架并使用元话语资源?

（3）在英汉两种不同的文化语境下,应用语言学学术书评的修辞框架结构和元话语资源的分布有何异同?

（4）如何对同一学科社团、不同文化语境下的这种异同进行多维度解读?

为解答以上研究问题,我们拟采取以下分析步骤:

（1）在对语料的处理方面,我们并非根据现有的分类标准直接进行分析,而是采用了自上而下和自下而上相结合的方法。

（2）给每个书评文本分配一个独有的码（例如,英语书评为 EBR#01, EBR#02……汉语书评为 CBR#01, CBR#02……）,从语料中随机选取 30%（即英语书评 15 篇,汉语书评 15 篇）,仔细阅读语篇,参考 Motta-Roth(1995)的书评结构模式,考察英语和汉语书评中的语步和步骤,并根据真实语料中的实际考察情况,对 Motta-Roth(1995)的书评模式进行调整,提出新的适合本研究需求的书评修辞结构模式。

（3）参考 Hyland(2005a)的元话语分类模式,考察分析已随机抽取的 30% 的书评语料,充分考虑汉语书评中元话语的使用情况,结合前期的元话语研究成果,对 Hyland(2005a)的模式进行修正,提出适合本研究的学术书评元话语分析模式。

（4）识别所有英汉学术书评语料中的语步和步骤,并对其进行人工标注,以描写英汉学术书评在语篇组织的修辞模式使用方面的倾向性。对于语步套嵌(move embedding)情况,通过对语境的考察将其中最具显著特征的语步作为主要语步,这种处理方法可参见(Holmes, 1997; Oztürk, 2007)。

（5）考察语步和步骤在具体书评语篇中出现与否、出现的顺序等，比较英汉学术书评修辞结构的异同，并进行解释。

（6）以调整过的 Hyland（2005a）元话语分类模型为依据，对英汉元话语项目进行人工的和基于功能的识别与标注。Hyland（2005a）提出，对元话语的识别要依靠显性手段。但由于有些元话语项目本身的主观性和模糊性，要预测作者的态度和观点在文本中的实现方式不太可能，从事先确立的评价资源出发也是不充分的方法。因此，我们在具体实施识别元话语的行为时，将上下文和语境都考虑在内，从语义和语用两个方面对其进行解读。Hyland（2005a）强调，元话语表达的是语篇内部的关系，我们在进行人工识别和标注时，会充分考虑语境，把那些在其他情况下是元话语手段，但在我们的语境下表达语篇外关系的项目排除在外。

（7）比较英汉书评中元话语资源在不同语步和步骤中的分布情况，并解释其异同。

需要指出的是，研究中所有语料的标注均采用人工方法，而非计算机辅助方法。Ädel（2006）指出，在语篇分析中对计算机辅助方法的运用要谨慎。Hyland（1998a：438）也明确指出，"考虑到元话语对语境的高度依赖性，以及同一形式既可发挥命题功能又可发挥元话语功能，这些项目应用人工分析而非计算机分析。"另外，元话语所固有的模糊性、功能性和语境依赖性（Hyland，2005a；Ädel，2006）也使得机器很难对其进行分析。

为增加研究的可信度和有效性，我们对一位学术写作领域的同行针对标注系统进行细致的培训和指导，并对文本样本中的元话语和语步、步骤独立地进行识别和附码，然后我们对每一个附码的结果进行充分讨论。必要时，邀请第三个研究者加入，一起讨论前两个研究者无法达成统一的附码项目。

3.4.4　研究方法

本研究主要采用的研究方法为：

（1）定性分析与定量分析相结合的研究方法。定性分析主要体现在运用调整过的 Motta-Roth(1995)的语类模型以及 Hyland(2005a)的元话语分类模型，考察书评语料中的语步和步骤结构，以及语类结构的元话语实现方式；定量分析则用于呈现语步和步骤在语料中的出现频率，以及元话语资源在各个语步和步骤中的分布情况。这种分析方法能够对语料进行充分描述。

（2）比较分析的研究方法。对英汉应用语言学学术书评的语类结构和元话语使用情况进行跨语言和跨文化的比较分析，能够全面考察同一学科的语类在不同文化中的异同，有利于学科话语社团的建设和国际学术思想的交流，加深对学术书评语类的理解。比较研究不同于侧重事物不同之处的对比分析，它作为人类认识事物和研究事物的一种基本方法，既关注事物的相同之处，也关注其相异之处(许余龙，2010)。这种研究方法对于理解语言的普遍性和文化特性具有重要意义。

（3）理论分析与文本分析相结合的研究方法。本研究对所选取语料的分析基于 Motta-Roth(1995)和 Hyland(2005a)的理论，充分利用理论对语言现象的分析判断能力，同时结合汉语语料的特点对分类模型进行适当调整。在文本分析中，充分考虑语境因素，借助语篇中的标志性词汇、语境、交际意图、学科专业知识等多种途径寻找分析依据，确立语步、步骤和元话语类型。

第四章　英汉学术书评的语类研究

　　学术书评在本研究中被视作语类，它们共享基本的修辞结构。英汉应用语言学书评的作者可被视作同一话语社团的成员，他们都熟悉这一特定的语类，具有共同的交际目标。我们在上一章中对学术书评的语类结构进行了介绍，并根据本研究的需要对其进行了调整。学术书评的交际目的是对新出版著作的介绍和评价，向学术社团成员展示本研究领域的研究成果。语类结构体现了学术书评的目的性、步骤性和规约性。学术书评中的每一个语步和步骤为实现不同的交际目的发挥不同的功能，这些独立的语步和步骤交际功能的总和就构成了书评语篇的交际功能。同时，由于语类是特定文化语境下的话语社团所接受并采用的一种模式，它会受到这种文化语境的影响。

　　本章着眼于对英汉学术书评的语类研究。首先，分别对英汉语书评语料中的语步进行细致的考察和分析，得出语步结构的总体分布，然后统计出语步的出现频率，比较英汉语书评的差异，并对语步的循环和套嵌现象进行举例分析。在对英汉语书评的步骤进行分析时，我们首先总结了英语和汉语书评中步骤的总体分布，然后对其在英汉语中的出现频率进行比较分析，接下来选取语料中的话语片段对每一个步骤的特征及实现手段和策略进行分析，最后举例说明步骤的套嵌现象。

4.1　英汉学术书评中的语步分析

在对语步的判断和识别中,我们一方面依据那些具有显性标识的词汇,它们能反映出作者的交际意图,另一方面,我们还需要借助语篇语境和学科知识对具体的话语片段进行分析,考察其在具体语境下的语用功能和交际目的,以确定其所属语步。Holmes(1997)和 Salager-Meyer(2000)曾指出,任何涉及功能和意义的分析都不可避免地带有主观性。我们基于功能和意义的修辞语步分析也不例外。在具体实施过程中,为了尽量避免主观性对分析结果带来的不利影响,我们会尽量全面地寻求判断的依据,进行多次的考察和分析。

本研究与前期研究的其中一项不同之处在于,我们对修辞语步结构进行英汉语比较研究,通过选取书评语类中有代表性的语篇样本对语类结构进行更为细致的分析。这一节将会对英汉语学术书评的修辞语步进行描写,并运用定量分析的方法对此进行考察。

4.1.1　语步的总体分布

我们对语料中的语步进行了细致的识别与标注,总结出英汉语书评中的语步结构。详见表 4.1 和表 4.2。

表 4.1　英语书评中的语步结构

英语书评	语步结构	英语书评	语步结构
EBR01	1-2-3-4-1	EBR26	1-2-1-3-4-1
EBR02	1-2-1-2-3-2-3-2-3-2-3-(3+1)-2-(2+1)-3-(1+2+3)-3-1-3-1-3-(4+1)	EBR27	1-2-3-2-3-2-3-2-3-2-3-2-3-2-3-2-3-2-3-2-3-1-3-4-1

英语书评	语步结构	英语书评	语步结构
EBR03	1 - 3 - 1 - 2 - 3 - 2 - 3 - 2 - 3 - 4 - 1	EBR28	1 - 3 - 1 - 3 - 2 - 3 - 2 - 3 - 2 - 3 - 2 - 3 - 2 - 3 - 2 - 3 - 2 - 4
EBR04	1 -(1+2)- 1 - 3 - 2 - 3 - 1 - 3 - 4 - 1	EBR29	1 -(1+3)- 1 - 2 - 3 - 2 - 3 - 2 - 3 - 4
EBR05	1 - 2 - 3 - 2 - 3 - 4 - 1	EBR30	1 - 3 - 2 - 3 - 1 - 2 -(1+2)- 2 - 3 - 2 - 3 - 4
EBR06	1 - 3 - 1 - 3 - 2 - 3 - 1 -(1+3)- 3 - 1 - 2 - 3 - 1 - 4 - 1	EBR31	1 - 3 - 1 - 2 - 1 - 4
EBR07	1 - 3 - 2 - 3 - 2 - 3 - 2 - 3 - 2 - 1 -(3+1)- 3 - 2 - 4	EBR32	1 - 2 - 3
EBR08	1 - 2 - 3 -(2+3)- 1 - 3 - 2 - 1 - 2 - 3 - 4	EBR33	1 - 2 - 1 - 2 - 3 - 2 - 3 - 2 - 3 - 4 - 1
EBR09	1 -(3+1)- 2 - 1 - 3 - 2 - 1 - 3 - 2 - 3 - 2 - 1 - 3 - 1 - 2 - 3 - 1 - 4	EBR34	1 - 2 - 1 - 2 - 3 - 4 - 3
EBR10	1 - 3 - 1 - 3 - 1 - 2 - 3 - 2 - 3 -(2+3)- 2 - 3 - 1 - 3 - 4 - 1 - 3	EBR35	1 - 2 - 3
EBR11	1 - 2 - 3 - 2 - 3 - 2 -(3+2)- 2 - 3 - 1 - 3 - 4	EBR36	1 - 2 - 3 - 2 - 3 - 2 - 3 - 2 - 3 - 1 - 2 - 3
EBR12	1 - 2 - 1 - 2 - 3 -(2+3)- 2 - 3 - 2 - 3 - 2 - 3 - 4 - 1	EBR37	1 - 2 - 3 - 2 - 3 - 2 - 3 - 2 - 3 - 2 - 3 - 2 - 3 - 2 - 3 - 1 - 3
EBR13	1 -(2+3)- 2 -(2+3)- 2 - 3 - 4 - 1	EBR38	1 - 2 - 3 - 2 - 3 - 4 - 1

英语书评	语步结构	英语书评	语步结构
EBR14	1-(1+3)-2-3-2-4-1	EBR39	(1+2)-1-2-1-2-3-2-3-2-3-2-3-2-3-2-3-4-1-3
EBR15	1-2-1-3-2-3-2-3-2-3-2-3-2-4-1	EBR40	1-2-3-2-3-1-3-(3+1)-1-3-4
EBR16	1-2-3-2-4-1	EBR41	1-2-3-2-1-3-1-4
EBR17	1-2-3-2-3-2-3-2-3-2-3-1-4	EBR42	1-3-1-2-3-2-1-3-1-3-2-1-3-4
EBR18	1-3-1-2-3-2-3-2-2-4-1	EBR43	1-2-3-2-3-2-3-2-1-3-1-3-2-3-1-3-4
EBR19	1-2-3-2-3-2-3-2-3-2-1-2-3-2-1-3-4-1-3	EBR44	1-2-1-2-1-3-1-3-1-4
EBR20	1-(1+2)-2-3-2-3-2-3-2-3-2-3-2-(4+1)	EBR45	1-2-3-1-3-1-4
EBR21	1-2-1-2-3-2-3-1-3-1-4	EBR46	1-(3+1)-1-2-1-2-3-2-3-2-3-2-3-2-3-1-4
EBR22	1-2-3-2-3-4-1	EBR47	1-2-3-2-3-1-4
EBR23	1-3-1-2-(4+3)-1	EBR48	1-2-3-2-3-4
EBR24	1-3-2-4-1	EBR49	1-2-3-2-3-2-3-1-3-4
EBR25	1-2-3-2-3-2-3-2-1-2-3-(4+1)	EBR50	1-2-3-2-3-2-3-2-3-2-3-2-3-4

表4.2 汉语书评中的语步结构

汉语书评	语步结构	汉语书评	语步结构
CBR01	1 - 2 - 1 - 2 - 3	CBR26	1 - 2 - 1 - 3 - 1 - 3 - 1 - 3 - 4 - 1
CBR02	1 - 2 - 3 - 1	CBR27	1 - 2 - 3 - 4
CBR03	1 - 2 - 1 - 3 - 1 - 2 - 3	CBR28	1 - 3 - 2 - 1 - 3 - 4
CBR04	1 - 2 - 3 - (3+1)	CBR29	1 - 2 - 3 - 4
CBR05	1 - 2 - 1 - 3 - (3+1) - 3	CBR30	1 - 2 - 3 - 1 - 2 - 3 - 4
CBR06	1 - 2	CBR31	1 - 2 - 1 - 2 - 1 - 3 - 4
CBR07	1 - 2 - 1 - 3	CBR32	1 - 3 - 1 - 2 - 1 - 3 - 1 - 3 - 1 - 3 - 1 - 3 - 4
CBR08	1 - 2 - 1 - 3	CBR33	1 - 2 - 3 - 1 - 3 - 4 - 1
CBR09	1 - 2 - 3 - 2 - 3	CBR34	1 - 2 - (1+3) - 3 - 1 - 3 - 4 - 1
CBR10	1 - 2 - 1 - 3 - 4	CBR35	1 - 2 - 3
CBR11	1 - 2 - 3 - 2 - 3 - 1 - 3 - 1 - 3 - 2 - 3 - 4 - 1	CBR36	1 - 2 - 1 - 3 - 1 - 3 - 1 - 3 - 1 - 3 - 4
CBR12	1 - 2 - 1 - 3 - 4	CBR37	1 - 2 - 3 - 2 - 1 - 3 - 4 - 1
CBR13	1 - 2 - 1 - 3 - 1 - 2 - 3 - 2 - 3	CBR38	1 - (1+3) - 2 - 3 - 2 - 3 - 4
CBR14	1 - 2 - 3 - 1 - 3	CBR39	1 - 2 - 1 - 3 - 4 - 1
CBR15	1 - 3 - 2 - (1+3) - 3	CBR40	1 - 2 - 3 - 2 - 3 - 4
CBR16	1 - 2 - 3 - 2 - 3 - 4	CBR41	1 - 2 - 3 - 1 - 3 - 1 - 3 - 4 - 1
CBR17	1 - 2 - 3 - 4	CBR42	1 - 2 - 3 - 1 - 3 - 4
CBR18	1 - 2 - 1 - 3	CBR43	1 - 2 - 3 - 1 - 3 - 4
CBR19	1 - 2 - 3 - 1 - 3 - 4	CBR44	1 - 2 - 1 - 3 - 1 - 3 - 4 - 1

汉语书评	语步结构	汉语书评	语步结构
CBR20	1-2-3-2-3-2-3-1-4	CBR45	1-2-(1+3)-1-3-4
CBR21	1-(1+2)-2-1-3-1-3-4	CBR46	1-2-3-4
CBR22	1-2-1-3	CBR47	1-2-1-2-(1+3)-3-4-1
CBR23	1-(1+3)-2-3-2-3-2-3-1	CBR48	1-3-1-2-1-3
CBR24	1-3-2-1-4-3	CBR49	1-(1+3)-2-3-1-3-4
CBR25	1-2-(3+1)-1-3-1-3-1-(2+3)-2-3	CBR50	1-2-1-2-1-3-1-3-1-3-4

从上述表格可以看出,英汉语书评中的语步结构并未完全按照"语步1—语步2—语步3—语步4"的顺序展开,作者可以根据自己的写作需求对语步序列进行重新排列。这种做法可以避免语篇结构的机械性和千篇一律,帮助作者创造自己的写作风格。这种语步位置的互换和调整,即语步的逆序现象,在英汉语书评语料中非常普遍。通过进一步的观察我们发现,语步的逆序现象多由语步1带来,它可以出现在语步2、语步3和语步4之后。语步1是对著作的引介,涉及著作的多个方面,对于逆序的内容我们将在下一节对步骤的考察中进行更为细致的观察。同时,我们还注意到,英汉书评语料中所有的语篇都是以语步1开始。

我们根据表4.1和表4.2对英汉语书评中语步结构的呈现,统计出英汉语书评语篇中语步的出现频率,见表4.3。

表 4.3　英汉语书评中语步的出现频率

	语步 1		语步 2		语步 3		语步 4	
	篇数	所占比例(%)	篇数	所占比例(%)	篇数	所占比例(%)	篇数	所占比例(%)
英语书评	50	100	50	100	50	100	46	92
汉语书评	50	100	50	100	49	98	32	64
总计	100	100	100	100	99	99	78	78

　　从上表可以看出，英语书评中的四个语步都有很高的出现频率，其中语步 1、语步 2 和语步 3 均出现在所选取的 50 篇书评中，语步 4 只在少数书评中未出现。与英语书评相比，汉语书评中四个语步出现频率的差异性主要反映在语步 4，它只出现在 50 篇书评的 32 篇中，所占比例为 64%。我们参考 Rasmeenin(2006)对语步的划分标准，将语步分为必选语步、常规语步和可选语步。其中，在每篇书评中的出现频率均为 100%的语步为必选语步；出现频率为 66%—99%的语步为常规语步；出现频率少于 66%的语步为可选语步。据此可以得出，在英语书评中，语步 1、语步 2、语步 3 和语步 4 为必选语步；在汉语书评中，语步 1 和语步 2 为必选语步，语步 3 为常规语步，语步 4 为可选语步。这也在一定程度上说明，英语书评的语步结构更完整，提供的信息更全面。

　　语步 1 在英汉语书评语料中的出现频率均为 100%，是学术书评的典型语步。它的作用在于把著作置于理论的、方法论的以及社会的、学科社团的语境中，向潜在的读者介绍新书要讨论的话题、目标读者、作者身份、学科知识、对学科领域的贡献以及出版信息，对新书进行推介。书评作者通过对这些背景知识的介绍为读者理解著作提供基础。

　　语步 2 在英汉语书评语料中的出现频率也都为 100%，也是学术书评的典型语步。它是书评语类的"描写"部分,主要介绍著作的总体结构、每一章节的内容以及附加材料。语步 2 中的话语序列具有高度稳定性,它们通常会按照著作中各个章节出现的顺序进行描写。

语步 3 是对著作特征的评价,它在英语书评中的出现频率为100%,在汉语书评语料中的出现频率为 98%,仅在 1 篇书评中缺失了。我们查看了这篇编号为 CBR♯06 的书评语篇,发现它的语步结构为"语步 1—语步 2",语步 4 也同时缺失。在这篇名为"《语言、思维与大脑中的转喻》介绍"的书评中,作者仅在语步 2中客观地介绍了每一章的内容,然后就结束语篇。在我们所选取的语料中,这是唯一一篇语步 3 和语步 4 同时缺失的书评语篇,其他语篇中,要么两个语步同时出现,要么至少出现一个。我们在前文已经介绍过,学术书评的交际目的在于对新出版著作的评介,既包括客观介绍,也包括书评作者的主观解读和评价。这篇书评的名称以"介绍"二字来表明其交际意图,大多汉语书评的名称中以"述介""介评""评介""述评""评述"等表达方式来传达交际目的。可以说,这一语篇算不上真正意义上的学术书评语篇,但因其符合我们语料选取的标准,就将其收纳进来作为研究语料。

语步 4 往往通过一定的元话语资源手段标识语篇的结束。它在英语书评中的出现频率为 92%,在汉语书评中的出现频率为64%。通过观察英汉语中缺少语步 4 的书评语篇,我们发现,它们往往没有显性的结尾部分。

同时,通过对表 4.1 和表 4.2 中英汉语书评语步结构的观察,我们发现,语步结构在英汉语书评中的复杂性也呈现出一定的差异,为了更清晰地体现这种差异,我们统计了每个语步在英汉语书评中出现的次数,见表 4.4:

表 4.4　英汉语书评中语步的出现频次

	语步 1	语步 2	语步 3	语步 4	总计
英语书评	155	186	203	46	590
汉语书评	130	72	106	32	340
总计	285	258	309	78	930

从上表可以看出，英语书评的语步结构明显比汉语书评的语步结构复杂。英语书评语料中出现的语步总数为 590 个，书评语篇的语步长度范围为 3 到 27 个；汉语书评语料中出现的语步总数为 340 个，书评语篇的语步长度范围为 2 到 13 个。我们通过对汉语书评的进一步观察发现，这类语篇往往都有小标题贯穿全文，如"1. 引言；2. 内容概述；3. 简评"，"1. 背景；2. 概要；3. 简评"，"1. 内容简介；2. 简评；3. 小结"等，这些小标题对语篇的内容呈现方式进行了限定，书评作者只能在其限定范围内进行写作。英语书评语篇没有小标题的限制，作者在内容的呈现方面具有较大的自由度，体现在语步上就表现为相对复杂的语步结构。

通过对四个语步的总体观察，我们发现，书评的语篇发展走向为"整体"（语步 1）—"局部"（语步 2 和语步 3）—"整体"（语步 4）。这体现了书评作者关注点的逐渐变化。其中，作为"整体"的语步 1 关注的是相关研究领域的现状，并将要引介的著作置于其中，它是对著作的宏观介绍；作为书评语篇主体的语步 2 和语步 3 与著作的细节有关，它们更多关注的是著作的局部特征；语步 4 是概括性较强的"整体"。Drewry's(1966：62)也曾对书评修辞运动结构进行过分析，并将书评语篇的结构视作倒置的金字塔，也就是说，书评语篇的关注点是逐渐缩小的过程，到结尾处缩至最小。但是，我们从语料中所观察到的事实并非如此，语步 4 不仅起到结束语篇的交际功能，还把著作又置于读者群、作者、学科领域等更为宽广的层面,它是开放式的。表 4.4 的统计结果也反映了书评语篇的这种发展趋势,语步 2 和语步 3 在英汉语书评中的出现次数占据了四个语步出现总体频数的大部分,其次是语步 1 和语步 4。为了更直观地呈现书评语篇的发展特点,我们参考 Swales(1990:134)提出的关于研究论文的修辞结构模式,结合以上分析和表 4.4 的统计结果绘制了下图:

图 4.1 学术书评的修辞结构模式

同时,通过对语料中语步的呈现顺序和所占篇幅的观察,我们还发现,一般情况下,用于导入和结束语篇的语步都较短,语步 2 和语步 3 则更长,常常包括几个段落。语步 1 往往出现在书评语篇的开头,这个导入性的段落主要提供关于著作的基本信息,例如:中心论题、读者群、作者信息、研究背景、对相关研究领域的贡献等。语步 2 出现在接下来的几个段落中,通常是篇幅最大的,这个描述性的语步主要介绍著作的章节结构、每一章用什么方法介绍了什么话题、附加材料(包括图表、图片和表格)有哪些等等。语步 3 在篇幅长度上仅次于语步 2,它传达的是集中的评价性信息。语步 4 往往出现在语篇的最后一段,向读者表达自己对于著作推荐与否的态度。在描写性语步(语步 2)和评价性语步

（语步 3）中，作者往往会分配更多的空间，并倾向于使用句法结构更复杂的句子。可能的原因是，它们比语步 1 和语步 4 具有更显性的论述性，需要更复杂的修辞来解释描写和评价的内容。

4.1.2　语步的循环与套嵌

语步的循环（Cycling）指的是语步的重复和多次出现（Swales，1990：158）。语步循环的类型主要有："语步 1—语步 2—语步 1—语步 2"和"语步 2—语步 3—语步 2—语步 3"两种。例如：

[EBR♯12]〈语步 1〉Filling this gap, *Lexical Bundles in Native and Non-Native Scientific Writing* by Danica Salazar takes a pedagogical perspective on the use of lexical bundles. 〈语步 2〉Based on the author's 2011 doctoral dissertation, the book is divided into six chapters. … the remaining two chapters present activities and teaching materials using this list, 〈语步 1〉which are designed for L2 English-speaking researcher-writers in the field of biomedicine. 〈语步 2〉Chapter 1 reviews existing literature on multiword sequences.

[CBR♯50]〈语步 1〉《剑桥语言教学的混合学习指南》是迄今为止对语言教学的混合学习研究介绍最为全面、最为系统的一本论著，涵盖了混合学习的理论基础、技术手段、案例研究等。〈语步 2〉文章旨在对全书内容进行简要介绍和评价。〈语步 1〉本书从理论、技术和实践三个层面对语言教学（尤其二语教学）的混合学习展开研究。……〈语步 2〉全书包括导言和五个部分，共十五章。

[EBR♯12]和[CBR♯50]是"语步 1—语步 2—语步 1—语步 2"语步循环的例证。在[EBR♯12]中，作者首先介绍了这一新出版著作的研究主题以及在学科领域的地位（语步 1），然后概括了著作的章节结构（语步 2），接着提供了著作的潜在读者群（语步 1），最后对第一章的具体内容进行说明（语步 2）。在[CBR♯50]

中,作者首先将著作置于学科领域中,并评估它对相关学科的贡献(语步 1),然后作者通过引导性表达引出对著作章节的介绍(语步 2),接着概述了著作的主要研究内容(语步 1),最后指出了著作的章节结构(语步 2)。这种语步 1 和语步 2 的循环通过对著作背景信息以及篇章结构的介绍不断加深读者对著作的了解。

［EBR♯19］〈语步 2〉Section I(The field of EAP) has three chapters focusing on the scope, global context and institutional contexts of EAP. 〈语步 3〉This section is particularly useful, clearly defining what it is that an EAP practitioner needs to consider … 〈语步 2〉In these chapters the authors describe how EAP is situated, … 〈语步 3〉This emphasis on being a reflective practitioner is not unique to EAP but it is more explicit here.

［CBR♯23］〈语步 2〉首章"推断"以分数解释为例,指出语言测试实践本质上是一种推断行为。……〈语步 3〉图尔明论证模式充分考虑了推断行为成立与不成立的可能性,为语言测试研究提供了有力的研究框架。〈语步 2〉第 2 章"测量"中,作者介绍了测量进入社会科学的历史,……〈语步 2〉面对这一分数意义与考试构念间的鸿沟,人们应谨慎对待语言测试中的"数字"。

在［EBR♯19］和［CBR♯23］两例中,语步 2 和语步 3 循环呈现,作者把对章节内容的介绍和评价结合起来,这体现了书评语类的"评介"特点。

语步的套嵌(embedding)是复合语步的形式,指的是同一个话语片段中出现两个或两个以上语步的现象,其目的在于在有限的空间内以更少的语言形式传达更丰富的信息。这两种现象在英语和汉语语料中都存在。例如:

［EBR♯02］〈语步 1＋语步 2＋语步 3〉Johnson's writing is clear and accessible to those who are not already familiar with the field, and throughout the book, key concepts, quotes, and definitions are highlighted in stand-alone boxes, which make the main points of each section easy to identify.

[CBR♯25]〈语步2＋语步3〉每章末尾还配有精心设计的讨论问题，这些问题源于书中内容，却又不拘泥于书本，让读者在巩固所读内容之时也掩卷沉思，延伸阅读，反思自身教学实践，无论对二语习得研究还是教学研究都大有裨益。

在例[EBR♯02]的话语片段中，作者介绍了读者群（语步1），附加材料（语步2）以及对这些材料的评价（语步3），三个语步套嵌在一起。在例[CBR♯25]的话语片段中，作者介绍了附加材料，即每章末尾的讨论问题（语步2），并对此作出评价（语步3）。这种语步套嵌的方法能使得作者较集中地对著作进行介绍和评价。通过对语料中语步套嵌现象的进一步考察，我们发现，它主要出现在语步3和其他语步的套嵌中。也就是说，套嵌现象主要发生在作者对与著作有关的其他内容进行介绍的同时加入自己的评价。这其实与"语步2—语步3—语步2—语步3"的语步循环现象有相似之处，只是套嵌发生在同一个话语片段单位内。

4.2　英汉学术书评中的步骤分析

在这一部分，我们主要关注的是英汉学术书评中的步骤，对步骤在英汉语料中的分布进行对比分析，考察其相似性和不同之处，并根据其出现频率总结出英汉书评中的必选步骤和可选步骤。同时，通过举例对每一步骤的使用情况进行说明，并在语料中寻求与步骤相关的语言线索。

4.2.1　英汉学术书评中步骤的总体分布

英汉学术书评中的内容通过4个常规语步和12个步骤呈现出来。需要注意的是，虽然语步的总体结构几乎覆盖了英汉语书评中的所有语料，但是步骤在出现频次和出现顺序上却呈现了较

大的差异性。我们对英汉书评语料中的步骤进行了识别和标注,
需要指出的是,句子的边界和语步、步骤的边界并非直接对应,同
一个句子可能包含不止一个语步或步骤。另外,语步和步骤的套
嵌、重复出现以及序列的重组等现象增加了对句子修辞功能进行
考察的难度,我们在具体实施过程中,对句子所在的即时语境、整
个语篇甚至语料中的其他语篇进行细致分析,以期在语步和步骤
的识别与界定中保持标准的连贯性。对步骤结构识别的结果呈
现在表 4.5 和表 4.6 中。

表 4.5　英语书评中的步骤

英语书评	步骤结构	英语书评	步骤结构
EBR01	1 - 7 - 8 - 10 - 12 - 11 - 2	EBR26	4 - (1+5) - 5 - 1 - 5 - (7+9) - 9 - 8 - 2 - 10 - 11 - 2
EBR02	1 - 7 - 1 - 2 - 8 - 10 - 8 - 10 - 8 - 10 - 8 - 10 - (10+2) - 8 - (9+2) - 10 - (2+(9+10)) - 10 - 5 - 10 - 5 - 10 - (12+2)	EBR27	1 - 4 - 2 - 4 - (1+2) - 1 - 7 - 8 - 10 - 8 - 10 - 8 - 10 - 8 - 10 - 8 - 10 - 8 - 10 - 8 - 10 - 8 - 10 - 2 - 10 - 12 - 2
EBR03	1 - 4 - 10 - 4 - 7 - 8 - 10 - 8 - 10 - 8 - 10 - 11 - 2	EBR28	4 - 2 - 10 - 1 - 10 - 8 - 10 - 8 - 10 - 8 - 10 - 8 - 10 - 8 - 10 - 8 - 10 - 9 - 12
EBR04	4 - (5+9) - 1 - 10 - 8 - 10 - (1+5) - 2 - 5 - 4 - 1 - 10 - 12 - 2	EBR29	4 - (5+10) - 5 - 1 - 5 - 7 - 10 - 8 - 10 - 8 - 10 - 12
EBR05	1 - 5 - 7 - 8 - 10 - 8 - 10 - 12 - 2	EBR30	4 - (1+5) - 10 - 7 - 8 - 10 - 5 - 8 - (2+9) - 8 - 10 - 8 - 10 - 12
EBR06	6 - 1 - 2 - 5 - 1 - 4 - 5 - 10 - 5 - 10 - 8 - 10 - 4 - 5 - 4 - 5 - (4+10) - 10 - 4 - 2 - 9 - 10 - 4 - 12 - 2	EBR31	(1+3) - 4 - 5 - 4 - 5 - (4+5) - 4 - 1 - 10 - 2 - 5 - 4 - 7 - 8 - 5 - 2 - 11

英语书评	步骤结构	英语书评	步骤结构
EBR07	4 - 5 - 4 - 10 - 7 - 8 - 10 - 8 - 10 - 8 - 10 - 9 - 2 -(10＋2)- 10 - 9 - 12	EBR32	4 - 6 - 1 - 7 - 8 - 10
EBR08	1 - 5 - 2 - 8 - 10 -(8＋10)- 4 - 10 - 8 - 5 - 2 - 8 - 10 - 12	EBR33	4 - 1 - 4 - 7 - 4 - 8 - 10 - 8 - 10 - 8 - 10 - 12 - 2
EBR09	6 -(5＋2)-(10＋5)- 9 - 4 - 10 - 7 - 5 - 10 - 8 - 10 - 8 - 2 - 1 - 10 - 4 - 5 - 8 - 10 - 2 - 11	EBR34	(1＋4)- 4 - 5 - 1 - 4 - 1 - 4 - 8 - 5 - 8 - 10 - 12 - 10
EBR10	4 - 10 - 2 - 5 - 10 - 5 - 9 - 10 - 8 - 10 -(7＋10)- 8 - 10 - 2 - 10 - 12 - 2 - 10	EBR35	(6＋1)- 4 - 8 - 10
EBR11	4 - 5 - 2 - 7 - 8 - 10 - 8 - 10 - 8 -(10＋9)- 8 - 9 - 10 - 4 - 10 - 12	EBR36	4 - 1 -(7＋9)- 8 - 10 - 8 - 10 - 8 - 10 - 8 - 9 - 10 - 2 - 9 - 10
EBR12	4 -(5＋1)- 7 - 2 - 8 - 10 -(8＋10)- 8 - 10 - 8 - 10 - 8 - 9 - 10 - 12 - 2	EBR37	6 -(1＋4)- 9 - 7 - 8 - 10 - 8 - 10 - 8 - 10 - 8 - 10 - 8 - 10 - 8 - 10 - 8 - 10 - 8 - 10 - 2 - 10
EBR13	4 - 1 - 4 -(7＋10)- 8 -(8＋10)- 8 - 10 - 12 - 1	EBR38	4 - 1 - 7 - 8 - 10 - 8 - 10 - 12 - 2
EBR14	4 - 1 -(1＋10)- 8 - 10 - 8 - 12 - 2	EBR39	(7＋1)- 4 - 8 - 4 - 7 - 8 - 10 - 8 - 10 - 8 - 10 - 8 - 10 - 8 - 10 - 8 - 10 - 12 - 2 - 10
EBR15	1 - 4 - 3 - 1 - 8 - 4 - 10 - 8 - 10 - 8 - 10 - 8 - 10 - 8 - 10 - 8 - 12 - 2	EBR40	1 - 5 -(1＋3)- 1 - 7 - 9 - 8 - 10 - 8 - 10 - 2 - 10 -(10＋5) - 5 - 2 - 10 - 12

英语书评	步骤结构	英语书评	步骤结构
EBR16	1-(1+5)-1-5-1-9-7-8-9-10-8-11-2	EBR41	4-1-2-7-8-9-10-9-5-10-2-12
EBR17	4-(5+1)-7-8-9-10-8-10-8-10-8-10-8-10-2-12	EBR42	4-(1+2)-4-(1+2)-10-5-1-7-8-10-8-2-3-5-10-2-4-10-9-2-10-12
EBR18	4-10-1-2-7-8-10-8-10-8-9-8-11-2	EBR43	3-5-1-(3+5)-7-8-10-8-10-8-10-8-5-10-(5+2)-10-9-10-3-10-11
EBR19	4-1-7-8-10-8-10-8-10-8-10-8-2-8-10-8-2-10-11-2-10	EBR44	1-7-3-2-4-8-1-10-4-10-4-2-12
EBR20	5-2-(5+2+9)-7-8-10-8-10-8-10-8-10-8-10-8-(12+2)	EBR45	4-5-4-5-8-10-5-10-2-12
EBR21	4-1-3-7-2-7-8-10-8-10-4-5-10-4-5-4-5-12	EBR46	1-(1+3)-(10+2)-5-9-5-7-9-7-8-10-8-10-8-10-8-10-8-10-3-6-12
EBR22	1-6-1-(7+9)-8-10-8-10-12-2	EBR47	4-1-3-7-8-10-8-10-2-12
EBR23	4-(5+6)-3-2-10-4-1-7-8-(12+10)-2	EBR48	3-4-(5+3)-1-(2+4)-7-8-10-8-10-12
EBR24	(3+5)-1-5-10-7-8-11-2	EBR49	4-1-7-10-7-8-10-8-10-2-10-12
EBR25	1-(5+4)-3-7-9-8-10-8-10-9-10-8-9-8-4-5-9-10-(12+2)	EBR50	1-2-5-3-9-8-10-8-10-8-10-8-9-8-10-8-10-9-10-12

表 4.6　汉语书评中的步骤

汉语书评	步骤结构	汉语书评	步骤结构
CBR01	6 - 3 - 7 - 1 - 8 - 10	CBR26	4 -(3＋4)-(1＋3＋6)- 7 - 8 - 5 - 10 - 3 - 10 -(10＋9)- 10 - 3 - 10 - 12 - 2
CBR02	4 -(1＋6)- 7 - 8 - 10 -(1＋5)- 4 - 5	CBR27	3 - 1 - 4 - 5 - 7 - 9 - 8 - 10 - 11
CBR03	4 -(1＋6)- 3 - 7 - 9 - 8 - 4 - 10 - 1 - 9 - 10	CBR28	4 -(3＋6)- 4 - 10 - 7 - 8 - 3 - 10 - 12
CBR04	(6＋1＋5)- 8 - 10 -(10＋3)	CBR29	1 - 4 - 5 - 7 - 8 - 10 - 12
CBR05	(6＋3)- 7 - 8 - 4 - 5 - 10 - (10＋3)- 10	CBR30	4 -(6＋5)- 1 - 5 - 7 - 8 - 9 - 10 - 2 - 9 - 10 - 12
CBR06	4 - 6 - 7 - 8	CBR31	3 -(1＋5)- 1 - 7 - 8 - 3 - 4 - 8 - 5 - 10 - 12
CBR07	6 -(1＋5)- 7 - 8 - 4 - 10	CBR32	3 - 1 - 5 - 10 - 6 - 8 - 4 - 10 - 5 - 4 - 10 - 4 - 10 - 4 - 10 - 11
CBR08	(1＋3＋6)- 1 - 4 - 8 - 1 - 10	CBR33	4 -(1＋5)- 7 - 8 - 10 -(5＋1)- 4 - 1 - 10 - 12 - 2
CBR09	4 - 6 - 1 - 7 - 10 - 8 - 10 - 8 - 10 - 12	CBR34	4 - 5 -(3＋1)- 7 - 8 -(1＋10)- 10 - 4 - 1 - 10 - 12 - 2
CBR10	4 -(5＋3)-(6＋1)- 7 - 8 - 1 - 10 - 12	CBR35	4 -(1＋6)-(5＋3)- 7 - 8 - 10
CBR11	4 - 1 - 3 - 6 - 8 - 10 - 9 - 10 - 4 - 5 - 10 - 2 - 10 - 8 - 10 - 12 - 2	CBR36	4 -(3＋6)-(1＋5)- 7 - 8 - 5 - 10 - 4 - 1 - 3 - 10 - 5 - 10 - 5 - 2 - 10 - 12
CBR12	6 - 3 - 5 - 7 - 8 - 5 - 10 - 12	CBR37	4 -(1＋3＋6)- 7 - 8 - 10 - 8 - 3 - 10 - 12 - 2

汉语书评	步骤结构	汉语书评	步骤结构
CBR13	4 -(1+6)- 7 - 3 - 10 - 2 - 8 - 10 - 8 - 10	CBR38	4 -(3+6)-(1+10)- 7 - 8 - 10 - 9 - 10 - 12
CBR14	4 - 3 - 4 - 1 - 7 - 10 - 5 - 10	CBR39	(6+3)- 1 - 7 - 5 - 10 - 12 - 2
CBR15	4 - 3 - 1 - 10 - 7 - 8 -(5+10)- 10	CBR40	4 -(1+5)- 7 - 8 - 10 - 8 - 10 - 12
CBR16	4 -(5+1)- 7 - 8 - 10 - 8 - 10 - 11	CBR41	4 -(6+3+1)-(1+5)- 7 - 8 - 10 - 5 - 4 - 2 - 10 - 5 - 10 - 12 - 2
CBR17	4 -(3+5)- 1 - 5 - 7 - 8 - 10 - 12	CBR42	4 - 3 - 5 -(5+6)- 7 - 8 - 10 - 4 - 5 - 10 - 12
CBR18	1 - 3 - 7 - 8 - 1 - 10	CBR43	4 -(3+5)- 1 - 8 - 10 - 5 - 10 - 12
CBR19	3 - 4 -(1+5)- 7 - 8 - 10 - 5 - 10 - 12	CBR44	4 -(3+1)- 7 - 8 - 1 - 10 - 5 - 10 - 12 - 2
CBR20	4 - 5 -(6+3)- 7 - 8 - 10 - 8 - 10 - 8 - 10 - 2 - 11	CBR45	4 - 1 - 5 - 7 - 8 -(1+10)- 5 - 4 - 10 - 12
CBR21	4 - 3 -(5+1)-(5+7)- 8 - 4 - 1 - 10 - 4 - 10 - 11	CBR46	4 - 1 - 8 - 10 - 12
CBR22	4 - 5 - 3 - 7 - 8 - 1 - 10	CBR47	4 -(3+6)- 1 - 5 - 7 - 1 - 7 - 8 -(5+10)- 10 - 12 - 2
CBR23	4 -(3+1+10)- 7 - 8 - 10 - 8 - 10 - 8 - 10 - 4	CBR48	4 - 5 -(3+5)- 10 - 5 - 1 - 7 - 8 - 1 - 10
CBR24	(3+6)- 5 - 1 - 10 - 7 - 8 - 4 - 11 - 10	CBR49	4 - 6 -(5+10)- 7 - 8 - 10 - 3 - 10 - 12
CBR25	4 -(1+3)- 7 - 8 -(10+1)- 4 - 10 - 2 - 10 - 2 -(9+10)- 9 - 10	CBR50	4 - 5 - 7 - 1 - 7 - 8 - 4 - 10 - 1 - 10 - 5 - 10 - 12

　　这些步骤的出现顺序并非总是与第三章中表 3.2 所呈现的步骤顺序保持一致。步骤呈现顺序差异也可能是实施强调的不同策略。我们在上一节中观察到语步 1 的逆序可以发生在多个语步之间。通过对具体步骤的观察，我们发现，逆序主要体现在步骤 2 上。步骤 2 是对读者信息的介绍，写作者可以将其置于语篇的不同位置。例如，它可以出现在对著作的总体介绍中（语步 1），可以出现在对著作章节的介绍中（语步 2），可以出现在评价部分（语步 3），还可以出现在总结部分（语步 4）。可能的原因是，书评语类的研究还不够深入全面，对其文本特征了解甚少，对这一语类缺乏显性的指导。因此，书评作者在构建语篇时有一定的自由度。

　　我们注意到，英汉语书评语篇以步骤 4 开头的分别占 52% 和 76%，以步骤 1 开头的分别只占 36% 和 6%。步骤 4 主要用于陈述与学科领域相关的事实、理论和知识，为著作的引入提供背景知识，而步骤 1 是对著作主题的介绍。多数作者以步骤 4 作为书评语篇的开头具有一定的语用效果，它能减缓直奔研究主题时作者的介入，是一种拯救面子的行为。一方面，作者通过这种方式说明自己对相关学科领域知识的了解，关注了自身的积极面子，即希望被认可并接受为学科社团成员的需求；另一方面，他为著作主题的引入做好铺垫，这顾及了读者的消极面子，即不希望被外界理论强加的需求。由此可以看出，这种开篇策略有利于维护良好的作者-读者互动关系。

　　其他用于书评语篇开头的步骤还有步骤 6 和步骤 3。英汉语书评中以步骤 6 开头的语篇分别占 8% 和 12%，以步骤 3 开头的语篇分别占 6% 和 10%。步骤 6 和步骤 3 分别是对图书出版信息和著作作者信息的介绍，把与著作相关的基本物理信息呈现给读者，这种较为客观的开篇方式往往不需要作者对自身的过多投射。而其他步骤中的信息则能反映出作者对所评著作的理解程度、自身的认知水平、对读者认知能力的预期等。以步骤3和步骤6开篇为作者接下来要付出的较多认知努力做好准备。

　　英汉书评中用于结束语篇的步骤包括步骤12、步骤2、步骤10、步骤11。其中，以步骤12结尾的英汉书评语篇分别占42％和36％，在英汉书评语篇结尾的步骤中所占比例最高。步骤12实施的修辞功能主要是在指出著作不足的同时推荐著作，英汉书评语篇都主要以这种方式结尾，可能是因为阅读书评的读者往往比阅读所评著作的读者更多，以同时兼顾著作优点和不足的方式结束语篇，可以使书评作者更安全，避免招致强烈批评。

　　以步骤2结尾的英汉书评语篇分别占34％和16％。书评在语篇的最后介绍潜在读者群，吸引读者的关注，可能是由于应用语言学学术话语社团内的激烈竞争（评判的维度包括研究论文的数量、会议论文的接受比率、晋升的标准、资助项目的比例等）。我们知道，书评在语言学研究传统中具有重要意义。据统计，在排名前二十的语言学期刊中，多达70％的期刊都设有书评专栏。由于语言学领域的知识越来越多地以著作的形式呈现出来，这些著作就面临着吸引更多读者关注的竞争压力。人们倾向于认为，某一领域的竞争越大，越需要运用更多的修辞努力为自身创造更多的研究空间。对于书评而言，对读者群需求的关注自然也就成为增加其竞争力的维度。语篇的结尾处往往是更容易吸引读者注意力的语篇部位，书评作者在此处关注潜在读者群，是为达到交际目的对修辞手段的策略运用。

　　以步骤10结尾的英汉书评语篇分别占16％和28％，以步骤11结尾的英汉书评语篇分别占6％和10％。步骤10和步骤11都涉及对所评著作的评价，步骤10是对著作局部特征的评价，步骤11则是在积极评价的基础上向读者推荐著作。这两种语篇结尾方式都体现了书评的评价性这一重要特征，同时也满足了读者对于语篇的期待,他们期望在语篇的最后了解书评作者对于著作的态度,这对于他们是否进一步阅读著作起到一定的引导作用。

对于语篇的中间部分所涉及的步骤我们在下一节中将进行详细介绍。

基于表 4.5 和表 4.6 的步骤呈现结果,我们统计出英汉语书评中步骤的出现频率,见表 4.7。

表 4.7　英汉语书评中步骤的出现频率

语步		1						2			3	4
步骤		1	2	3	4	5	6	7	8	9	10	11	12
英语书评	频次	45	45	14	39	30	8	40	50	25	50	10	37
	频率(%)	90	90	28	78	60	16	80	100	50	100	20	74
汉语书评	频次	43	14	38	45	37	28	44	48	7	49	6	27
	频率(%)	86	28	76	90	74	56	88	96	14	98	12	54

从表 4.7 我们可以看出,在语步 1 的各个步骤中,步骤 1、步骤 2、步骤 4 和步骤 5 在英语书评语篇中的出现频率都在 50% 以上,分别为 90%,90%,78% 和 60%。汉语书评语篇中出现频率达到 50% 以上的有步骤 1、步骤 3、步骤 4、步骤 5 和步骤 6,分别为 86%,76%,90%,74% 和 56%,只有步骤 2 的出现频率较低,为28%。在语步 2 的 3 个步骤中,除了汉语书评中的步骤 9 出现频率较低,为 14%,英汉书评语篇中各个步骤的出现频率均为 50% 以上,步骤 8 在英语书评语篇中的出现频率更是高达 100%。语步 3 的步骤 10 在英汉语书评语篇中的出现频率分别高达 100% 和 98%。在语步 4 中,步骤 12 在英汉语书评中的出现比例均在50% 以上,分别为 74% 和 54%。

书评语篇中的步骤出现频率越高,就越接近修辞步骤连续统的必选步骤一端。必选步骤是书评中更典型的步骤,更能代表书评的语类特征。我们以出现率是否达到50％为界,将英汉语书评中的步骤区分为必选步骤和可选步骤,结果见表4.8。

表4.8 英汉书评语篇中的必选步骤和可选步骤

	必选步骤	可选步骤
英语书评	1,2,4,5,7,8,9,10,12	3,6,11
汉语书评	1,3,4,5,6,7,8,10,12	2,9,11

从上表可以看出,英汉语书评中的必选步骤和可选步骤既有相同之处也有不同之处。在英汉语书评中均出现的必选步骤为步骤1、步骤4、步骤5、步骤7、步骤8、步骤10和步骤12,在两者中均出现的可选步骤为步骤11。我们可以说,这些步骤分别是应用语言学学术书评语类中的必选步骤和可选步骤。两者的差异性主要表现在两个方面。一方面,步骤3和步骤6在英语书评中为可选步骤,在汉语书评中为必选步骤。这两个步骤都属于语步1,分别是对作者信息和图书出版信息的介绍,它们在汉语书评中为必选步骤,这可能是因为这些信息在汉语写作文化中被作者和读者所关注,认为它们是对著作进行评价的重要维度,往往能从侧面反映出著作的质量和水平。在相关研究领域内有一定影响力的作者所撰写的著作或者由权威出版社出版发行的著作往往更容易被读者接受。另一方面,步骤2和步骤9在汉语书评中为可选步骤,在英语书评中则为必选步骤。这两个步骤分别属于语步1和语步2,是对潜在读者群和附加材料的介绍。英语书评将步骤2作为必选步骤,可能是因为它们的读者对象为国际范围内不同文化背景的读者,需要书评作者明确所评著作适合的读者群,以使对著作的介绍和评价更具针对性。步骤2在汉语书评中为可选步骤,可能是因为它的读者对象一般为国内具有共同的语言和文化背景的读者,基于这种共享的背景知识,汉语书评作者

可能觉得没有太大必要介绍读者对象,毕竟书评语篇在期刊中被分配的篇幅有限,他们需要把有限的空间用于他们觉得更有必要提供的信息方面。对于步骤9,它在英语书评中为必选步骤,在汉语书评中为可选步骤,这在一定程度上反映了英汉书评作者关注点的不同,英语作者对于著作中的内容介绍得更为全面细致,认为即使是附加材料之类的细节信息也能为读者了解著作提供线索,而汉语作者则往往忽视这些信息。

4.2.2　英汉学术书评中步骤的具体分析

在这一节中,我们主要展示话语片段如何在不同文化背景的学术书评中实现修辞步骤以及与步骤相关联的语言线索。

4.2.2.1　步骤1:界定著作研究主题和研究方法

步骤1的出现频率较高,在英汉语书评中分别为90%和86%。它主要用于提供著作要讨论的话题信息,或者研究中使用的理论和方法。在英语书评中,这一步骤通常会以名词短语的形式呈现,具体包括:以斜体形式出现的书名"*Language Policy*"(如[EBR♯02]);后照应的名词短语"this volume"(如[EBR♯05],[EBR♯08],[EBR♯10]),后面一般跟上时态为一般现在时的动词"offer"(如[EBR♯05]),"bring"(如[EBR♯08]),或是 *be* 动词"is"加上主语补语(如[EBR♯10])。例如:

[EBR♯02]〈步骤1〉*Language Policy* by David Cassels Johnson is a comprehensive review of the history, theories, and methods in the field of language policy and planning (LPP) research.

[EBR♯05]〈步骤1〉This volume offers historical and contemporary perspectives as well as reviews and reports of original research on maturational constraints and language aptitude as they relate to ultimate attainment in adult second language acquisition (SLA).

[EBR♯08]〈步骤1〉<u>This volume brings</u> together a welcome variety of contributions on the subject of learning and teaching academic writing online.

[EBR♯10]〈步骤1〉<u>This volume is</u> exceptionally practical and useful because it offers help and information for L2 writing environments.

在汉语语料中,对研究主题的介绍往往以"本书"(如[CBR♯09])、"该书"(如[CBR♯44])或置于书名号中的书名"《定量方法在语料库翻译研究中的应用》(*Quantitative Methods in Corpus-Based Translation Studies*)"(如[CBR♯29])等形式开始,所使用的动词往往是"涉及"(如[CBR♯09])"涵盖"(如[CBR♯44])、"提供"(如[CBR♯29])等,用于引出著作的研究主题。例如:

[CBR♯09]〈步骤1〉<u>本书</u>突出了功能主义"作为语言学内部决定其当前与未来发展方向的重要力量"的本质,所<u>涉及</u>的话题也很广泛,从对功能主义思想的历史回顾到解释和方法论问题的探讨等。

[CBR♯44]〈步骤1〉<u>该书</u>打破了以往该类研究专注单一专业语言的做法,<u>涵盖</u>了专门用途英语多个分支领域,是第一本从社会文化视角出发,提纲挈领归纳专业话语共性特征、理论方法及发展趋势的话语分析研究专著。

[CBR♯29]〈步骤1〉<u>《定量方法在语料库翻译研究中的应用》(Quantitative Methods in Corpus-Based Translation Studies)</u>为基于语料库的翻译研究(CBTS)<u>提供</u>了一些必要的定量研究方法。

在步骤1中,作者还可以通过指向著作作者来引出对著作主题的介绍,例如,[EBR♯15]中的名词词组"the researchers",[EBR♯29]中的名词词组"the authors"和指示代词"they"。

[EBR♯15]〈步骤1〉By analyzing the interview data from a

variety of perspectives, including qualitative and quantitative linguistic analysis, probit modeling, metaphor analysis, and sociocultural/activity theory, <u>the researchers</u> ultimately yield a comprehensive picture of the experiences of patients and the impact of those experiences on their adherence.

［EBR♯29］〈步骤 1〉<u>The authors</u> in this volume are no exception, and while the contributions are somewhat uneven, <u>they</u> raise useful questions and provide worthwhile examples of how we might approach our work.

在我们所搜集的汉语语料中,尚未发现单独以著作作者为出发点来介绍著作的研究主题和研究方法的情况。

另外,在引出著作的研究主题时,作者还可以同时提及著作和著作作者,例如,在英语语料中,［EBR♯38］中的"*Collaborative Writing in L2 Classrooms* by Neomy Storch (2013)",［EBR♯50］中的"Valerie Matarese's *Editing Research*",［EBR♯41］中的"Hinkel, in *Effective Curriculum for Teaching L2 Writing*",［EBR♯03］中的"In *A History of Applied Linguistics：From 1980 to the Present*, Kees de Bot"等。在这些例证中,著作作者和书名的呈现方式也不同。

［EBR♯38］〈步骤 1〉*Collaborative Writing in L2 Classrooms* by Neomy Storch (2013) addresses this, by providing a general review of studies on collaborative writing in second language (L2) classrooms to support teachers' implementation of collaborative writing tasks in the ESL/EFL context.

［EBR♯50］〈步骤 1〉Valerie Matarese's *Editing Research* is a very complete account of the work of a professional group, known as "authors' editors, who provide editing support for research writers.

　　［EBR♯41］〈步骤 1〉Hinkel，in *Effective Curriculum for Teaching L2 Writing*，provides curricular advice for teaching L2 writing.

　　［EBR♯03］〈步骤 1〉In *A History of Applied Linguistics*： *From* 1980 *to the Present*，Kees de Bot presents more than a historical review of，or sociological perspective on，Applied Linguistics（AL）.

　　在汉语语料中，也有著作和著作作者同时出现的情况，例如，［CBR♯01］中的"这本书是由心理学家、心理语言学家 Sotaro Kita 主编的论文集"，［CBR♯33］中的"Maria del Pilar Garcia Mayo 等学者于 2013 年推出的新作《当代二语习得研究方法》"。

　　［CBR♯01］〈步骤 1〉这本书是由心理学家、心理语言学家 Sotaro Kita 主编的论文集，共搜集 13 篇论文，从鲜明的跨学科视角对指示（pointing）现象进行研究，范围涉及语言学、心理学、人类学、灵长类动物学等等。

　　［CBR♯33］〈步骤 1〉为梳理当前二语习得研究的最新发展成果和研究走向，Maria del Pilar Garcia Mayo 等学者于 2013 年推出的新作《当代二语习得研究方法》，是继 2007 年 Bill VanPatten 等人的《二语习得理论》一书出版以来，又一部纵观当前二语习得研究及其发展态势的专著。

　　需要强调的是，步骤 1 指向的是著作，虽然会涉及到著作作者，但它们只是指向著作内容的一种方式。

　　在汉语书评语料中，我们还注意到，如果评介的著作是用英语撰写的，书评作者会将书名翻译成汉语，并置于书名号中，原有的英语书名以斜体形式置于小括号中。如果翻译后的汉语书名较长，首次出现会用全称，以后再出现就会以简称的形式。这种情况可见例证［CBR♯03］。

　　［CBR♯03］〈步骤 1〉Alison Mackey 和 Susan M. Gass 共同主编的这部《二语习得中的研究方法：实用指南》(*Research Methods in Second Language Acquisition：A Practical Guide*，简称《指南》)是针对上述问题编写的，2012 年由 Wiley-Blackwell 出版社出版。

　　除了以上介绍的引起著作研究主题的方法，作者还可以借用显性标记语。例如，［CBR♯14］中的"the focus"，［EBR♯25］中得"aimed at"，以及汉语语料［EBR♯21］中的"点明目标"。这些标记语的使用预示了接下来要介绍的内容。

　　［EBR♯21］〈步骤 1〉As the title elegantly makes clear <u>the focus</u> of Billig's attack is the language of the social sciences.

　　［EBR♯25］〈步骤 1〉This book is a so-called "how to" manual <u>aimed at</u> demystifying different aspects of scholarly writing and publishing.

　　［CBR♯14］〈步骤 1〉《语言》开篇<u>点明目标</u>：集合现代语言学、心理学、人类学的发现，进一步论证语言是人类创造之物(Artifact)，运用于满足表意和交流的社会需求的文化工具。

　　以上分析是基于我们对语料观察和分析的结果，步骤 1 中这些形式上的特征以及语言策略的选择为我们撰写学术书评提供了借鉴。接下来我们会介绍步骤 2。

　　4.2.2.2　步骤 2：介绍潜在读者群

　　步骤 2 的交际功能在于介绍著作的潜在读者群，即著作适合哪些读者阅读，作者的写作对象是什么。这个步骤在英汉语中出现的频率差别较大，分别为 90% 和 28%。因此，它在英语书评中是必选步骤，在汉语书评中则是可选步骤。

　　在英语书评语料中，我们总结了作者介绍潜在读者群的方法。

　　第一种方法中，对读者群的介绍直接由读者对象引出，它可

以是表达读者作为研究者身份的名词词组,如［EBR♯16］中的
"Discourse analysts",也可以是带有关系从句的指示代词,如
［EBR♯07］中的"Those who aspire to …"和［EBR♯09］中的
"Those who are responsible for …"。关系从句的使用能逐渐缩
小读者范围,直至最能从本书中受益的读者。在名词词组和关
系从句后是表达将来意义或表达可能性的"will"或"would",表
达读者行为的动词或动词词组可以是"find"或"benefit from"等。

表 4.9　由读者对象引出的读者群介绍

读者对象	情态动词＋行为动词/动词词组
［EBR♯07］〈步骤2〉<u>Those who aspire to</u> understand the research-based theoretical issues and research findings	<u>will find support in</u> the up-to-date information and exposition of TBLT alongside comprehensive discussion of how to implement it.
［EBR♯09］〈步骤2〉<u>Those who are responsible for</u> selecting, implementing, and supporting institution-wide instructional technology solutions	<u>would also benefit from</u> reading this book since one of its many strengths is building a clear case that ensuring sustainability in CALL is a shared responsibility.
［EBR♯16］〈步骤2〉<u>Discourse analysts</u>	in particular <u>would find</u> the discussion and application of the data coding procedures insightful.

　　第二种方法中,读者信息是由著作引出的,它可以是著作名
称,也可以是指代著作的名词词组"this book", "the book",还可
以是指示代词"it"。具体的行为(如"appeal to")或状态(如"be
best suited for", "be of great interest to")可以由情态动词
"may"或"will"引出,也可以直接出现在主语后(如"deserve")。

表 4.10 由著作信息引出的读者群介绍

著作信息	行为或状态	读者信息
［EBR # 19］However, *Introducing English for Academic Purposes*	may be best suited for	new or prospective EAP instructors.
［EBR # 07］〈步骤 2〉 Certainly, this book	will appeal not only to but also to	researchers teaching practitioners who intend to design and implement a TBLT course.
［EBR # 15］〈步骤 2〉 The book	will be of great interest to	researchers in the area of health care communication, and more specifically those with interests in issues of adherence, agency, health literacy, and patient discourse.
［EBR # 13］〈步骤 2〉It	Deserves careful reading	by EAP and literacy instructors and scholars as well as by policy makers in higher education.

第三种方法是通过"many audiences"，"target audiences"或"intended audience"等显性标识读者群的词汇引导出来。例如：

［EBR # 09］〈步骤 2〉As such, the book in its breadth offers much for many audiences: CALL specialists, instructional designers and developers, researchers, teacher trainers, and, in some cases, language teachers themselves.

［EBR # 10］〈步骤 2〉Target audiences will be teacher-educators and students in pre-service TESOL scenarios, in-service writing instructors, writing program administrators, and L2 writing researchers.

［EBR # 41］〈步骤 2〉As such, the intended audience is pre-service and practicing teachers who need advice on curricular thinking in L2 pedagogy.

　　汉语书评中介绍潜在读者群的方式则较为单一,它往往由代表著作信息的"本书"或"该书"引导,读者信息通过"对……""对……来讲"或"对于……来说"等表达出来,书评作者接下来会对著作本身做出积极评价,如"有着启发和借鉴意义""不可多得的参考书"或"理想的专著和教材",以传达著作对于读者的阅读价值。

表 4.11　汉语书评中的读者群介绍

著作信息	读者信息	对著作的评价
[CBR#11]〈步骤 2〉<u>本书</u>	<u>对</u>译者和翻译研究者	<u>有着启发和借鉴意义</u>。
[CBR#13]〈步骤 2〉同时,<u>本书</u>	<u>对</u>语言学、语言哲学、计算语言学及人工智能等领域的学者<u>来讲</u>	都是一本<u>不可多得</u>的<u>参考书</u>。
[CBR#36]〈步骤 2〉<u>该书</u>不仅致力于系统功能理论研究,还拓宽了跨学科的兴趣,延展了关于选择概念的争论,并兼容一些相关学科理论,	因此<u>对于</u>致力于功能语言学各个领域,以及从事认知语言学、二语习得、神经语言学和社会语言学的研习者<u>来说</u>,	该书无疑是一本<u>理想</u>的<u>专著和教材</u>。

　　汉语书评中除了表 4.11 中总结的较为固定的读者群介绍方式,还可以有例[CBR#44]中体现的方式,它依然以"本书"开头,接下来介绍著作的相关信息,读者信息是通过"适合……阅读"的方式引导出来。

　　[CBR#44]〈步骤 2〉<u>本书</u>既有宏观理论的梳理,又有具体的专业话语语料分析,<u>适合</u>从事专门用途语言的研究和教学人员以及各行业想了解专业话语应用策略的从业人员<u>阅读</u>。

　　4.2.2.3　步骤 3：介绍作者信息
　　步骤 3 在英汉书评中的出现频率分别为 28% 和 76%,它主要向读者提供关于著作作者的背景信息。这些信息包括作者的职业身份、所属单位、教育背景、研究领域、生平等。我们从本研究的英汉语书评语料中选取了一些例子，来说明对著作作者信息的介绍情况。书评作者的身份一般包括"professor"、"writer"、"editor"、"scholar"、"researcher"、"教授"、"学者"、"高级讲师"、"博士"、"高级研究员"等，这些身份多与学位和职称相关联。为了凸显作者身份，显示作者权威，书评作者往往会使用一些表达积极含义的词汇，如"well qualified"、"prominent"、"global"、"well-established"、"权威"、"著名"等形容词，而"创始人"、"引领……的研究浪潮"等表达则彰显了作者在学科领域的地位。在介绍年青学者时，则会使用"emerging"、"较为活跃的"等表达。作者从事相关研究的年限和经验也成为增加其分量的因素，如"for more than 25 years"，"hands-on experience"，"荣休"等。在例[CBR♯22]中，作者离世的特殊情况书评作者也给出了说明，我们在为作者感到惋惜的同时，也更深感这部著作的弥足珍贵。

[EBR♯21]〈步骤3〉He is well qualified to make this since he has been Professor of Social Sciences at Loughborough University for more than 25 years.

[EBR♯25]〈步骤3〉Nygaard's hands-on experience in scholarly publication as both a writer and an editor as well as her educational background in writing are an asset and serve as the main source of knowledge underlying this volume.

[EBR♯44]〈步骤3〉The authors of these chapters are scholars and researchers prominent in the field of multilingual writing research and pedagogy.

[EBR♯46]〈步骤3〉The authorship of the chapters is global and I found it interesting that many of the chapters are written by partnerships involving a well-established scholar with emerging researchers，highlighting exciting future directions in EAP research and pedagogy.

[CBR＃12]〈步骤3〉Traugott 教授是美国斯坦福大学语言学系的荣休教授，也是当今国际历史语言学界的权威学者。Trousdale 博士是英国爱丁堡大学英语系的高级讲师，也是近年来语法化研究领域较为活跃的青年学者。

[CBR＃13]〈步骤3〉该书作者是来自于伦敦大学国王学院哲学系的 Alexander Clark 和 Shalom Lappin。Clark 研究领域广泛，主要涉及数学、计算机和语言学，Lappin 主要从事语言学和哲学的研究工作。两位作者在自己扎实的研究成果基础上，重点通过一般机器学习机制来解释儿童语法知识的习得。

[CBR＃18]〈步骤3〉该书作者 A. Sanford 是英国格拉斯哥大学(University of Glasgow)神经科学与心理学研究所高级研究员、教授，C. Mmott 是格拉斯哥大学高级英语讲师。

[CBR＃19]〈步骤3〉芝加哥大学语言学系的校级讲座教授 Jerrold M. Sadock 是"自主模块语法"(automodular Grammar)的创始人。

[CBR＃31]〈步骤3〉英国伯明翰大学语言学与应用语言学系教授 Jeannette Littlemore 是当代隐喻研究，尤其是隐喻能力研究方面的著名学者，引领了认知隐喻与应用语言学契合的研究浪潮。

[CBR＃22]〈步骤3〉不幸的是，2014 年 8 月 Leech 突然离世，该著成为绝笔。

在对语料中作者信息的介绍情况进行考察的过程中，我们注意到一个非常有趣的现象，汉语书评在提及著作作者时，基本都会较为详细地介绍其所属单位，如"美国斯坦福大学语言学系""英国爱丁堡大学英语系""伦敦大学国王学院哲学系""芝加哥大学语言学系""英国伯明翰大学语言学与应用语言学系"等。有的甚至还给出大学的英文名称，如"英国格拉斯哥大学（University of Glasgow）神经科学与心理学研究所"。但是，这种情况在英语书评中却很少出现。这也体现了英汉语书评中对作者信息关注点的不同，这种差异背后的具体原因我们在第六章中会从文化差异的角度进行解读。

4.2.2.4　步骤4：概括话题内容

步骤4关注的是著作与学科知识主体的关系，它的出现频率也较高，英汉语书评中分别有78％和90％的文本使用了这一步骤，用于陈述这一领域已知的证据、事实或理论。通过对语料的观察，我们发现英汉语书评在步骤4的呈现方面具有相似的特征，一般都会涉及相关领域在特定时期取得哪些研究成果以及目前研究尚存在的问题等方面。我们在表4.12中进行了举例说明。

表 4.12　概括话题内容所涉及的主要方面

特定时期	前期研究成果	现有研究存在问题
［EBR # 17］〈步骤 4〉Throughout recent history,	important scientific discoveries have been documented in and transmitted through academic journal articles. …	While these variables are both strong predictors of linguistic variation in research articles (RAs), they are not adequate to explain the full range of linguistic variation within the register of RAs.
［EBR # 41］〈步骤 4〉In recent years,	much L2 writing research has focused on how to teach L2 writing (e. g. Ferris & Hedgcock, 2014; Ferris, 2003; Leki, Cumming, & Silva, 2008).	However, curricular issues such as … have received considerably less attention.
［CBR # 20］〈步骤4〉过去十多年来，	二语时体习得研究备受关注且成果丰硕。	然而，随着研究的推进，新的问题也涌现出来，例如，对于……的研究很少，认识还十分模糊。

续　表

特定时期	前期研究成果	现有研究存在问题
［CBR ♯ 34］〈步骤 4〉近年来,	话语分析研究日渐深入,新闻语篇作为批评话语分析的重要领域也备受研究者关注。	批评话语分析以批评的态度阐释社会环境中语言表达的意识形态和权力关系,但批评话语分析主观阐释方法使其颇具争议。

从上述表格可以看出,英汉书评中对特定时期的表达往往涉及较为宽泛的时间概念,如"Throughout recent history""In recent years""过去十多年来""近年来"等,这些时间段与相关学科领域的发展历史有关。在介绍前期研究成果时,作者往往会在研究的重要性、研究所涉及的范围、研究的深度、研究的关注度等方面给出肯定的评价,所使用的表达方式有"important scientific discoveries""much L2 writing research""成果丰硕""研究日渐深入""备受关注"等。英语书评语篇在介绍前期研究成果时,往往会使用现在完成时,如例［EBR♯17］和［EBR♯17］。在肯定前期研究所取得的成果的同时,作者在这一部分还会指出现有研究存在的不足之处。这种缺陷通过表达转折意义的过渡标记语引导出来,如"while""however""然而""但"等。现有研究存在的问题包括解释的不充分性、关注度的不足、尚未达成一致等,通过"not adequate to explain""received considerably less attention""对……的研究很少""认识还十分模糊""颇具争议"等语言形式表达出来。

对话题内容的概括除了上述提到的方面外,还会涉及到对关键术语的界定。这说明,某一特定的概念在学科领域内还未获得广泛接受,还需要向读者群提供更多的背景知识理解语篇中的论断。例如:

［EBR♯12］]〈步骤 4〉One widely used construct in research

on such frequent word combinations is that of "lexical bundles," which refers to sequences of three or more words that occur together and that tend to be register-bound (Biber, Johansson, Leech, Conrad, & Finegan, 1999).

[CBR♯47]]〈步骤4〉生态语言学(ecolinguistics)就是由生态学与语言学融合而成的一个交叉学科,是近几十年发展起来的一个新兴的语言学分支(黄国文2016)。

我们还注意到,在对学科地位等重要议题进行界定时,书评作者往往会诉诸相关话语社团的专家成员,如例[EBR♯12]和[CBR♯03]。这种做法有一项重要的交际功能,书评作者借助于权威专家投射了自我形象,增加了他所做论断的可信度。

[EBR♯12]]〈步骤4〉Several researchers have claimed that the acquisition of frequent sequences plays an essential role in achieving nativelike competence and fluency (e. g., Nesselhauf, 2005), and hence they should be taught to second language (L2) learners.

[CBR♯03]]〈步骤4〉自1960年代起,二语习得研究开始萌芽于母语习得,经历了外语教学中的对比分析和学习者错误分析等阶段,现已成为一门有自己研究范围和研究范式的独立学科(Ellis 2008; Gass and Selinker 2008)。

4.2.2.5　步骤5:置著作于研究领域中

上一节介绍的步骤4关注的是研究领域内的已知事实,这一节要介绍的步骤5把著作置于更宽广的研究领域和学科传统的语境中,对著作的意义做出论断。在表达著作所发挥的作用时,可以通过以下几种方式体现出来。

第一,著作所发挥的作用在于填补相关研究领域内某方面的空白,表达方式包括:使用显性标记语,如"filling this gap""fill a gap""填补了文献空白"等;使用具有最高级意义的词汇,如"the first""第一步""第一次""第一本""最为全面""最为系统";使用具有开拓性意义的词汇,如"开拓了新领域""打破了以往……""首开端绪";使用表达时间概念的词汇,如"迄今为止"等。这些表达方式的使用进一步凸显了著作在研究领域内的重要作用,具体例证如下:

〔EBR♯12〕〈步骤 5〉Filling this gap, *Lexical Bundles in Native and Non-Native Scientific Writing* by Danica Salazar takes a pedagogical perspective on the use of lexical bundles.

〔EBR♯41〕〈步骤 5〉The volume fills a gap in the L2 writing literature by providing examples and suggestions on curricular issues such as choosing teaching materials,adapting textbooks, and making informed decisions in L2 writing pedagogy and offering a step-by-step guide to develop an L2 writing curriculum.

〔EBR♯45〕〈步骤 5〉According to the authors, this is the first book-length text to address the intersection of L2 writing and SRL.

〔CBR♯05〕〈步骤 5〉本书作为系统梳理东亚礼貌研究历史和现状的第一部论文集,推动了东亚研究者与欧美同行的接轨。

〔CBR♯07〕〈步骤 5〉该书第一次较为系统地呈现 Web 2.0(即标题中所指的"话语 2.0")时代新媒介话语的特征及其对人们日常互动交际方式的影响。

〔CBR♯17〕〈步骤 5〉在这样的背景下,美国知名应用语言学学者 Sarah Benesch 的《批评性英语教学中的情感研究》一书大胆开拓了这一新的领域。

〔CBR♯33〕〈步骤 5〉本书是迄今为止对二语习得研究各大理论流派和研究范式介绍得最为全面、最为系统的一本专著……

〔CBR♯36〕〈步骤 5〉从这一方面讲,该书以多维度新视角的论述填补了系统功能语言学关于选择研究的文献空白,因而具有学科研究的文献价值。

　　[CBR♯44]〈步骤5〉该书打破了以往该类研究专注单一专业语言的做法，涵盖了专门用途英语多个分支领域，是第一本从社会文化视角出发，提纲挈领归纳专业话语共性特征、理论方法及发展趋势的话语分析研究专著。

　　[CBR♯48]〈步骤5〉《多语种语篇产出：历时和共时的视角》一书在该领域首开端绪，是目前第一部尝试对翻译与语言发展关系进行系统研究的力作。

　　[CBR♯50]〈步骤5〉《剑桥语言教学的混合学习指南》是迄今为止对语言教学的混合学习研究介绍最为全面、最为系统的一本论著，涵盖了混合学习的理论基础、技术手段、案例研究等。

　　第二，著作所发挥的作用在于对现有学科传统的继续研究。具体而言，它可以是对其他研究的补充和重新思考（如[EBR♯02]，[EBR♯20]，[CBR♯12]），也可以是系列研究丛书的一部分（如[EBR♯09]，[EBR♯29]，[EBR♯46]，[CBR♯35]）。

　　[EBR♯02]〈步骤5〉This book is complementary to other texts that also provide an overview of LPP research methods, notably Ricento's edited collection (2006).

　　[EBR♯09]〈步骤5〉As part of the *Advances in Digital Language Learning and Teaching* series, this volume offers a range of insights, guiding principles, and approaches to supporting the needs of language teachers and their students through sustainable CALL initiatives.

　　[EBR♯20]〈步骤5〉*English for Academic Purposes* is a welcome contribution to the existing body of research into EAP.

　　[EBR♯29]〈步骤5〉The volume *Multimodal Analysis in Academic Settings：From Research to Teaching* is one in a series of Routledge monographs on multimodality, the first series of its kind.

　　［EBR♯46］〈步骤 5〉*The Handbook of EAP* is the latest in Routledge's series of handbooks in applied linguistics.

　　［CBR♯12］〈步骤 5〉该书是在构式语法的研究范式下,对此前的语法化和词汇化理论所作的整合式的重新思考。

　　［CBR♯35］〈步骤 5〉该书是 Alison Mackey 和 Susan Gass 主编的"二语习得研究丛书"之一⋯⋯

　　第三,著作所发挥的作用通过把它与相关领域的其他研究相比较体现出来,它可以是其他类似研究中尚未讨论的特征(如［EBR♯40］,［CBR♯20］),也可以是开拓了新的研究视角(如［EBR♯45］,［EBR♯50］),还可以是拓展了研究范围(如［CBR♯02］)。

　　［EBR♯40］〈步骤 5〉Salient among features unique to this book is the discussion (particularly in Chapters 1, 2, and 3) on issues surrounding writer identity, academic identity and imagination, which have not been addressed in other similar books.

　　［EBR♯45］〈步骤 5〉Extending the definition of response beyond just teacher-provided feedback, Andrade and Evans's book *Principles and Practices for Response in Second Language Writing*：*Developing Self-Regulated Learners* adds a new angle to the discussion by focusing more on what else teachers can do to foster students' growth as strategic writers.

　　［EBR♯50］〈步骤 5〉*Editing Research* differs from the many editing manuals available in that it provides readers with a refreshing 'insider' perspective on the work that authors' editors do.

　　［CBR♯02］〈步骤 5〉历史认知语言学⋯⋯不仅扩展了认知语言学的传统研究范围,而且给其他学科以抛砖引玉的启示,表

明了语言学研究范式的转向。

[CBR♯20]〈步骤5〉《二语时体研究设计与方法论》是为弥补这一缺憾而做出的努力。

著作所发挥的作用除了体现在以上三个方面外,还可以把它置于相关研究领域的发展历程中,它的重要性可以是这一领域内具有里程碑意义的代表性事件(如[CBR♯17],[CBR♯26]),也可以对未来研究带来某种启示(如[EBR♯04])。

[CBR♯17]〈步骤5〉该书在外语教学情感研究领域具有里程碑意义。

[CBR♯26]〈步骤5〉本书长达400多页,涵盖内容之丰富、使用方法之广泛,在同类著述中首屈一指,堪称复杂系统理论与二语动机研究领域中一本里程碑式著作。

[EBR♯04]〈步骤5〉The latter may, respectively, inform future studies using lesson plans as guides for observation, and semistructured, pre- and post-observation interviews.

4.2.2.6 步骤6：介绍出版信息

我们发现,英汉书评语料在著作出版信息的呈现方面有所不同,见表4.13。

表4.13　英汉书评著作出版信息

期刊名称	选取语篇数	正文外介绍出版信息	正文中介绍出版信息	所占比例
《外国语》	4	0	3	93%
《当代语言学》	10	0	10	
《外语教学与研究》	13	13	3	42%
《外语研究》	5	5	3	
《现代外语》	18	18	9	
英语期刊	50	50	8	16%

　　从上表可以看出,英语期刊所选取的所有 50 篇书评语篇都在正文外介绍了著作出版信息,其中有 8 篇在正文中再次介绍了与出版相关的信息,所占比例为 16%。汉语期刊中,《外国语》和《当代语言学》没有在正文外介绍出版信息,两种期刊选取的 14 篇书评中有 13 篇都在正文中介绍了出版信息,所占比例为 93%。汉语的另外三种期刊《外语教学与研究》《外语研究》和《现代外语》和英文期刊一样,在正文外都提供了出版信息,在所选取的 36 篇书评中有 15 篇在正文中提供了出版信息,所占比例为 42%,远远高于英语期刊中的比例。

　　对语料的具体观察发现,正文中对出版信息的介绍往往与其他信息结合起来,如[EBR♯05]除了介绍书名、页码和编者等出版信息,还介绍了著作所属图书系列。

　　[EBR♯05]〈步骤 6〉*Focus on Grammar and Meaning* is a 143-page volume in the Oxford Key Concepts for the Language Classroom series edited by Lightbown and Spada.

　　对于汉语书评语料正文中出版信息的呈现情况,我们还比较了正文外没有出版信息([EBR♯12])和正文外有出版信息([EBR♯30])的区别。前者除了提供著作作者姓名、出版年份、出版社和书名等较为全面的出版信息外,还介绍了作者的身份信息;后者则只提供了出版社名称这个出版信息,主要介绍了系列丛书。也就是说,如果书评语篇在正文外已经提供了出版信息,正文中对出版信息的介绍就相对简单。这也符合我们的常识,毕竟书评语篇在期刊中所占篇幅有限,应尽可能提供新的有价值的信息。

　　[EBR♯12]〈步骤 6〉Elizabeth Closs Traugott 教授和 Graeme Trousdale 博士于 2013 年在英国牛津大学出版社出版了他们合著的新书《构式化与构式变异》(*Constructionalization and Constructional Changes*)。

[EBR♯30]〈步骤 6〉《话语形式与意义》是约翰·本杰明出版公司出版的"语料库语言学研究丛书"系列的第 55 卷,也是该丛书第 2 卷《形式与意义：运用语料库进行语言研究和教学》(1998)的姊妹篇。

以上六个步骤中的任何一个可以单独也可以与其他步骤一起实现语步 1,提供关于话题、读者、作者、研究领域背景知识以及出版信息等内容,为下文的描述和评价提供语境。接下来要呈现的语步 2 对构成本书的每一部分进行分析,书评讨论的对象也从总体转向部分。

4.2.2.7   步骤 7：概述著作结构

步骤 7 是对著作结构的总体介绍,分别出现在 80％和 88％的英汉书评文本中。这一步骤可以通过两种方式实现。

第一,明确界定著作的组织结构,说明可以分成几部分,每部分是如何处理的,例如：

表 4.14   概述著作结构所涉及的主要方面

著作	包含的章节	对章节划分的简要说明
[EBR♯02]〈步骤 7〉The book	is divided into four parts,	which are reflected in the organization of this review.
[EBR♯25]]〈步骤 7〉The book	consists of ten chapters	which are thematically independent but all together weave a narrative about scholarly publication as the focal point of the book.
[CBR♯47]]〈步骤 7〉全书	共十个章节,	由导论、主干和结论三大部分组成。
[CBR♯14]]〈步骤 7〉全书	共分四个部分,	论述沿着"问题提出—解决方案—语言运用—语言变化"的思路展开。

在介绍著作章节的分布时,书评作者常会运用词汇短语,如

"The book is divided into X parts/chapters/sections"，"The book consists of X chapters"，"全书共 X 个章节"，"全书共分 X 个部分"等，并会对这种划分做简要说明。当然，有的书评语篇在这一部分会省去对划分情况的简要说明，只简单地介绍著作可以划分为几部分。

步骤 7 的第二种实现方式用于著作所讨论的话题较为松散的情况，它没有严格的章节划分，依据不同的标准将讨论的话题组织起来。例如，[EBR♯33]通过标识运动方向的介词"from … through … to … across"呈现出要讨论话题的排序情况。[CBR♯03]是一部由 15 篇论文组成的论文集，作者按照"数据类型"和"数据编码、分析与复制"的标准将这些论文分为两部分。

[EBR♯33]]〈步骤 7〉Far from a random selection，the chapters form a very coherent structure：from inquiries based on individual words，through larger units，to dialogues，across a wide linguistic typological background.

[CBR♯03]]〈步骤 7〉《指南》一书共收录论文 15 篇，首篇为全书综论，对各章研究方法的相关性给予了系统的梳理，指明二语习得研究方法的逻辑主线，点明要义，统摄全书。该书所收录论文分两大部分："数据类型"（9 篇）和"数据编码、分析与复制"（5 篇）。

事实上，步骤 7 和步骤 8 是互相补充的两个部分，步骤 7 对著作章节结构的划分就预示了在接下来的步骤 8 中要讨论的项目、项目的数量以及讨论的顺序。

4.2.1.8　步骤 8：陈述具体章节

步骤 8 分别出现在 100% 和 96% 的英汉书评语篇中，为英汉书评的必选步骤。在这一步骤中，书评作者探索每一章节的内容和特征。如果步骤 7 和步骤 8 同时出现在同一书评语篇中，前者提供的是更为概括的信息，后者介绍的是更为具体的细节。

　　在介绍每一章节的内容时，英汉书评都会以显性的方式标识出具体的章节名称，并根据著作按照一定的顺序呈现出来。例如，从英语书评语篇中选取的片段［EBR＃26］使用了"in the first, opening chapter"，"In Chapter 2"，"In Chapter 3"，"In Chapters 4,5 and 6"，"Chapter 7"，"In the closing chapter"等指代具体章节的名词词组或介词词组。在介绍第一章和最后一章的名称时，作者使用了标识开始和结束的"opening"和"closing"的表达。

　　［EBR＃26］〈步骤8〉Stating that … in the first, opening chapter, Gray indicates her motivation for this research … In Chapter 2, the author focuses on a major drawback … In Chapter 3, Gray describes in detail the methodological procedures for building … In Chapters 4,5 and 6 the author analyses the Academic Journal Register Corpus … Chapter 7 refers to the application of a new analytical approach … In the closing chapter Gray discusses the results of the three analyses …

　　选取的汉语话语片段［CBR＃22］既包括较大单位的"部分"，也包括较小单位的"章"，作者依然按照著作中的呈现顺序介绍每一部分和章节的具体内容。这个例证采用了工整的结构，即第一部分和第二部分的每一章都给出了具体名称，如"第一章　引言"，"第二章　礼貌观简介"等。还需要主要的一个细节是，在介绍每一章的名称时，作者使用了不同于正文其他部分的字体。这种视觉标记能帮助读者更容易识别出章节内容。

　　［CBR＃22］〈步骤8〉第一部分共有四个章节。主要是关于相关研究的基础介绍……第一章"引言"，作者开篇即对礼貌概念进行了界定……第二章"礼貌观简介"，作者回顾了礼貌准则在本研究领域长期以来所产生的影响……第三章"语用学、间接言语

行为和消极礼貌：礼貌模式的基础"，本章旨在探究礼貌模式重构所涉及的理论背景……第四章"礼貌：模式 Leech"，从语用学视角提出新的礼貌模式……本书第二部分涉及英语使用中的礼貌与不礼貌，共四个章节……第五章"个案分析：道歉"，本章开篇即提及了道歉言语事件的复杂性……第六章"请求和其他指令性言语行为"，本章节主要关注指令性言语行为类的请求……第七章"对礼貌敏感的其他言语事件"，作者在本章继续探讨与礼貌关系密切的其他言语行为……第八章"礼貌与其'对立面'"，本章对不礼貌、粗鲁展开探讨……第三部分是对未来研究的展望……第九章谈实证语用学的数据收集的方法……第十章转向讨论近年来热议的话题即语际语用学与礼貌研究……第十一章补充了历时维度的礼貌研究……最后为全书的附录部分。

　　书评语篇有时是由多篇论文组成的论文集，这样就会涉及多个作者，我们以[EBR♯01]和[CBR♯03]为例说明如何呈现论文集的章节内容。英语例证[EBR♯01]展示了几种不同的表达方式：第一种是"作者姓名＋chapter＋(Chapter X)"，如"Garner and Johnson's chapter(Chapter 2)"；第二种是"作者姓名＋(Capter X)"，如"Heydon(Chapter 3)"，"Maryns(Chapter 5)"，"Komter(Chapter 6)"，"Johnson(Chapter 7)"，"Heffer(Chapter 10)"，"Tracy and Delgadillo (Chapter 11)"，"Conley et al. (Chapter 12)"；第三种是"in Chapter X＋作者姓名"，如"In Chapter 4，Rock"，"In Chapter 13，Davies"，这种方式有时会出现作者姓名与章节名称调换位置的情况，如"Archer，in Chapter 8"；第四种是"Chapter X＋by"，如"Chapter 14，by Trinch"。例证中"Ehrlich's investigation(Chapter 9)"则是作者使用的较为灵活的表达方式。

　　[EBR♯01]〈步骤 8〉Part 1 ⋯ begins with Garner and Johnson's chapter (Chapter 2) analyzing ⋯ Heydon (Chapter 3) uses … In Chapter 4, Rock looks at … Part 2 looks at … Maryns (Chapter 5) begins this section by … Komter (Chapter 6) traces … Johnson (Chapter 7) draws on … Archer, in Chapter 8, similarly employs … Part 3 … continues with Ehrlich's investigation (Chapter 9) … Heffer (Chapter 10) explores … In the final chapter in this section, Tracy and Delgadillo (Chapter 11) interrogate … Part 4 of the volume … broadens … Conley et al. (Chapter 12) interview … In Chapter 13, Davies uses … The volume concludes with Chapter 14, by Trinch … Trinch argues …

汉语书评在介绍由多个作者的论文组成的章节内容时，呈现方式则较为单一。在[CBR♯03]中，作者仅采用了一种形式介绍著作十五个章节的内容，即"第 X 章＋章节标题＋（作者姓名）"。

[CBR♯03]〈步骤 8〉……首篇为全书综论，对各章研究方法的相关性给予了系统的梳理……第一部分：数据类型，第 2—5 章，第二章"如何使用外语和第二语言学习者语料库"（S. Granger）主要介绍了……第三章"基于形式理论的研究方法"（T. Ionin）主要介绍了……第四章"课堂教学背景下的二语习得"（S. Loewen and J. Philp）以"比较分析法"为核心，重点阐释了……第五章"二语习得研究应如何设计、分析调查问卷"（Z. Dornyei）……侧重讨论问卷设计和使用两个环节……第 6—10 章。第六章"如何进行案例研究"（P. A. Duff）详述了案例分析过程中从"如何选题"到"如何撰写研究报告"的每一步骤……第七章"如何应用心理语言学方法研究学习者理解和产出"（K. Mcdonough and P. Trofimovich）介绍了……第八章"如何做二语写作研究"（C. Polio）介绍了……第九章"如何做二语阅读研究"（K Koda）阐释了……第十章"如何收集与分析定性数据"（D. A. Friedman）重点介绍了……第二部分：数据编码、分析与复制。第

十一章"如何有效、准确地编码二语数据"(A. Revesz)对定性和定量研究数据和编码间的差异给予了解释……第十二章"如何编码定性数据"(M. Baralt)介绍了……第十三章"如何进行统计分析"(J. Larson-Hall)从假设验证开始,简述了……第十四章"如何进行元分析"(L. Plansky and F. L. Oswald)介绍了……第十五章"复制研究的理据、时间及方式"(R. Abbuhl)着重讨论了……

　　事实上,为了描写的便利和实际需求,书评作者在对著作章节的内容进行介绍时,可以加入更多自主性。例如,编号为[CBR♯01]的汉语书评语篇是由 13 篇论文组成的论文集,作者并未逐篇对论文内容进行介绍,而是打乱著作的结构安排,围绕"指示"这个中心,从"指示的界定""指示的信息地位""指示的多功能性""指示的解读"以及"指示与语言"五个方面对作品的内容进行介绍。13 篇论文中的内容涉及到其中一个方面时再进行具体介绍。

　　对于步骤 8,我们除了关注对著作结构的整体呈现方式,还应考察对每一章节或每一部分的介绍是如何通过具体的词汇手段实现的,也就是说,哪些报道动词或动词词组实施了介绍章节内容的行为。我们仅以这一节中选取的几个话语片段为例来说明。英汉语书评作者在语篇中都使用了较为丰富的报道动词或词组,我们根据这些词汇实施的语篇功能并借鉴 Hyland(1996b:349)对报道动词的分类标准对它们进行介绍。报道动词主要分为三种,传达不同的行为过程:(1)研究行为,多出现在对研究发现和研究过程的介绍中,如"use""trace""draw on""employ""continue with""interrogate""界定""回顾""提出""补充""详述""简述"等。在书评语篇中还涉及对语篇结构的介绍,如"begin with""begin … by""conclude with"等。(2)认知行为,关注心理过程,如"believe""conceptualize""suspect""view""认为""主张""批判"等。(3)话语行为,涉及言语的表达,如"state""indicate""focus

on""describe""analyze""refer to""discuss""look at""explore"
"关于""探究""涉及""提及""关注""探讨""谈""讨论""为""介
绍""阐释"等。当然,这种粗略分类的目的只是为了说明在对著
作的章节内容进行报道时,可以根据实际的语用需求,选择不同
类别的词汇达到交际目的。

我们根据所搜集的语料,总结了英汉语书评中常用的用于介
绍著作章节内容的报道动词和动词词组,见附录3。

语步2是对著作的总体结构以及章节内容的介绍,具有明显
的描写性。为了描写的完整性,或凸显著作在特定方面的特征,
作者也会对不能归于常规文本的材料进行介绍,这就是步骤9涉
及到的内容。

4.2.2.9　步骤9：介绍附加材料

附加材料不是语篇主体的组成部分,但作为著作的补充部
分,能为读者提供可供选择的信息。接下来选取的例证中介绍了
著作中常出现的附加材料,如"formatting""table""in-text
citation""reference list""figure""appendix""pie-chart""bar
graph""smiley""Facebook-like thumb""subject list""website"
"reading list""参考文献""注释""尾注""索引""讨论问题""重点
术语""讨论题""网站""在线资源""学习工具"等。

[EBR♯11]〈步骤9〉Examples of formatting, tables, and
in-text citations as well as reference lists are given.

[EBR♯17]〈步骤9〉*LVRA*'s 222 pages contain over thirty
informative tables and nearly twenty full-color figures. At the
end of the book, the reader can find a wealth of useful
information, including details for the 56 journals sampled from
(Appendix A), complete accuracy results, both precision and
recall, for the automatic tags (Appendix B), and statistical
results (Appendix D-F).

［EBR♯18］〈步骤 9〉Better visualizations and options for personalization <u>were also added</u> such as <u>comparative pie-charts</u> and <u>bar graphs，smileys，Facebook-like thumbs</u>，and the ability to save intra-personal comments on one's own writing.

［EBR♯22］〈步骤 9〉All chapters include their own <u>reference list</u> and <u>a subject index is provided at the end of the book</u>.

［EBR♯25］〈步骤 9〉<u>It is supplemented by a companion website</u>（https：//study. sagepub. com/nygaard）which provides an array of resources including author videos， library of recommended resources，essential checklist，and glossary. <u>The further reading list at the end of all chapters</u>（as well as within a few of them）provides the reader with <u>extra resources</u> that can enhance their understanding of the issues under discussion.

［CBR♯11］〈步骤 9〉除了丰富的<u>参考文献</u>之外，本书大量的<u>注释</u>反映出作者获取资源的渠道十分广泛。全书共有 267 个<u>尾注</u>，分章节呈现，其中包含许多来自于因特网的资源，这使读者可以不受时空限制、便捷地获取作者所参考的资料。<u>书末完整的索引</u>使读者能够迅速地锁定原文中对应的内容。

［CBR♯25］〈步骤 9〉每章末尾还配有精心设计的讨论问题……除此之外，<u>书末还提供了附有简要解释的重点术语</u>，以供查询。

［CBR♯38］〈步骤 9〉为了使案例更具适用性，该书<u>每一章后都附有个性化而又具有启发意义的"讨论题"</u>及近百种课外实践活动的<u>网站、在线资源及学习工具等"资源"</u>。

书评语篇为了将这些附加材料与常规文本区别开来，会采用一些话语策略：使用表达空间位置的词汇手段，如"at the end of the book""at the end of all chapters""书末""每章末尾""每一章后"等；使用词汇资源以强调这些材料的附加特性，如"be given"
"be added""be provided""be supplemented by""also""further"
"extra""还""配有""提供""附有"等。

4.2.2.10　步骤10：评价部分特征

从语步2到语步3实际上是从客观的描写部分过渡到主观
的评价部分。语步3的步骤10是对著作的某方面特征集中进行
评价的部分，例如，[EBR07]和[CBR♯25]两例中，"prominent
feature"和"亮点"就说明作者对著作的特定部分进行了关注和
评价。

[EBR♯07]〈步骤10〉Theory-driven arguments and
explanations are a prominent feature of this book.

[CBR♯25]〈步骤10〉本书视角新颖，以教师手册中教学语
篇为切入点，借鉴二语习得研究考察教学语篇中有关如何教、教
什么以及其理论基础的合理性，以影响教学语篇，可谓另辟蹊径，
是其一大亮点。

书评语篇进入到语步3，作者的关注点也开始转向作为整体
的著作、作者、读者、或者著作的主题。例如：

[EBR♯01]〈步骤10〉While the authors offer a wide range
of methodological and contextual perspectives，the volume also
suggests areas for further investigation.

[EBR♯02]〈步骤10〉Language Policy is a beneficial
contribution to the current resources for LPP researchers. It is
clearly organized and will likely serve as a convenient reference
point for definitions of theories and concepts，as well as
exemplar studies in language policy research.

[EBR♯30]〈步骤10〉FY writing instructors and EAP
practitioners will find the next chapter extremely useful for their
teaching practice.

　　[ENR♯10]〈步骤10〉The target audiences (e. g. , writing program administrators and L2 writing researchers) may desire to learn more information about foreign language contexts.

　　[EBR♯24]〈步骤10〉该书是第一部以整书篇幅研究 L2 学习者句子加工的专著,其研究的广度、深度和实证性特征,迄今可谓首屈一指。

　　在上述例子中,[EBR♯01]中的"the authors",[EBR♯02]中的斜体书名"*Language Policy*",[EBR♯30]中的"FY writing instructors and EAP practitioners",[ENR♯10]中的"The target audiences"和[EBR♯24]中的"该书"等的使用表明,作者的关注点已经从对著作的局部描写转向对整体的评价。

　　这一步骤中评价性信息的传达可以通过以下几种方式实现。

　　第一,使用传达积极或消极价值的显性表达方式,例如:"strength" "merit" "problem" "limitation" "the weak point" "successfully""价值""重要意义""不足"等。汉语书评在对著作进行消极评价时,往往会使用较为委婉的表达,如"值得商榷的问题""值得更加深入探究的地方""需要进一步研究的问题"等。相比较而言,英语书评在表达对著作的消极评价时,就显得更为直接。

　　[EBR♯45]〈步骤10〉The main strength of this book lies its expansive detailing of the role of SRL in L2 writing.

　　[EBR♯26]〈步骤10〉These are some of the numerous merits of the book.

　　[EBR♯21]〈步骤10〉The problem here though is that he is not really talking about bad writing but rather bad research.

　　[EBR♯37]〈步骤10〉The book's main limitation may be ascribed to a matter of variety.

　　[EBR♯06]〈步骤10〉But the weak point is the rather

laboured framing of Chapters 3 and 4：it oversimplifies in some places and makes leaps into complex terminology in others

［EBR＃22］〈步骤 10〉Although it is a brief treatment of these complex issues，the chapter <u>successfully</u> orients readers to the editors' perspectives and goals for the volume.

［CBR＃12］〈步骤 10〉我们认为,本书的学术<u>价值</u>至少体现在以下四个方面：……

［CBR＃03］〈步骤 10〉二语习得研究的广泛理论领域和研究视角,使其研究方法呈多样性,对于这些方法给予全面的归纳和总结,对于推进相关研究走向深入具有<u>重要意义</u>。

［CBR＃03］〈步骤 10〉诚然,该书也存在着<u>一些不足</u>。

［CBR＃05］〈步骤 10〉这样的现状导致了本书编写中<u>一些值得商榷</u>的问题。

［CBR＃08］〈步骤 10〉当然,本书所考察的内容,还有很多<u>值得更加深入探究</u>的地方。

［CBR＃19］〈步骤 10〉当然,本书对一些<u>需要进一步研究的问题</u>未能深入下去。

事实上,这些显性表达方式预示了作者在接下来的话语中进行评价的倾向性。

第二,在英语书评语篇中,作者还会使用"should/would/may/could/might＋have＋［Verb Participle］"来对著作进行消极评价。这种情态结构的使用有助于缓和语气,保存面子,可以为可能的判断失误留出空间,或者留出读者表达异议的空间。例如：

［EBR＃05］〈步骤 10〉In Kormos's chapter，which <u>may have been better placed</u> at the beginning of Part II，the author traces the history of aptitude from its atheoretical origins to more recent …

〔EBR♯11〕〈步骤 10〉The idea of research writing being an "argument" is a valuable point that perhaps <u>could have been more consistently stressed</u> throughout the book.

〔EBR♯20〕〈步骤 10〉In fact，the subtitle of the section "Complexity in the disciplines：the case of business students"，which includes not only sub-divisions of business but also many other disciplines in the arts and sciences <u>should therefore have been left out</u>.

〔EBR♯07〕〈步骤 10〉Such discussion <u>would have benefited</u> L2 practitioners who wish to adopt TBLT in contexts lacking the necessary characteristics for TBLT implementation …

〔EBR♯28〕〈步骤 10〉However，given the key role that feedback plays in the development of writing and the amount of time teachers spend on responding to students' writing，<u>I would have liked to see a more extensive discussion</u> of feedback in this chapter，or perhaps a whole chapter devoted to this topic.

〔EBR♯04〕〈步骤 10〉Given this，<u>it might have been useful</u> to include a final chapter discussing the interconnection of these three levels，not only to weave together the main findings of the reported studies but also to highlight the interdependence of these levels.

〔EBR♯34〕〈步骤 10〉In my opinion Angermuller <u>could have spelled out more clearly</u> the rewards of such analytical reflexivity and de-mystification.

通过对例证的观察，我们还注意到，作者在使用这种情态结构时，经常会同时使用比较级，以表达对于更加理想状态的期待，例如，〔EBR♯05〕中"may have been better placed"，〔EBR♯11〕中"could have been more consistently stressed"，〔EBR♯28〕中"I would have liked to see a more extensive discussion",[EBR♯34]中"could have spelled out more clearly"等。这种语言策略出现在对著作的消极评价中，表达了作者对著作中不足之处的遗憾。

第三，在英语书评语篇中，作者还可以通过"could/would/might+V."的形式对著作的某个方面作出评价，这一评价结构往往与比较级结合起来，见表 4.15：

表 4.15 "could/would+V."的评价结构

could/would+V.	比较级
[EBR♯01]〈步骤 10〉⋯ but additional research into civil law jurisdictions ⋯, could provide rich opportunities	for further comparative study.
[EBR♯01]〈步骤 10〉⋯ it would be interesting to see	a greater inclusion of intercultural communication ⋯
[EBR♯12]〈步骤 10〉⋯ the book's contribution would be	even greater if it also discussed the kinds of errors non-native writers make in using bundles.
[ENR♯10]〈步骤 10〉In this regard, the section could be enriched	if foreign language contexts were further explained with specific boundaries or settings ⋯
[EBR♯22]〈步骤 10〉A more nuanced discussion of this throughout the book	would provide a clearer foundation for arguments and recommendations to practitioners.

书评作者借助这种语言策略可以达到两个交际目的：一方面，作者对著作中的某些方面持消极态度；另一方面，对这些不尽如人意之处提出改进意见，比如，[EBR♯01]中的"additional research into civil law jurisdictions"，[EBR♯01]中的"a greater inclusion of intercultural communication"，[EBR♯12]中的

"discussed the kinds of errors non-native writers make in using bundles", [ENR♯10] 中的 "foreign language contexts were further explained with specific boundaries or settings", [EBR♯22] 中的 "A more nuanced discussion of this throughout the book" 等。

在汉语书评语料中，也有一些语言手段可以实现这些交际目的，即在给出消极评价的同时提出改进措施。例如，在以下两个话语片段的例子中，书评作者对两部著作进行了评价：[CBR♯08] 中，著作对于语言中名词的可数/不可数性的分析与解释不够"深入"，不够"完善"；[CBR♯24] 中，著作未能达到"综述性质鲜明的理论专著"的要求。同时，作者还给出自己的建议：[CBR♯08] 中的著作"还必须调查更多的语言样本"；[CBR♯24] 中的著作"理应对 L2 句子加工做出更为全面的综述考察和理论梳理"。

[CBR♯08]〈步骤 10〉本书也只是对一部分语言中名词的可数/不可数性进行了考察。要作出更加深入、更加完善的分析与解释，还必须调查更多的语言样本。

[CBR♯24〈步骤 10〉]诚然，出于时、空限制，任一研究都不可能对所有语言现象作一一讨论，但作为一部……未来研究理应对 L2 句子加工做出更为全面的综述考察和理论梳理。

我们还注意到，英汉语书评中在实现"提出建议"这一交际目的时，可以使用类似的语言策略，例如：汉语话语片段中的"但需要进一步厘清""还需进一步提高"，以及英语话语片段中的"await further research""deserve further exploration"等，给后续相关研究提供了进一步改进的方法。

[CBR♯17]〈步骤 10〉此外，虽然该书认为情感与情绪是可以互换使用的概念，但需要进一步厘清情感与其他相似概念，如情绪、感受、心情、心态等的异同。

[CBR♯17]〈步骤 10〉其次，本书中的实证研究在方法层面

还需进一步提高。

［EBR＃07］〈步骤 10〉This suggests that the field awaits further research on the efficacy of TBLT for teaching and learning an L2 other than English.

［EBR＃15］〈步骤 10〉While these findings are very helpful for understanding patients' approach to diabetes management, the low reliability for coding of the metaphors deserves further exploration.

第四，书评作者可以通过对情感态度的表达对著作进行评价。例如："It is somewhat surprising that""It is a pity that""it appears quite naïve""但略显遗憾的是""这不能不说是一个遗憾"等，这些表达方式实施了对著作进行消极评价的功能。

［EBR＃12］〈步骤 10〉It is somewhat surprising that Salazar applied the same criterion（i. e. , 10 times per million words）regardless of the number of words in the sequences.

［EBR＃07］〈步骤 10〉It is a pity that these criticisms are not more elaborately addressed, and that the possibility of adaptation for a flexible "situated version of TBLT"（Carless 2007）is not discussed.

［EBR ＃ 13］〈步骤 10〉While her proposed practice is certainly thought provoking and insightful in many aspects, it appears quite naïve at times and highly contextually bound for the most part.

［CBR＃17］〈步骤 10〉诚然，情感因其复杂的内涵很难界定，且在该书中作者介绍了不同学科视角下的情感概念，但略显遗憾的是作者没有给出更具有操作性的情感定义。

［CBR＃47］〈步骤 10〉其次，该书仅围绕隐喻、转喻、意象图式、合成空间等少数概念，没有形成系统全面的基于 CL 的多模态

话语分析框架,未涉及认知语法及相关概念,<u>这不能不说是一个遗憾</u>。

我们注意到,作者在使用上述几种方式对著作实施评价行为时,为了使其判断合理化,增加评价的可信度和说服力,往往会给出作出评价的理由。在英语书评中,这种理由可以通过"as","thanks to","in that"等词汇手段引导出来。在所举的汉语示例中,"以致"和"继而导致"虽然引导出的是结果,但这种结果是在给出原因的基础上作出的。事实上,这种结果是作者对著作作出的评价。具体说来,例[CBE♯12]对著作进行了消极评价,认为其"留有不少语焉不详之处与未竟之论",原因在于著作的理论体系过于"宏大",无法进行"深入分析"。同样,例[CBR♯24]也对著作实施了消极评价的行为,认为它的"相关理论假设缺乏系统性、整体性和可验证性",原因在于"未建立起统一、一致的 L2 句法加工模型"。

[EBR♯12]〈步骤 10〉<u>This is a problematic claim</u>, however, <u>as</u> the structures and functions of bundles may correlate less frequently than she suggests.

[EBR♯24]〈步骤 10〉Despite its thematic and informational complexity, the book is <u>reader-friendly</u>, <u>thanks to</u> the author's approach and style, as well as to the consistent structuring into well-balanced chapters and sub-chapters.

[EBR♯12]〈步骤 10〉These two chapters are <u>extremely valuable</u>; <u>they are unique</u> in the existing research <u>in that</u> they touch upon some issues that impede the teaching of lexical bundles in classroom settings, and they provide solutions with relevant teaching materials, along with a variety of exercises.

[CBE♯12]〈步骤 10〉当然,本书也并非没有不足之处。作者在一部二百多页的著述中建立起如此宏大的理论体系,难免会

无暇深入分析，以致留有不少语焉不详之处与未竟之论。

[CBR＃24]〈步骤 10〉第四，仍未建立起统一、一致的 L2 句法加工模型，继而导致相关理论假设缺乏系统性、整体性和可验证性。

另外，英语书评在对著作进行积极评价时，还可能会使用最高级的表达形式，如：

[EBR＃17]〈步骤 10〉It is no exaggeration to write that Gray's LVRA is the most thorough and comprehensive study of academic journal articles to date.

还有一种情况，书评作者没有使用上文中介绍的任何一种语言手段，而是通过一种较为间接的方式实施了评价行为，例如：

[EBR＃01]〈步骤 10〉With the exception of Chapters 5 and 6, the studies included here are all situated in countries where the legal system is based primarily on common law and where English is the dominant language.

在进行步骤识别和分析的过程中，我们注意到例[EBR＃03]中的特殊情况：

[EBR＃03]〈步骤 10〉Though I am currently an assistant professor in Linguistics and TESL, I consider myself an Applied Linguist—because my degree is in AL, and because I participate in conferences and workshops under that heading, and have published in journals that I have considered to be in the field of AL. However, after reading this book, I appreciate, like de Bot, how broad a field this is. Indeed, it may be even more extensive than his data revealed, given that his informants were primarily from his own network and were identified from his knowledge of the field, which included only North America and Europe. Of course, it may be impossible to fully understand

every area in AL，but I see that I am also perhaps guilty of
academic myopia，having viewed my training, the theoretical
foundations I have been taught—my version—as core AL.

　　上述这段文字是书评作者在介绍完著作内容后的自我介绍
和自我反思。由于这种情况在学术书评中比较少见,我们在现有
的书评结构模式中未能找到与之相对应的结构将其纳入其中。
由于它出现在对著作章节内容的介绍之后和语步 4 之前,我们把
它处理为语步 3 的步骤 10,即对著作的总体评价。这种评价的出
发点是书评作者本身,主观性较强。

　　这一节的最后,我们还需要关注一下步骤 10 在书评语篇中
的出现情况。从表 4.5 和表 4.6 总结的英汉书评步骤结构可以
看出,它的位置比较灵活,出现频率也很高,可以和语步 1 以及语
步 2 中的步骤结合在一起。当它与著作的结构(步骤 7)、章节内
容(步骤 8)和附加材料(步骤 9)同时出现时,说明作者在对它们
进行描述的同时进行了评价。

　4.2.2.11　语步 4 中的步骤：评价性结尾

　　我们把步骤 11 和步骤 12 置于语步 4 的框架下同时进行介
绍,因为它们具有同样的交际目的,即对著作进行总体评价,并以
显性的方式结束语篇,因此,它们的呈现手段具有很多相似之处。
语步 4 既可以对著作完全推荐或贬损(步骤 11),也可以在指出著
作不足的同时进行推荐(步骤 12)。需要说明的是,我们在对步骤
11 和步骤 12 的判断中,除了要考虑作者在语步 4 中的评价性结
尾,还会把它置于整个语篇的语境中进行综合考虑。这就会出现
下面所举例子中的情况：

　　[EBR♯47]〈步骤 12〉In sum, I can definitely recommend
this book to the readership of JSLW, especially graduate
students and new faculty members.

　　[EBR♯50]〈步骤 12〉因此,本书更像是一本引领语言教学

的混合学习研究的前沿读物，为混合学习研究者呈现出不少新的研究视角和研究方法，极具推荐价值。

如果对例［EBR♯47］和例［EBR♯50］进行脱离语境的分析，它们应属于步骤11，对著作持完全推荐态度。但如果把这两个话语片段置于它们所属的语篇，就会发现，作者在前文中已经介绍了著作的不足之处。因此，通过对话语片段的综合考虑，我们认为它们归属于步骤12。

对语料的细致考察发现，语步4可以通过以下几种方式实现：

第一，使用传达"总结性"含义的表达方式，实施结束语篇的行为。这些词汇资源包括"to sum up""in summary""all in all""overall""above all""in closing""in short""in sum""总之""简言之""总的来说""总而言之""总体而言""总体说来"等。语步4所提供的评价建立在前文的基础之上，这些词汇的使用既指向前文，又预示了语篇的结束。

［EBR♯26］〈步骤11〉To sum up, this book is, unquestionably, an authoritative contribution to corpus-based analyses of academic writing and to our understanding of the complex nature of academic registers.

［EBR♯40］〈步骤11〉In summary, the book showcases a confluence of theory and practice, and is a useful addition to the novice scholar's bookshelf, because of the helpful insights and strategies it offers on how to get published in peer-reviewed journals.

［EBR♯10］〈步骤12〉All in all, the third edition of Ferris and Hedgcock's volume offers a wide range of perspectives into L2 writing.

［EBR♯12］〈步骤12〉Overall, the book successfully fills a

gap by providing practical advice on learning and teaching lexical bundles.

[EBR♯49]〈步骤 12〉<u>Above all</u>, it points to a pressing need for more attention to research and pedagogy that supports the development of young second language writers.

[EBR♯17]〈步骤 12〉<u>In closing</u>, as the subtitle suggests, the research in LVRC indeed reveals that academic discipline only tells part of the full story of linguistic variation in RAs.

[EBR♯42]〈步骤 12〉<u>In short</u>, the book is a useful addition to the teaching and learning of academic writing, in great part because of the practical strategies it offers on how to write a research paper in English.

[EBR♯49]〈步骤 12〉<u>In sum</u>, this book is especially useful for those interested in implementing SFL-based pedagogies with elementary students both within and beyond the U. S.

[CBR♯16]〈步骤 11〉<u>总之</u>,本书是国际二语习得界关于语言成熟期制约、语言学能和最终习得状态的一部最新力作,为本领域的研究发展做出了积极贡献。

[CBR♯27]〈步骤 11〉<u>简言之</u>,《跨文化语用学》试图探索语用学研究的新路径,但是这种探索的目的并非要改变格赖斯理论,而是从多元文化和跨文化视角对格赖斯理论进行补充。

[CBR♯12]〈步骤 12〉<u>总的来说</u>,《构式化与构式变异》一书作为当前历史语言学界的前沿成果,极具学术价值,应当引起相关研究者的重视。

[CBR♯39]〈步骤 12〉<u>总而言之</u>,这是一部具有新意且值得研读的语用学文献。

[CBR♯44]〈步骤 12〉<u>总体而言</u>,本书突破传统的专门用途语言研究范式……是专业话语理论研究不可多得的又一力作。

［CBR♯49］〈步骤12〉总体说来，该书以清晰的结构、明晰的语言、代表性的语料、客观的论证，向读者展示了多模态与认知语言学的互补融合。

第二，使用"thus""因此"等显性词汇标识语篇的逻辑性结尾，它所传达的意义在于，语篇结尾处得出的结论是基于前文的描写和评价。"thus"的位置较为灵活，可以出现在句首（如［EBR♯03］），也可以出现在句中（如［EBR♯31］）。

［EBR♯03］〈步骤11〉Thus, de Bot's accomplishment is that he identifies trends, and places them in a historical perspective, while also pinpointing areas of weakness (such as a lack of definition of concepts and constructs).

［EBR♯31］〈步骤11〉The explicit promotion of dialogue between researchers in pragmatics that Kecskes advocates in his book, *Intercultural Pragmatics*, is thus a very welcome and important contribution to the field.

［CBR♯50］〈步骤12〉因此，本书更像是一本引领语言教学的混合学习研究的前沿读物，为混合学习研究者呈现出不少新的研究视角和研究方法，极具推荐价值。

第三，使用"despite""nonetheless""尽管""虽然"等传达"让步"含义的显性词汇标识语篇结尾与前文之间的相反关系。与这些词汇相关联的语境往往是在指出著作不足之处的同时，说明其值得肯定之处，读者借此构建出作者对著作进行评价的期待。

［EBR♯13］〈步骤12〉Despite these shortcomings, *Academic Literacy and Student Diversity* does provide a rich and up-to-date overview of academic literacy instruction …

［EBR♯22］〈步骤12〉Nonetheless, the volume fills an important space in the EAP literature and many of its ideas transcend regional boundaries.

　　[EBR♯11]〈步骤12〉<u>尽管本研究存在个别不足之处,但瑕不掩瑜</u>。作者将语言学中的评价理论与翻译研究进行联姻,并广泛采用了各种研究方法,对涉及不同题材和工作模式的翻译过程进行了研究,分析了译者决策过程中影响翻译产品的关键要素,对翻译研究做出了十分有益的贡献。

　　[EBR♯29]〈步骤12〉<u>该书虽然有一些不足</u>,但是其研究方法与新颖的视角拓宽了语料库翻译研究的领域,开拓了研究思路,对语料库翻译研究乃至整个翻译学都具有重要的启示。

　　第四,作者通过使用与学术环境相关的显性词汇将读者带出文本,带向更为广阔的学科语境中。这些词汇包括"bookshelf"([EBR♯40]),"reading list"([EBR♯11]),"library([EBR♯50)"。学科语境还包括对未来研究的启示和与未来研究的关联性,例如,"有一定的启示"([CBR♯39]),"提供了重要启示"([CBR♯40]),"具有一定的启发和教育意义"([CBR♯47]),"有诸多启示"([CBR♯17])等。具体示例如下:

　　[EBR♯40]〈步骤11〉In summary, the book showcases a confluence of theory and practice, and is <u>a useful addition to the novice scholar's bookshelf</u>, because of the helpful insights and strategies it offers on how to get published in peer-reviewed journals.

　　[EBR♯11]〈步骤12〉The book has the potential to serve as a solid entry to quantitative research in applied linguistics and <u>would fit well on the reading list</u> of a research methods class in graduate programs in our field.

　　[EBR♯50]〈步骤12〉The book addresses its potential audiences through a very readable text and is <u>a valuable addition to one's professional library</u>.

　　[CBR♯39]〈步骤12〉该书的理论视角和研究方法对语用

学、英语语言及其他语言研究有一定的启示。总而言之，这是一部具有新意且值得研读的语用学文献。

　　[CBR＃40]〈步骤12〉不过，瑕不掩瑜，该论文集在结合语言学、哲学和心理学研究致使现象上进行了大胆尝试，跨学科研究体现了理论层面的广度和深度，丰富的跨语言材料提供了更多关于致使范畴研究的类型学证据，这些都为我们今后的研究提供了重要启示。

　　[CBR＃47]〈步骤12〉该书的理论视角和实例分析对生态语言学研究学者具有重要的参考和借鉴作用，对于关注生态和谐、有强烈社会责任感的非学术读者也具有一定的启发和教育意义。

　　[CBR＃17]〈步骤12〉总之，该书对我国外语教学研究有诸多启示。

　　第五，作者通过显性的传达"推荐"含义的词汇明确表明自己态度，如"... are highly recommended to read"（[EBR＃07]），"I would certainly recommend this book to …"（[EBR＃28]），"I can definitely recommend this book to …"（[EBR＃47]），"极具推荐价值"（[CBR＃33]），"本书值得向…推荐"（[CBR＃34]），"极具推介价值"（[CBR＃36]），"该书……值得向大家推荐"（[CBR＃45]）等。这些表达方式往往与推荐对象或者著作的潜在读者群联系在一起。

　　[EBR＃07]〈步骤12〉These concerns aside, Long's thorough knowledge of a broad range of LT-related theories and research makes *Second Language Acquisition and Task-Based Language Teaching* a book that both current and potential users of TBLT are highly recommended to read.

　　[EBR＃28]〈步骤12〉I would certainly recommend this book to my graduate students undertaking a Masters in Applied Linguistics.

　　［EBR＃47］〈步骤 12〉In sum, I can definitely recommend this book to the readership of JSLW, especially graduate students and new faculty members.

　　［CBR＃33］〈步骤 12〉因此,本书更像是一本引领二语习得研究的前沿读物,对二语习得研究者来说,极具推荐价值。

　　［CBR＃34］〈步骤 12〉因此,本书值得向批评话语分析、语料库语言学、社会语言学、新闻传播等相关领域的研究者和研究生推荐。

　　［CBR＃36］〈步骤 12〉尽管如此,总体而言,该书仍不失为一部极具推介价值的系统功能语言学专著,值得致力于系统功能语言学、认知语言学、二语习得、神经语言学和社会语言学的研习者去细细品读。

　　［CBR＃45］〈步骤 12〉总体而言,该书……值得向大家推荐。

　　在英汉语料中,作者会使用一些加强语气的词汇表达对著作的肯定态度。如"undoubtedly"（［EBR＃11］）,"should"（［EBR＃41］）,"the must-have"（［EBR＃43］）,"毫无疑问"（［CBR＃49］）,"无疑"（［CBR＃11］）,"必将"（［CBR＃43］）等。

　　［EBR＃11］〈步骤 12〉Perceived shortcomings aside, the target audience of this book will undoubtedly benefit from the practical advice it offers, such as dividing a larger research project up in order to report it in multiple articles (p. 149).

　　［EBR＃41］〈步骤 12〉Given that few publications bring together research-based findings and practical advice in such a principled way, *Effective Curriculum for Teaching L2 Writing* should be seen as essential reading for anyone who is interested in exploring issues in developing curricula for teaching L2 writing.

　　［EBR＃43］〈步骤 11〉The result is one of those volumes

that falls into the "must-have" category.

[CBR♯49]〈步骤 12〉毫无疑问，该书是多模态认知研究的一个里程碑。

[CBR♯11]〈步骤 12〉对致力于翻译研究的学者、教师和研究生而言，此书无疑是一部不容错过的精彩读本。

[CBR♯43]〈步骤 12〉该书研究视角独特，理论构建和实证分析透彻，必将成为二语词汇加工领域的重要参考文献，为二语词汇习得研究提供新的视角与路径。

4.2.3　步骤的套嵌

从上文的介绍中，我们已经知道，不同的语步之间存在套嵌现象。不同的步骤间也存在套嵌现象。在对这种语言现象进行判断时，我们依据句法和语用两个标准。对于句法标准，我们主要考察话语片段中是否含有从属句、名词补足语等，当然，这个标准只适用于英语语篇。我们主要参考的是语用标准，即话语片段所包含的信息是否实施同样的语用功能，如果具有不同的功能，我们就把它界定为步骤的套嵌。这种现象可以通过以下两种方式实现。

步骤的套嵌可以发生在同一个语步中，或者可以说，处于同一个语步的同一个句子可以包含两个或两个以上的步骤，例如：

[EBR♯46]〈语步 1〉〈步骤 1〉It is an exceptional collection of chapters about issues in EAP〈步骤 3〉written by exceptional scholars in the field.

[CBR♯41]〈语步 1〉2015 年初，〈步骤 6〉由泰勒·弗朗西斯旗下 Routledge 公司推出，〈步骤 3〉乔治城大学 Ronald P. Leow 教授撰写的新著《二语课堂中的显性学习：以学生为中心的视角》〈步骤 1〉从学习者的内在认知过程出发，分别从五个维度探讨了注意和意识在显性二语学习过程中的作用。

在[EBR♯46]中，步骤 3 中的"作者信息"嵌入步骤 1 中的

"著作研究主题"中,这两个步骤同属于语步 1。在[CBR♯41]中,语步 1 包含三个步骤,即步骤 6 中的"出版信息"、步骤 3 中的"作者信息"和步骤 1 中的"著作研究主题",这种把多个步骤集中在同一个语步的做法,可以较集中地在有效空间内提供更多信息。

步骤的套嵌还可以发生在不同语步中,换言之,同一话语片段中包含的不同步骤可以归属于不同的语步,例如:

[EBR♯01]〈步骤 11〉This cohesive and accessible volume provides a useful lens for exploring legal-lay communication and 〈步骤 2〉would be of interest not only to readers with a specialist interest in its central theme, but also to anyone investigating communication beyond disciplinary boundaries.

[EBR♯20]〈步骤 5〉The book, part of the Oxford Handbooks series for Language Teachers, is〈步骤 2〉a helpful handbook for EAP teachers in that it provides carefully selected examples, clear explanations, 〈步骤 9〉a glossary and a further reading section at the end of each chapter.

[CBR♯11]〈步骤 9〉全书共有 267 个尾注,分章节呈现,其中包含许多来自于因特网的资源,〈步骤 10〉这使读者可以不受时空限制、便捷地获取作者所参考的资料。

[CBR♯23]〈步骤 3〉在《重审语言测试:哲学性与社会性探寻》一书中,英国莱切斯特大学的 Glenn Fulcher 教授扎根于启蒙主义思潮,〈步骤 1〉从哲学和社会学角度探索了社会科学中"人"与"科学"的辩证关系,提出了语言测试的实用实在论(pragmatic Realism),〈步骤 10〉用积极、以人为本的态度,为语言测试学赋予了深厚的内在价值与社会意义。

例[EBR♯01]源于书评的结尾段落,出现在对著作的各个方面进行积极正面的评价之后,它包含两个步骤。其中,步骤 11 是对著作的赞扬和推荐,步骤 2 是对著作潜在读者群的介绍,它们分别属于两个不同的语步，即语步 4 和语步 1。[EBR♯20]中包含的 3 个步骤属于 2 个语步，其中用于介绍著作所属图书系列的步骤 5 和潜在读者群信息的步骤 2 同属于语步 1。步骤 9 介绍每章末尾处出现的术语表和拓展阅读，属于语步 2。[CBR♯11]中，步骤 9 是对附加信息的介绍，而步骤 10 是对这一特征的评价。这两个步骤分别属于语步 2 和语步 3。[CBR♯23]中的话语片段也包含 3 个步骤，属于 2 个语步，介绍作者信息的步骤 3 和著作主题的步骤 1 属于语步 1，对著作进行评价的步骤 10 属于语步 3。

同一个话语片段中甚至有归属 3 个不同语步的步骤同时出现的情况，例如：

[EBR♯02]〈步骤 10〉Johnson's writing is clear and accessible to〈步骤 2〉those who are not already familiar with the field，and throughout the book，〈步骤 9〉key concepts, quotes, and definitions are highlighted in stand-alone boxes，which make the main points of each section easy to identify.

在[EBR♯02]中，对作者写作风格进行评价的步骤 10 属于语步 3，介绍读者群信息的步骤 2 属于语步 1，介绍附加信息的步骤 9 属于语步 2。

在考察步骤的套嵌时，我们注意到，步骤 2 可以在书评语篇的不同地方出现，尤其是在语步 4 中。例如：

[EBR♯33]〈步骤 11〉In general，the volume has many strengths and〈步骤 2〉will appeal to pragmaticists with various interests：from an impressive range of languages under analysis (it is a signal for Slavonic linguistics to make its contribution)，through intriguing historical and contextual detail，testing new corpus tools and statistical approaches，to redefining and delineating the scope of diachronic pragmatics itself.

[CBR♯44]〈步骤 11〉本书既有宏观理论的梳理，又有具体

的专业话语语料分析,〈步骤 2〉适合<u>从事专门用途语言的研究和教学人员</u>以及各行业想了解<u>专业话语应用策略的从业人员</u>阅读。

在[EBR♯33]和[CBR♯44]中,"In general"和"本书"往往在英汉语书评中被用作标识语步 4 开始的手段,步骤 2 是语步 1 中的常规步骤,但它也常内嵌到语步 4 中作为重复出现的一个步骤。

4.3　本章小结

本章对英汉书评语料进行了广泛、细致的分析,阐明了书评语类的语篇如何通过语步和步骤实现其交际目的,以及这些语步和步骤如何通过语言线索实现其特定的交际功能,并比较分析了英汉语书评在呈现语类结构方面的异同。我们的分析基于两个假设:一方面,英汉语书评语篇的语类结构具有一些统一的特征,它们不因语言和文化的不同而改变;另一方面,语篇特征与语境变体(即不同的语言文化在研究目标、认识论和价值方面体现的差异性)之间是相对应的。对英汉语书评的比较分析也验证了我们的假设,两种文化语境下的学术书评语类呈现出稳定的语步和步骤结构,实现语步和步骤的语言资源也呈现出一定的相似性,成为我们识别特定语步和步骤的一种手段。同时,英汉语书评在语步和步骤的使用频率、呈现顺序以及语言实现手段等方面也存在一定的差异性。

这表明,英汉语学术书评的语类结构既存在共性也存在特性。这些共性是学术书评话语社团的中心成员所接受并达成的共识,为我们把语篇归到学术书评这一语类下提供了依据,而特性则可以帮助我们更全面地了解学术书评的特点。同时,学术书评中语步和步骤结合形式的多样性以及循环和套嵌的特征也体现了学术书评语篇建构的灵活性。这给我们带来的启示是,在探索语篇建构的规律时，要以深层次的交际目的和动机为出发点，同样的交际目的可以通过不同的形式体现出来。因此，在进行学术书评的理解和写作时，仅仅关注其表面形式是远远不够的，需要进一步探索写作者的交际意图，以交际目的为导向揭示学术书评的修辞结构特点。当然，语类结构特点是交际目的的体现。

第五章　英汉学术书评的元话语比较研究

在上一章中，我们主要比较分析了英汉学术书评中的语类结构，即语步和每一语步中步骤的使用特征以及在英汉语篇中使用的异同。本章主要关注的是英汉学术书评的语步和步骤如何通过元话语资源体现其特征，并运用定量分析的方法考察每一个元话语项目在英汉书评中的分布特点和使用特征。

长期以来，学术写作被视作对外部现实的客观编码，作者自认为的对语言的客观使用可以使读者解码其想要传达的客观现实。近年来，人们不再把学术语篇看做绝对客观的话语形式，开始关注语言资源对社交关系的构建和协商以及学术语篇中作者和读者的互动。学术语篇的作者在报告自己的研究成果时，会使用一些植根于特定学科和社会文化中的修辞策略来组织论断、提供论据、评价观点等等。这些修辞策略就是本章拟关注的元话语资源。元话语反映了特定文化中的特定规约，它既是一个可以通过一系列没有固定形式的语言单位来实现的功能范畴，也是一个可以根据语境需求不断加进新项目的开放范畴。特定的元话语手段不仅有助于构建语篇结构，实现语篇的连贯性，还具有潜在的人际特征，能在特定的语境中彰显作者的个性、可信度、对读者的敏感性以及与语篇的关系。

　　元话语涉及交际三角：语篇、作者和读者（Hyland，2004a），它在学术语篇中的使用为知识构建发挥重要作用，反映了作者和读者之间的关系。可以说，每一篇成功的学术语篇中都体现了作者的读者意识（Hyland，2005a：174）。这里的读者是作者想象的、潜在的而非现场的读者（Coulthard，1994），他们往往来自同一话语社团，具有共享的文化、学科和修辞背景。具体到学术书评语篇，不同的读者群会对作者的论断做出不同的反应，作者在进行语言策略的选择和语篇建构时，需要把这些因素都考虑在内，例如著作作者、期刊编辑、同行专家以及学生等其他普通读者。作者对读者需求和期待的判断决定了元话语的使用情况（Hyland，2004b，2004d，2005a，2005b）。拥有读者意识能够促使作者更有效地进行修辞策略的运用。在元话语视域下，学术写作被视作一种社会介入行为，作者把自身投射到语篇中，以标识其态度和交际目的。作者试图在语篇中将自身呈现为可信赖的形象，并努力构建读者友好型的语篇，与读者形成良好的互动关系。而元话语使用的恰当与否还显示了作者参与到话语社团活动中的能力（Hyland，2005b）。

　　在这一章中，我们主要考察和分析元话语资源在英汉书评语篇中的总体分布以及每一种元话语类别在英汉书评语步和步骤中的使用情况。这种全面细致的分析是基于对元话语资源的识别和统计。元话语资源的使用体现了作者在语篇选择时的修辞策略，在对元话语的识别中，我们采用基于语篇的话语分析方式，充分考虑语用原则和语境因素，不将研究对象仅仅限制在特定的语法类别上。在对元话语识别的具体实践中，Hyland（2005a）提出，显性（explicitness）是元话语的重要特征。代表了作者想要创造特定话语效果的显性努力。本研究主要考察的也是以显性方式呈现的元话语资源。

5.1　元话语资源在英汉书评语篇中的总体使用情况以及在语步中的分布情况

在对元话语资源的识别中，我们通过对每一语篇的逐句阅读对其中包含的元话语手段进行人工标注，并对其出现的频率进行统计分析。由于英语书评和汉语书评的长度差别较大，我们在进行比较时，以每 10000 字（词）为标准来计算（徐海铭，2004）。

5.1.1　元话语资源在英汉书评语篇中的总体使用情况

表 5.1　英汉应用语言学学术书评语篇元话语资源的总体使用情况

元话语类别		英语书评（96899 词）			汉语书评（214580 字）		
		频数	标准频数（每万词）	百分比	频数	标准频数（每万字）	百分比
引导式元话语		6393	659.76	52.1%	6698	312.14	55.6%
	逻辑标记语	1651	170.38	25.8%	1518	70.74	22.7%
	框架标记语	576	59.44	9.0%	634	29.55	9.5%
	消息来源标记语	3164	326.53	49.5%	2907	135.47	43.4%
	注解标记语	1002	103.41	15.7%	1639	76.38	24.5%
互动式标记语		5878	606.61	47.9%	5352	249.42	44.4%
	模糊标记语	1458	150.47	24.8%	1516	70.65	28.3%
	增强标记语	658	67.91	11.2%	682	31.78	12.7%
	态度标记语	3269	337.36	55.6%	2993	139.48	55.9%
	交际主体标记语	493	50.88	8.4%	161	7.50	3.0%
总计		12271	1266.37	100%	12050	561.56	100%

　　表 5.1 是对英汉书评中元话语使用的频数、每万词/字的标准频数以及每种元话语类别所占的比例的汇总。我们在 50 篇英语书评中共识别出 12271 个元话语项目，在 50 篇汉语书评中共识别出 12050 个元话语项目。标准化处理后的使用频数在英汉语书评中则出现了较大差异，英语书评每万词中元话语资源的使用频数为 1266.37 个，汉语中是 561.56 个，英语中的出现频率是汉语的两倍多。这说明，英语书评作者与潜在读者的交流要多于汉语书评作者。这其中可能的原因是，在国际期刊用英语进行学术发表的作者面对的是源自不同文化背景的读者群，因此，需要更为显性地传达自己的观点(Mur-Dueñas，2011)。汉语学术书评主要面对的是国内的话语社团，共享更多的背景知识，因此在元话语手段的使用上相对较少。

　　在英汉书评语料中，引导式元话语的使用频率均高于互动式元话语，这与 Hyland(2005a)的研究结果一致。其中，英语书评中引导式元话语和互动式元话语所占元话语使用总数的比例分别为 52.1% 和 47.9%，汉语中的比例分别为 55.6% 和 44.4%。在引导式元话语的使用方面，汉语略多于英语，而在互动式元话语的使用中，英语略多于汉语。这表明，应用语言学领域的英语书评更注重借助于元话语手段建立读者与作者之间的互动关系。

　　对引导式元话语的进一步分析发现，英汉书评语料中使用最为频繁的均为消息来源标记语，分别为 49.5% 和 43.4%，这与以往的研究结果存在较大差异，具体原因我们在下一节对消息来源标记语的使用情况介绍中进行说明。英汉书评语料中使用频率最低的均为框架标记语，分别为 9.0% 和 9.5%。逻辑标记语和注解标记语在汉语书评中的使用频率均高于英语书评。

　　在互动式标记语中，态度标记语在英汉书评语篇中的使用比例均为 55% 以上。对态度标记语的高频率使用与书评的内在评价性特征有关，这反映了特定的语类规约对修辞手段的影响。互动式标记语在英汉语书评中使用频率较高的还有模糊标记语和增强标记语,而模糊标记语在英汉语书评中的出现频率均为增强标记语的两倍多。这一发现与 Hyland(2004b)的研究吻合。从学科类别上来说,归属于"软科学"的应用语言学倾向于使用更多的模糊标记语来传达论断表达时的尝试性,以此来应对研究本身的局限性、可能来自读者的反对意见以及作者在构建新知识时的协商态度。同时,模糊标记语的使用也传达了学术写作作者的谦虚和谨慎态度。

英汉语书评中的交际主体标记语在互动式标记语类别甚至在元话语的总体类别中使用频率均最低,分别为 8.4% 和 3.0%,其中,这一元话语类别在英语书评中的使用频率远远高于汉语书评。可能的原因是,学者们用英语发表国际论文的竞争力较大,面对源自不同文化背景的读者群,英语作者倾向于使用更多的交际主体标记语来彰显自身作为学术贡献者的身份,并引起读者更多的介入和理解。

需要说明的是,对于元话语资源在学术语篇中的使用频率,不同学者在研究中得出不同结论。Ädel(2006)的定量分析数据表明,元话语的使用非常有限。相比之下,Hyland(1998a)在其定量研究中则报告了元话语较高的使用率:平均每篇论文中出现373 个元话语,大约每 15 个词中就有一个。这种研究结果的不一致可以部分地由研究框架的不同来解释。Ädel(2006)采用的是元话语的非综合性方法,Hyland(1998a)则采用的是综合性方法。元话语研究的这两种不同模式对于元话语项目有不同的限制,基于不同模式统计的元话语使用频率自然也就不同了。我们在本研究中采用的是元话语研究的综合性方法。

为了进一步考察元话语资源在书评语类中的使用特征,我们在下一节中将统计每一种元话语类别在英汉语书评四个语步中的分布情况。

5.1.2　元话语资源在英汉书评语篇语步中的分布情况

语步1的修辞功能在于对著作的引介，包括著作的研究主题、潜在读者群、作者信息、话题内容、研究领域以及出版信息等，目的在于帮助读者初步了解与著作相关的信息。从图5.1可以看出，英汉书评语篇的语步1中使用频率最高的元话语类别均为态度标记语，分别为26.7%和35.0%，这是因为书评作者需要借助于评价性的态度标记语介绍著作作者的身份、地位等信息，说明著作在相关研究领域的地位和贡献，甚至在介绍潜在读者时也会通过表达对著作某方面特征的态度来说明其适用的读者群。语步1中使用频率较高的元话语资源还有消息来源标记语，它在英汉语书评中的出现频率分别为22.7%和20.5%，用于指向语篇内部或其他语篇，它可以帮助语步1实现对著作研究主题和话题内容的介绍。模糊标记语和增强标记语在英汉语书评的语步1中所占比例基本持平，逻辑标记语和交际主体标记语在英语书评中所占比例高于汉语书评。与之相反，注解标记语和框架标记语在汉语书评中的分布高于英书书评。

语步2是对著作组织结构的具体介绍，包括结构安排、章节内容和附加材料。在语步2中，消息来源标记语在英汉语书评中均为使用频率最高的元话语资源，分别占32.2%和30.1%。语步2使用较多的消息来源标记语用于在语篇中引导读者，把读者指向语篇的不同部分或其他语篇，以全面了解著作内容。态度标记语也在英汉语书评中使用较高，但它在英语书评中的分布明显高于汉语书评，分别为22.5%和15.3%。逻辑标记语、模糊标记语、框架标记语和增强标记语在英汉语书评中的出现频率基本相同，但是注解标记语在汉语书评中的使用明显高于英语书评，交际主体标记语在英汉语书评中均占据了较小的比例，在英语书评中的使用高于汉语书评。

语步3是对著作部分章节特征的评价和强调。态度标记语

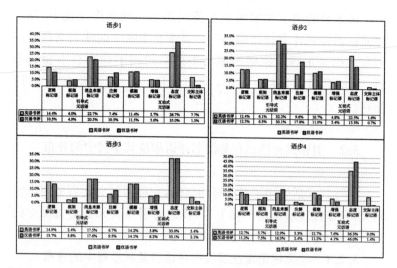

图 5.1 元话语资源在英汉应用语言学学术书评语篇各个语步的总体分布情况

是英汉语书评中使用频率最高的元话语类别,同时它们在英汉语书评中所占比例基本相同,分别为 33.0% 和 33.1%。作者为了在语步 3 中实现对著作进行评价的交际目的,需要借助态度标记语。其他的元话语类别在英汉语书评中的使用频率基本持平,如消息来源标记语、逻辑标记语、模糊标记语和增强标记语。注解标记语和框架标记语在汉语书评中的使用频率高于英语书评,而交际主体标记语在英语书评中的使用频率高于汉语书评。

语步 4 则涉及对著作的推荐与否,是作者在语篇的结束部分对著作所作的最后评价和总结。因此英汉语中使用最多的元话语类别为态度标记语,用于实现语步 4 的修辞功能,但它在汉语书评中的使用比例高于英语书评,分别为 46.0% 和 36.3%。在英汉书评中所占比例为 10% 以上的有消息来源标记语、逻辑标记语和模糊标记语。其他的元话语资源类别(增强标记语、框架标记语、注解标记语、交际主体标记语)在英汉语书评中出现比例都较低,均为 10% 以下。

　　接下来的两节主要考察在英汉语不同的写作文化中，每一种元话语资源在书评语篇的每一语步及步骤中的使用情况。我们在对相关元话语策略的描写中列举的例子均选自本研究语料，为方便起见，在举例中，我们只标识出要讨论的元话语类别。

5.2　引导式元话语在英汉书评语步及其步骤中的分布

　　引导式元话语用于对语篇的组织，它能通过对读者的需求预测，引导读者理解语篇。接下来，我们对引导式元话语资源中的每一类别在英汉书评语步和步骤中的分布进行介绍。

5.2.1　逻辑标记语在英汉书评语步及其步骤中的分布

　　大多数元话语分类体系中都有逻辑标记语，它们被冠以不同的名称：逻辑连接语（logical connectives）（Crismore et al.，1993；Hyland，1999a，2000）；连接语（connectors）（Mauranen，1993a）；过渡标记语（transitions）（Hyland，2004b，2005a；Hyland & Tse，2004a）。逻辑标记语通过标记命题间的逻辑关联，构建论据和观点之间的关联性，提供语篇的衔接性与连贯性，帮助作者组织语篇。作为显性的元话语资源，它们能提供关于作者推理过程或程序的信息，引导读者按照作者的意图处理信息，并顺畅地理解语篇（Vande Kopple，1985：83）。逻辑标记语的使用能减轻读者在寻求上下文命题信息的连接中需要付出的努力。也就是说，读者不需要较为费力地推断上下文之间的语义关联性，这样能够减轻他们在阅读中处理信息的负担，使得语篇更易于被学科社团成员接受。

　　我们统计了逻辑标记语及其次类别附加式、比较式和因果式在英语书评和汉语书评各个语步和步骤中的分布情况，得到表5.2和图5.2。

表 5.2　逻辑标记语在英汉学术书评语步及其步骤中的使用情况

书评	语步	步骤	逻辑标记语								
			附加式			比较式			因果式		
			原始频数	标准频数（每万词/字）	总计	原始频数	标准频数（每万词/字）	总计	原始频数	标准频数（每万词/字）	总计
英语书评	语步 1	步骤 1	22	2.27	170/17.54*	9	0.93	80/8.26	9	0.93	63/6.5
		步骤 2	50	5.16		18	1.86		18	1.86	
		步骤 3	9	0.93		0	0		3	0.31	
		步骤 4	54	5.57		34	3.51		22	2.27	
		步骤 5	33	3.41		19	1.96		11	1.14	
		步骤 6	2	0.21		0	0		0	0	
	语步 2	步骤 7	11	1.14	427/44.01	5	0.52	212/21.88	4	0.41	142/14.65
		步骤 8	395	40.76		203	20.95		134	13.83	
		步骤 9	21	2.17		4	0.41		4	0.41	
	语步 3	步骤 10	197	20.33	197/20.33	206	21.26	206/21.26	92	9.49	92/9.49
	语步 4	步骤 11	6	0.62	26/2.68	3	0.31	26/2.68	2	0.21	10/1.03
		步骤 12	20	2.06		23	2.37		8	0.83	
总计			820	84.62	820/84.62	524	54.08	524/54.08	307	31.68	307/31.68

续　表

书评	语步	步骤	逻辑标记语								
			附加式			比较式			因果式		
			原始频数	标准频数（每万词/字）	总计	原始频数	标准频数（每万词/字）	总计	原始频数	标准频数（每万词/字）	总计
汉语书评	语步 1	步骤 1	10	0.47	75/3.5	3	0.14	55/2.56	3	0.14	41/1.91
		步骤 2	4	0.19		1	0.05		8	0.37	
		步骤 3	11	0.51		5	0.23		0	0	
		步骤 4	35	1.63		41	1.91		24	1.12	
		步骤 5	14	0.65		5	0.23		6	0.28	
		步骤 6	1	0.05		0	0		0	0	
	语步 2	步骤 7	9	0.42	295/13.75	0	0	297/13.84	1	0.05	155/7.22
		步骤 8	275	12.82		296	13.8		153	7.13	
		步骤 9	11	0.51		1	0.05		1	0.05	
	语步 3	步骤 10	236	11	236/11	207	9.65	207/9.65	124	5.78	124/5.78
	语步 4	步骤 11	3	0.14	16/0.75	2	0.09	14/0.65	0	0	/0.14
		步骤 12	13	0.61		12	0.56		3	0.14	
合计			622	28.99	622/28.99	573	26.7	573/26.7	323	15.05	323/15.05

* 前后两个数字分别表示原始频数和标准频数，下同。

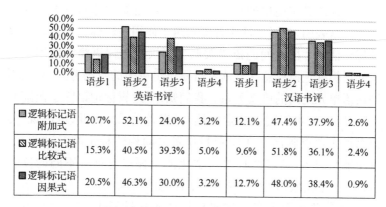

	语步1	语步2	语步3	语步4	语步1	语步2	语步3	语步4
	英语书评				汉语书评			
▣ 逻辑标记语附加式	20.7%	52.1%	24.0%	3.2%	12.1%	47.4%	37.9%	2.6%
▧ 逻辑标记语比较式	15.3%	40.5%	39.3%	5.0%	9.6%	51.8%	36.1%	2.4%
▩ 逻辑标记语因果式	20.5%	46.3%	30.0%	3.2%	12.7%	48.0%	38.4%	0.9%

▣ 逻辑标记语附加式　　▧ 逻辑标记语比较式　　▩ 逻辑标记语因果式

图 5.2　逻辑标记语在英汉学术书评语步中的分布

　　从上述图表中可以看出,逻辑标记语的附加式、对比式和因果式在各个语步、步骤以及英汉书评语篇中的使用既有相似之处,也有不同之处。

　　结合图 5.2 和表 5.2,我们发现,逻辑标记语的三种次类别在英语书评和汉语书评的语步中呈现出相似的分布趋势。在英汉语书评中,附加式、比较式和因果式在四个语步中的使用频率按照从高到低的顺序排列,分别是语步 2、语步 3、语步 1 和语步 4。这种相似性可能与两方面的因素有关:一方面,这种分布趋势与语步在书评语篇中所占篇幅的比例一致,这一点我们在第四章已经讨论过了;另一方面,应用语言学学术书评语类的特定规约在英汉语两种不同的语言文化语境下都发挥作用。

　　Hyland(1999a,2000,2004b,2005a)曾指出,逻辑标记语的使用程度依赖于学术语篇的所属学科及其语类特征。这一点体现在英汉应用语言学学术书评在逻辑标记语使用的相似性方面。除此之外,我们还需要考察语言和文化因素对逻辑标记语使用的影响。表 5.2 显示,无论是原始统计数据还是每 10000 词/字中,英语书评语篇中使用的每一种逻辑标记语类别都明显多于汉语书评。这表明，英语书评作者更倾向于使用逻辑标记语向读者显性标识话语片段之间的语义关联。而汉语书评语篇中使用了较少的逻辑标记语就意味着读者需要付出更多的解码努力，解读不同话语单元之间的语义关系。我们知道，逻辑标记语除了语篇和人际功能，还可以建立特定的读者-作者关系。因此，可以说，英语书评作者更倾向于在读者和作者之间构建特定的互动关系。这可能是因为，英汉两种语言文化的书评语篇具有不同的读者群，面对国际范围读者群的英语书评比面对国内读者群的汉语书评需要借助使用更多的逻辑标记语来显性标识语篇中的语义关系。

逻辑标记语在语篇中所实施明确的功能在于使两个话语片段之间的语义关系显性化。在这种元话语资源的三种次类别中，附加式标识了话语片段之间的平行或递进的关系，比较式标识的是相反或对比的关系，因果式表明的是因果关系。书评最显著的特征是其评价性，最能体现这一特征的话语片段主要集中在语步3，我们对上述图表中三种逻辑标记语类别在语步3中的分布情况进行了进一步观察。观察发现，在英语书评中，比较式的使用频率明显高于附加式和因果式，而在汉语书评中，附加式和因果式的使用均略高于比较式。这说明，英汉作者在发展观点和表达态度时存在修辞上的差异。这一发现也支持了Barton(1995)的研究结果。我们仅举两例来说明这种差异性。

[EBR♯36]〈语步3〉Given the seemingly unwary use of VARBRUL in previous variationist quotative studies，this is only timely.〈比较式〉However，this point needed to be taken further to become truly useful.

[CBR♯39]〈语步3〉这些历时和共时的语用变异研究〈附加式〉不但丰富了有关英语使用的知识而且细化了语言分析的维

度,有助于英语语言研究的深入发展。〔附加式〕<u>此外</u>,语用变异研究对语用学研究也具有非常重要的作用。

[CBR♯42]〈语步3〉{因果式}<u>由于</u>研究(不)礼貌无法避免对社会个体与他人之间关系问题的讨论,<u>所以</u>,分析过程必然涉及到社会个体在交际中与他人进行动态的、人际的互动。{因果式}<u>因此</u>,如若不转换思路,(不)礼貌研究便无法产生实质性的推进。

以上三个例证均选自英汉语书评语篇的语步3。其中,例[EBR♯36]使用了比较式来表达作者的态度,展示了英语作者如何通过比较式标记语"however"的使用来构建论断,在这里,作者在进行观点的比较时,后者在某种程度上修正了前者。从汉语书评语篇中选取的例[CBR♯39]和例[CBR♯42]则分别使用了附加式标记语"不但""此外"和因果式标记语"由于……所以""因此"来构建自己的观点。英汉语书评对这三种逻辑标记语类别使用的差异性反映了两种不同语言和文化语境下的学科社团为使论断更具说服力方面使用的修辞策略的差异。英语书评作者比汉语作者更倾向于进行观点和论断的对比。Barton(1995)曾讨论过对比的重要性,认为它是进行学术推论的基础。Swales(1990)也强调了对比的重要性,认为它是英语语言语境下进行知识创造的有价值的方式。汉语作者更多是进行观点的累积和因果关系的表达。这也体现了英汉语不同的写作传统,在汉语写作传统中,作者往往会采用渐进的策略,在观点的建立中不断增加论据,单方向地向前推进。英语写作传统往往会遵循辩证的写作方面,即同时兼顾正反两面,这一写作通常需要对比式元话语资源的使用来实现。

对于英汉语书评语篇中逻辑标记语在其他语步和步骤中的使用情况我们也举例加以说明。

在英语书评语篇的语步1中,附加式、比较式和因果式标记语的使用频数呈下降的趋势，其中，附加式标记语的使用（17.54个/万词）远远多于比较式（8.26 个/万词）和因果式（6.5 个/万词）。它们之间也有相似之处，即使用频数最高的三种标记语类别均出现在步骤 4，分别为 5.57 个/万词、3.51 个/万词和 2.27个/万词。汉语书评语篇的语步 1 中三种标记语的使用情况也呈现出与英语书评类似的特征：附加式标记语（3.5 个/万字）、比较式标记语（2.56 个/万字）和因果式标记语（1.91 个/万字）的使用频数也呈依次下降的趋势，使用频数最高的三种标记语类别也都出现在步骤 4，分别为 1.63 个/万字、1.91 个/万字和 1.12 个/万字。步骤 4 是对著作所涉及的话题内容的介绍，是相关研究的背景知识，需要运用附加式标记语、比较式标记语和因果式标记语多种手段来较为全面地呈现话题内容，例如：

[EBR♯15]〈步骤 4〉{附加式} In addition, Hispanics and Latinos, who represent the largest minority in the U. S. , have disproportionate levels of diabetes.

[CBR♯09]〈步骤 4〉在过去的半个世纪中，功能主义学说为一大批学者所青睐，{附加式}不仅在语言学理论上有所建树，而且还对社会语言学、语言教学、语言习得、语言记录等各个分支领域产生了巨大影响。

[EBR♯34]〈步骤 4〉{比较式} However, enunciative pragmatics is not actor-based but rather text-based: it begins the analysis of subjectivity at the opaque materiality of texts.

[CBR♯33]〈步骤 4〉二语习得研究作为一门新兴学科，至今也才经历了四十多年的发展。{比较式}然而，由于二语习得本身的多面性和复杂性，二语习得研究还仍处在理论体系构建和假设形成阶段。

[EBR♯31]〈步骤 4〉As Kecskes reminds us, human beings are simultaneously individual and social beings, and {因果式} so a key theoretical puzzle for pragmatics is how to best reconcile individual and social perspectives on language use.

[CBR♯03]〈步骤4〉{因果式}<u>由于二语习得研究广泛涉及教学、语言、心理、社会学等众多学科,</u><u>因此</u>它的研究方法也随着其多学科性不断发展,逐渐形成了一套科学、系统的研究方法。

上述英汉例证均选自步骤4。例[EBR♯34]和例[CBR♯33]分别使用附加式标记语"in addition"和"不仅……而且"进一步对涉及话题内容的其他方面进行介绍。例[EBR♯34]和例[CBR♯33]分别使用比较式标记语指出现有研究中存在的不足,为评介的著作所涉及研究的重要性和必要性提供铺垫。例[EBR♯31]和例[CBR♯03]通过使用因果式标记语"so"和"由于……因此"标识前后话语片段的逻辑关联。

另外,英语书评语篇中,比较式标记语在步骤3和步骤6以及因果式标记语在步骤6中均未出现,在汉语书评语篇中,比较式标记语在步骤6以及因果式标记语在步骤3和步骤6中也均未出现。我们知道,步骤3是对作者信息的介绍,步骤6是对图书出版信息的介绍,都是相对来说介绍内容较为单一的部分,往往不需要借助于比较或因果的逻辑关联手段。

在英语书评语篇的语步2中,附加式、比较式和因果式标记语的使用频数也和它们在语步1中一样呈下降趋势。其中,附加式标记语的使用(44.01个/万词)频数比比较式(21.88个/万词)和因果式(14.65个/万词)的频数之和还多。在语步2的三个步骤中,使用频数最高的三种标记语类别均出现在步骤8,分别为40.76个/万词、20.95个/万词和13.83个/万词,占了三个步骤中使用总和的大多数。在汉语书评语篇的语步2中,这三种标记语的使用频数按照从高到低的顺序分别为比较式标记语(13.84个/万字)、附加式标记语(13.75个/万字)和因果式标记语(7.22个/万字),前两种标记语的使用频数相差不大。和英语书评语篇一样,汉语书评中步骤 8 中使用的这三种逻辑标记语类别也占了三个步骤中使用总和的大多数。我们从英汉语书评语篇中选取一些例证来说明它们在步骤 8 中的使用情况：

［EBR♯11］〈步骤 8〉{附加式} In addition to providing fundamental background knowledge on the four statistical procedures，Woodrow shares common shortcomings often encountered in writing about such procedures.

［CBR♯15］〈步骤 8〉前期研究{附加式}既无法充分表征致使结构的作用,也不能解释致使与体结构在论元实现中的互动作用。

［EBR♯12］〈步骤 8〉Salazar combines the MI score with frequency criteria in an attempt to overcome the shortcomings of each method (Biber，2009；Simpson-Vlach & Ellis，2010)，{比较式} but the effectiveness of this methodological choice is unclear.

［CBR♯13］〈步骤 8〉{比较式}然而,本书作者指出这个例子可以用分布学习算法(distributional learning algorithm)和贝叶斯推理模式(Bayesian inference model)来解释。

［EBR♯18］〈步骤 8〉{因果式} Because these theories are not always thought of as complementary to each other，Cotos augments for the reader an operational framework integrating the three perspectives of Formative Assessment，Intelligent Computer Assisted Learning，and Evidence-Centered Design that indeed allows for their actualization and integration.

［CBR♯39］〈步骤 8〉此外,{因果式}由于语用意义的表征 11 非常复杂,因此可从不同层面进行研究。

在上述例证中,例［EBR♯11］和例［CBR♯15］使用了附加式标记语"in addition to"和"既……也……",例［EBR♯12］和例

［CBR♯13］使用了比较式标记语"but"和"然而"，例［EBR♯18］和例［CBR♯39］使用了因果式标记语"because"和"由于……因此……"。这些逻辑标记语在步骤8中的使用帮助作者对著作各个章节的具体内容进行陈述，体现语篇组织的连贯性和组织性，有助于读者快速捕捉到话语片段之间的逻辑关系，跟随作者的思路了解著作内容。

在英语书评语篇的语步4中，附加式标记语和比较式标记语的使用频数相等，均为2.68个/万字，因果式标记语的使用频率较低，为1.03个/万字。三种逻辑标记语在汉语书评语步4中的使用频率按照从高到低顺序排列分别为附加式标记语（0.75个/万字）、比较式标记语（0.65个/万字）和因果式标记语（0.14个/万字）。这三种逻辑标记语在英汉语书评语步4中的使用多集中在步骤12。我们从研究语料中选取一些例证对此进行说明。

［EBR♯44］〈步骤12〉This book will〔附加式〕<u>also</u> inspire numerous questions in readers that go beyond the chapters themselves.

［CBR♯34］〈步骤12〉〔附加式〕<u>另外</u>，书中全方位辨识新闻语篇中话语的方法以及话语分析的多学科交叉融合，体现了本书在新闻、政治和伊斯兰相关研究等领域的价值。

［EBR♯46］〈步骤12〉In my teaching I cite individual chapters in reference lists；〔比较式〕<u>however</u>, the Handbook itself is beyond the means of most students.

［CBR♯29］〈步骤12〉该书〔比较式〕<u>虽然</u>有一些不足，<u>但是</u>其研究方法与新颖的视角拓宽了语料库翻译研究的领域，开拓了研究思路，对语料库翻译研究乃至整个翻译学都具有重要的启示。

［EBR♯42］〈步骤12〉In short, the book is a useful addition

to the teaching and learning of academic writing，in great part
｛因果式｝<u>because of</u> the practical strategies it offers on how to
write a research paper in English.

　　［CBR♯33］〈步骤 12〉最后需要指出的是，｛因果式｝<u>由于篇</u>幅的限制，本书只是对上述理论流派或研究范式的核心内容、最新研究方法以及研究成果进行了简单介绍和梳理，并没有涵盖相关研究议题、方法、争论和假设的全部内容。

　　步骤 12 是在指出著作不足之处的同时对其进行推荐。附加式标记语的使用通过递进或补充说明的形式从不同侧面对著作的特点进行进一步说明，如例［EBR♯44］中的"also"和例［CBR♯34］中的"另外"。比较式标记语在步骤 12 中的使用可以指明著作的优点后，通过转折进一步指出其不足，如例［EBR♯46］中的"however"，也可以是欲扬先抑，指出著作虽然在一些方面存在不足，但在另外一些方面仍有可取之处，如例［CBR♯29］中的"虽然……但是……"。因果式标记语的使用可以用于标明作者对著作做出肯定评价的原因和依据，如例［EBR♯42］中的"because of"，也可以用于指出著作存在不足之处的理由，如例［CBR♯33］中的"由于"。

5.2.2　框架标记语在英汉书评语步及其步骤中的分布

　　本研究的框架标记语包括话题转换式和结构标记式两种，用于显性地标识话题的转换和语篇的组织结构，它和逻辑标记语一样，也能减轻读者处理信息的负担。其中，话题转化式框架标记语的使用能够把读者置于接受新信息的恰当位置，引导读者进入新的话题。结构标记式则预示了作者在下文中将要呈现的内容。我们统计了话题转化式和结构标记式这两种框架标记语类型在英汉学术书评语步和步骤中的使用情况和分布比例，得到表 5.3 和图 5.3。

表 5.3　框架标记语在英汉学术书评语步及其步骤中的使用情况

书评	语步	步骤	话题转化式 原始频数	话题转化式 标准频数（每万词/字）	话题转化式 总计	结构标记式 原始频数	结构标记式 标准频数（每万词/字）	结构标记式 总计
英语书评	语步1	步骤1	8	0.83	52/5.37	3	0.31	35/3.61
		步骤2	10	1.03		8	0.83	
		步骤3	0	0		13	1.34	
		步骤4	24	2.17		8	0.83	
		步骤5	10	1.03		3	0.31	
		步骤6	0	0		0	0	
	语步2	步骤7	5	0.52	136/14.04	32	3.3	245/25.28
		步骤8	128	13.21		203	20.95	
		步骤9	3	0.31		10	1.03	
	语步3	步骤10	48	4.95	48/4.95	32	3.3	32/3.3
	语步4	步骤11	0	0	7/0.72	3	0.31	21/2.17
		步骤12	7	0.72		18	1.86	
总计			243	25.08	243/25.08	333	34.36	333/34.36
汉语书评	语步1	步骤1	11	0.51	71/3.31	0	0	9/0.42
		步骤2	3	0.14		0	0	
		步骤3	4	0.19		0	0	
		步骤4	45	2.1		3	0.14	
		步骤5	8	0.37		6	0.28	
		步骤6	0	0		0	0	

续　表

书评	语步	步骤	框架标记语					
			话题转化式			结构标记式		
			原始频数	标准频数（每万词/字）	总计	原始频数	标准频数（每万词/字）	总计
	语步2	步骤7	1	0.05	87/4.05	96	4.47	289/13.47
		步骤8	86	4.01		192	8.95	
		步骤9	0	0		1	0.05	
	语步3	步骤10	70	3.26	70/3.26	86	4.01	86/4.01
	语步4	步骤11	1	0.05	7/0.33	1	0.05	15/0.70
		步骤12	6	0.28		14	0.65	
合计			235	10.95	235/10.95	399	18.59	399/18.59

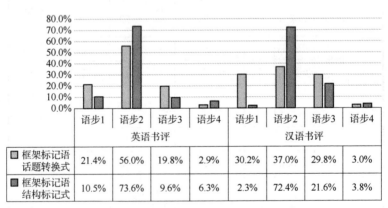

图 5.3　框架标记语在英汉学术书评语步中的分布

由图 5.3 可以看出，英语书评中话题转换式框架标记语和结

构标记式框架标记语均在语步 2 中呈现出最高的使用频率,分别
为 56.0% 和 73.6%。同样,汉语书评中的这两种框架标记语类
型也是在语步 2 中呈现出最高的使用频率,分别为 37.0% 和
72.4%。这种分布特征与语步 2 的交际功能相关。语步 2 涉及
对著作结构、章节内容和附加材料的介绍,框架标记语标识的是
话题转换和语篇结构,两者的修辞功能相吻合。接下来我们将
结合表 5.3 介绍框架标记语在英汉具体语步和步骤中的使用
情况。

　　在语步 1 中,英语书评语料中话题转换式标记语的使用多于
结构标记式,分别为 5.37 个/万词和 3.61 个/万词。其中,话题
转换式标记语的使用多集中在步骤 4,使用频数为 2.17 个/万词,
而结构标记式标记语在语步 1 各个步骤中的出现频数都较少。
汉语书评中框架标记语的使用也和英语书评一样呈现了相似的
使用特征:话题转换式标记语的使用也多于结构标记式,分别为
3.31 个/万字和 0.42 个/万字,其中,话题转换式标记语的使用也
多集中在步骤 4,使用频数为 2.1 个/万字。我们在步骤 4 中选取
如下例子来说明话题转换式标记语的使用:

　　[EBR♯04]〈步骤 4〉{话题转换式} Regarding the latter,
recent publications (e. g. Tomlinson 2008; Gray 2013) suggest
that the field appears to be not only gaining academic attention
but also drawing on interdisciplinary and critical approaches that
have tended not to characterize related studies in the past.

　　[CBR♯37]〈步骤 4〉但是,{话题转换式}在二语/外语阅读
能力方面,相关介绍与专门研究很不系统。

　　在上述例[EBR♯04]中,话题转换式标记语"regarding"的使
用显性地标识了步骤 4 中话题的转换,提示读者接下来要讨论的
话题已经转向"后者"。在例[CBR♯37]中,话题转换式标记语
"在……方面"的使用也通过显性的手段表明作者所讨论的话题

已经从其他方面转向"二语/外语阅读能力"方面。步骤 4 是对话题内容的概括,话题转换式标记语的使用可以帮助作者实现对话题的引导,从不同侧面对话题进行介绍。

语步 2 中框架标记语的使用不同于语步 1,结构标记式标记语的使用频数明显高于话题转换式标记语。在英语书评中,两者的使用频数分别为 25.28 个/万词和 14.04 个/万词,它们中的绝大多数都集中在步骤 8,分别为 20.95 个/万词和 13.21 个/万词。在汉语书评中,结构标记式标记语和话题转换式标记语的使用频数分别为 13.47 个/万字和 4.05 个/万字,它们中的绝大多数也都集中在步骤 8,分别为 8.95 个/万字和 4.01 个/万字。框架标记语的两种次类别在英汉语书评语料中的使用情况反映了步骤 8 的修辞功能,它是对著作具体章节内容的陈述,而结构标记式标记语的使用以显性手段呈现语篇的框架结构,是步骤 8 实现其功能的显性手段。下面两个例子选自英汉书评语篇的步骤 8:

[EBR♯50]〈步骤 8〉{结构标记式} <u>Finally</u>, Matarese reviews the few studies of the impact of author editing on publication success.

[CBR♯22]〈步骤 8〉{结构标记式} <u>首先</u>,介绍了依据 Grice 合作原则对礼貌进行诠释的主要观点……<u>其次</u>,分别介绍了有代表性的理论模式和观点……

在例[EBR♯50]中,结构标记式标记语"finally"的使用通过这种显性的方式告知读者已经进入到框架结构的最后一部分。例[CBR♯22]中使用的结构标记式标记语"首先……其次……"明确地告知读者语篇行文的序列和结构,引导读者对语篇的阅读和理解。

在英汉语书评语篇中,框架标记语在语步 3 和语步 4 中出现的频数都很低。进一步的观察发现,结构标记式标记语在汉语书评语步 3 的步骤 10 中使用的标准频数高于它在英语书评中的使用,分别为 4.01 个/万字和 3.3 个/万词。我们在表 5.1 中呈现了元话语资源在英汉学术书评中使用的总体情况,并发现英语书评使用的元话语项目远远高于汉语书评。而结构标记式标记语在步骤 10 中的使用却是这种总体特征中的特例,我们对此举例进行说明:

［EBR♯07］〈步骤 10〉{结构标记式} <u>In sum</u>，Part 2 provides excellent guidelines for those who wish to implement a TBLT program and/or assess language ability through the use of tasks.

［EBR♯17］〈步骤 10〉{结构标记式} The research presented in LVRA lays the groundwork for future research in a number of areas. <u>First</u>, future researchers could attempt to ... <u>Second</u>, in the future researchers could include ... <u>Third</u>, future corpus-based research that uses methodological triangulation could endeavor to ... <u>Finally</u>, future research on RAs could collect ...

［CRB♯42］〈步骤 10〉本书对深化(不)礼貌概念的内涵有两点突出贡献。{结构标记式}<u>首先</u>,作者大胆突破原有思路,从社会互动视角重新定义了(不)礼貌,突显了(不)礼貌的互动性特征……<u>第二</u>,作者建构了(不)礼貌含意的互动语用学分析框架,为分析(不)礼貌的互动性提供了方法论上的指导……

［CBR♯34］〈步骤 10〉尽管著者们研究缜密,但囿于资源和篇幅限制,有些局限尚待未来研究突破。{结构标记式}<u>首先</u>,缺乏多模态分析……<u>其次</u>,对比研究关注不足……<u>最后</u>,缺乏对报纸媒体以外其他媒体数据的分析。

［CBR♯39］〈步骤 10〉该书在理论建构、分析视角以及研究方法等方面都有独特之处,其主要亮点概述如下。

{结构标记式}<u>2.1</u>　提出了系统的整合语用观及分析法

    2.2　强调并拓展了交际意义的动态研究

    2.3　凸显了语用变异研究的重要性

    2.4　具有鲜明的民族志特色

通过对英汉书评语料的考察，我们发现，汉语书评语篇的步骤10多集中在以"简评""简要评价""主要贡献""要点评述""简要评介""学术价值评介""简要述评""评述"等名称命名的标题下，对著作的贡献和不足进行评价。它们在语篇中有较为固定的呈现方式，一般在小标题下会有概述性的话语片段预示接下来要评介的方面，如"本书对……有两点突出贡献"（例［CRB♯42］），"有些局限尚待未来研究突破"（例［CBR♯34］），"其主要亮点概述如下"（例［CBR♯39］）。接下来往往会运用结构标记式标记语有条理地呈现在前文概述性话语片段中预示的内容，这些结构标记式标记语可以是"首先""第二"（例［CRB♯42］），也可以是"首先""其次""最后"（例［CBR♯34］），有的甚至是二级标题（例［CBR♯39］）。英语书评语篇中一般没有小标题，作者在写作时对语篇的组织和汉语书评作者相比有较大的灵活处理的空间。英语书评的步骤10对结构标记式标记语的使用可以以序数词的形式呈现，如"first"、"second"、"third"、"finally"（例［EBR♯17］），这种呈现方式和汉语书评语篇一样，也会有预示性的主题句，如"The research presented in LVRA lays the groundwork for future research in a number of areas."（例［EBR♯17］），但这种形式在我们所搜集的语料中较少。还有一种形式是使用"in sum"之类的结构标记式标记语（例［EBR♯07］）。

5.2.3　消息来源标记语在英汉书评语步及其步骤中的分布

消息来源标记语的使用表明作者意识到潜在读者的存在，同时也意识到有必要提供显性的阅读线索或例证使读者按照自己的意图解读文本。它包括内指式消息来源标记语和证源式消息来源标记语。前者指向语篇内部的其他部分，用于预测语篇下文的内容或总结语篇上文的内容,可避免语言项目的重复。后者指向其他语篇,用于把贡献归于话语社团的其他成员,或者用于证源之间的对比,其目的在于提升作者命题和论断的可信度,是对信息的真实性和可靠程度进行的自我评估。下文中的表5.4和图5.4呈现了这两种类别的消息来源标记语在英汉语书评各个语步和步骤中使用情况。

表5.4　消息来源标记语在英汉学术书评语步及其步骤中的使用情况

书评	语步	步骤	消息来源标记语					
			内指式			证源式		
			原始频数	标准频数（每万词/字）	总计	原始频数	标准频数（每万词/字）	总计
英语书评	语步1	步骤1	95	9.8	358/36.95	20	2.06	135/13.93
		步骤2	57	5.88		7	0.72	
		步骤3	24	2.48		5	0.52	
		步骤4	79	8.15		70	7.22	
		步骤5	95	9.8		32	3.3	
		步骤6	8	0.83		1	0.1	
	语步2	步骤7	69	7.12	1883/194.33	3	0.31	145/14.96
		步骤8	1765	182.15		132	13.62	
		步骤9	49	5.06		10	1.03	
	语步3	步骤10	498	51.39	498/51.39	82	8.46	82/8.46
	语步4	步骤11	15	1.55	61/6.30	0	0	2/0.21
		步骤12	46	4.75		2	0.21	
总计			2800	288.96	2800/288.96	364	37.56	364/37.56

续　表

书评	语步	步骤	消息来源标记语					
			内指式			证源式		
			原始频数	标准频数（每万词/字）	总计	原始频数	标准频数（每万词/字）	总计
汉语书评	语步1	步骤1	57	2.66	206/9.60	3	0.14	129/6.01
		步骤2	18	0.84		3	0.14	
		步骤3	31	1.44		14	0.65	
		步骤4	20	0.93		81	3.77	
		步骤5	66	3.08		26	1.21	
		步骤6	14	0.65		2	0.09	
	语步2	步骤7	55	2.56	1615/75.26	0	0	181/8.44
		步骤8	1549	72.19		181	8.44	
		步骤9	11	0.51		0	0	
	语步3	步骤10	551	25.68	551/25.68	177	8.25	177/8.25
	语步4	步骤11	6	0.28	45/2.10	1	0.05	3/0.14
		步骤12	39	1.82		2	0.09	
合计			2417	112.64	2417/112.64	490	22.84	490/22.84

在对上述图表中的数据进行分析之前，有必要对本研究中内指式消息来源标记语的使用作出说明。书评语篇与其他学术语篇相比有其特殊性，它作为独立的语篇类型具有自身独有的语类特征，在元话语资源的使用方面也有自己的特点，这也正是本研究所关注的方面。同时，我们还需要注意到它与所评介著作之间的密切关系，对于书评语篇的理解在很大程度上要依赖原著作。

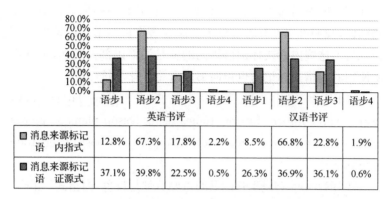

	语步1	语步2	语步3	语步4	语步1	语步2	语步3	语步4
		英语书评				汉语书评		
■ 消息来源标记语 内指式	12.8%	67.3%	17.8%	2.2%	8.5%	66.8%	22.8%	1.9%
■ 消息来源标记语 证源式	37.1%	39.8%	22.5%	0.5%	26.3%	36.9%	36.1%	0.6%

■ 消息来源标记语 内指式　■ 消息来源标记语 证源式

图 5.4　消息来源标记语在英汉学术书评语步中的分布

因此,我们把书评语篇中用于指向所评著作的消息来源标记语视为内指式,而非证源式。例如:

[EBR#32]〈步骤8〉{内指式} Part I is opened by Maria Iliescu with a chapter on "Call markers in French, Italian, and Romanian". The otherwise uncommon term "call markers" is used here for imperatives of verbs of perception.

[CBR#49]〈步骤8〉{内指式}第一部分是认知语言学和多模态隐喻,共 5 篇文章。El Refaie 分析了……Forceville 围绕视觉和文字模态,分析了……Díaz Vera 建立了……作者发现……Pérez Hernández 发现……Popa 分析了……

在上述两例中,"Part I"和"第一部分"与所评著作的篇章结构是相对应的,作者名"Maria Iliescu"、"El Refaie"、"Forceville"、"Díaz Vera"、"Pérez Hernández"以及"作者"也都与原著作中的写作者相关联,篇章名称"Call markers in French, Italian, and Romanian"和引用的术语"call markers"也源自所评著作,"here"指向的也是所评著作。也就是说,读者按照书评语篇中这些内指式标记语的所指对象，能在所评著作中找到它所指向的位置。换句话说，我们可以在某种程度上把所评著作视为书评语篇的一部分，那么，这些内指式标记语指向的就是语篇内部。当然，书评中所使用的内指式标记语也指向书评语篇本身，例如：

［EBR♯04］〈步骤5〉｛内指式｝ The latter may, respectively, inform future studies using lesson plans as guides for observation，and semistructured，pre- and post-observation interviews.

［CBR♯49］〈步骤6〉该书的主要贡献与特色｛内指式｝如下：

［CBR♯27］〈步骤10〉｛内指式｝如上所述，在跨文化交际中说话者与听话者较语内交际需付出更大的努力来建立公共知识背景。

［EBR♯20］〈步骤12〉In sum，despite the shortcomings noted in ｛内指式｝ this review and the number of typos found mainly in Chapter 2，de Chazal's *English for Academic Purposes* is a useful book for both novice and experienced EAP teachers，as it provides a comprehensive description of issues，concepts，and methodologies that are central to EAP.

［CBR♯50］〈步骤7〉｛内指式｝文章旨在对全书内容进行简要介绍和评价。

上述例［EBR♯04］、例［CBR♯49］和例［CBR♯27］中分别使用了内指式消息来源标记语"the latter"、"如下"和"如上所述"，用于指向书评语篇在上文中已介绍或在下文中将要介绍的内容。例［EBR♯20］中的"this review"和例［CBR♯50］中的"文章"指向的都是书评语篇本身。

内指式消息来源标记语既指向所评著作也指向书评语篇本身，而书评语篇在对著作进行介绍和评价时需要大量这种标记语来引导读者跟随作者的思路，关注作者所指向的著作中或书评语篇中的某一部分。这样就很容易解释为什么在英汉书评语料中消息来源标记语成为引导式元话语中使用最为频繁的元话语类型,统计结果可参见5.1节中的表5.1。

消息来源标记语中,内指式和证源式在不同语步中的使用频率也存在较大差异。图5.4显示,英语和汉语书评中,使用频率最高的内指式消息来源标记语均出现在语步2,分别为67.3%和66.8%。英汉语书评中的这种相似性是因为语步2在对著作各个章节的内容进行介绍时,需要借助大量内指式消息来源标记语来指向著作章节。英语书评中的证源式消息来源标记语主要集中在语步2和语步1,分别占39.8%和37.1%。而汉语书评中的证源式消息来源标记语主要集中在语步2和语步3,分别占36.9%和36.1%。英汉书评语篇在使用证源式标记语方面的相似之处在于,它们在语步2中都有较高的出现频率,这可能是因为英汉作者在陈述著作章节内容时需要借助其他语篇的材料来把章节内容置于更广的学科框架内,以对其进行更全面和准确的介绍。两者的不同之处表现在,英语书评中的证源式消息来源标记语还集中出现在语步1,汉语则出现在语步3。语步1中出现的证源式标记语可以帮助作者描写现有的知识状态和研究现状,构建所评著作所处的学术语境,显示研究的新近性。语步3对证源式标记语的使用则可以通过对他人研究成果的引用支持作者自身的论点。这在一定程度上说明,英汉语书评对证源式标记语功能的利用方面有不同的倾向性。

接下来我们将考察消息来源标记语的这两种次类别在英汉语书评的语步和步骤中的使用情况。从表5.4可以看出,英汉语书评中内指式在各个语步中的使用频数均高于证源式。上文对于这一点已经作出解释。在语步1中,英语书评中的内指式标记语主要集中步骤1和步骤5,它们出现的标准频数均为9.8个/万词。证源式标记语主要集中在步骤4,出现的标准频数为7.22

个/万词。内指式标记语在汉语书评中的使用也主要集中在步骤5和步骤1,出现的标准频数分别为3.08个/万字和2.66个/万字。证源式标记语在汉语中也主要集中在步骤4,出现的标准频数为3.77个/万字。下面我们分别举例对它们的使用情况进行说明。

[EBR♯02]〈步骤1〉{内指式}*Language Policy* by David Cassels Johnson is a comprehensive review of the history, theories, and methods in the field of language policy and planning (LPP) research.

[CBR♯09]〈步骤1〉{内指式}本书突出了功能主义"作为语言学内部决定其当前与未来发展方向的重要力量"的本质,所涉及的话题也很广泛,从对功能主义思想的历史回顾到解释和方法论问题的探讨等。

[EBR♯06]〈步骤5〉Along with others in this series,{内指式} the book offers "accessible content about research in topics of importance to second language teachers" (Editors' preface).

[CBR♯12]〈步骤5〉{内指式}该书是在构式语法的研究范式下,对此前的语法化和词汇化理论所作的整合式的重新思考。

[EBR♯12]〈步骤4〉Corpus-based research on published academic prose highlights the importance of the appropriate use of specific sets of multiword sequences {证源式} (Cortes, 2004)。

[CBR♯19]〈步骤4〉对二语习得过程的充分了解有助于语言教学{证源式}(McLaughlin 1987)。

步骤1的功能在于对著作研究主题的界定,步骤5是将著作置于相关研究领域中,两者都与著作本身直接相关,内指式标记语的使用将书评语篇与所评著作关联起来。内指式标记语的呈现形式可以是"书名＋作者名"(例[EBR♯02]),也可以是"本书"

"the book""该书",有时还指向所评著作中的具体话语片段,如例[CBR♯09]和例[EBR♯06]。证源式标记语的使用能满足读者了解更多相关文献的需求,并把作者置于特定的学科社团中(Hyland,1999)。步骤4是对与著作相关的话题内容的概括,介绍相关研究领域的背景知识。在步骤4中使用证源式标记语(如例[EBR♯12]和例[CBR♯19])来显性标识来自其他语篇的文献,把所评著作的话题内容嵌入到学科社团的文献中,彰显出它们之间的关联性和目前研究的重要性。

语步2中,内指式标记语和证源式标记语在英语书评的使用标准频数分别为194.33个/万词和14.99个/万词,它们中的绝大多数集中在步骤8,出现频数分别为182.15个/万词和13.62个/万词。在汉语书评中,内指式标记语和证源式标记语的使用标准频数分别为75.26个/万字和8.44个/万词,它们中的绝大多数集中在步骤8,出现频数分别为72.19个/万字和8.44个/万字。内指式标记语在步骤8中的使用我们在上文中已举例(例[EBR♯32]和[CBR♯49])说明,接下来我们将举例说明证源式标记语在英汉书评步骤8中的使用:

[EBR♯45]〈步骤8〉The definitions and principles are mostly grounded in both recognized second language teaching resources(such as〔证源式〕Cook,2008)and L2 writing resources(such as Ferris and Hedgcock,2005),both cited by the authors,but with some sections citing only L1 learning(as in Dembo and Seli,2008)。

[CBR♯37]〈步骤8〉自第一套英语诊断试题—伯明翰语法诊断测试(BADT)问世以来,〔证源式〕Spolsky(1992)、Shohamy(1992)、Huges(1989;2003)等学者分别从特征、分类、内容、形式、作用等方面对语言能力诊断进行了探讨。

证源式标记语涉及的是信息来源,即信息获得的途径。作者借用他人观点，并借此表明，他们已经理解了要研究的材料，并且能以自己的方式利用其他研究者的观点和发现。它显性地指向前期文献，表明文本对于语境的依赖，是作者与读者之间共同构建新知识的重要方面，体现了读者和作者之间的互动。证源式标记语的使用能够提升作者所提供信息的可靠性以及表达的质量。步骤 8 在对著作具体章节进行陈述的过程中使用证源式标记语能够在前期知识的基础上扩展现有知识的范围，还能通过把作者与其他观点关联起来构建作者作为相关学科社团成员的身份。例如，在[EBR♯45]中，作者通过对前期研究文献的列举证明自己论断的可靠性；[CBR♯37]中列出的前期文献显示了作者对相关研究领域的研究成果的了解程度，能增强读者对其论断的接受度。

语步 3 的步骤 10 中，内指式标记语在英语书评中的使用频数远远高于证源式标记语，出现的标准频数分别为 51.39 个/万词和 8.46 个/万词。在汉语书评中，内指式标记语的使用频数也远远高于证源式标记语，它们的使用频数分别为 25.68 个/万字和 8.25 个/万字。我们从英汉书评的步骤 10 中分别举例说明它们的用法。

[EBR♯21]〈步骤 10〉{内指式} These first three chapters are immensely readable and those engaged in EAP will find many familiar authors cited.

[CBR♯25]〈步骤 10〉{内指式}本书结构安排独特，内容广泛，涉及多个重要语言教学话题，具有很强的实用性。

[EBR♯25]〈步骤 10〉However, the book does not deal with geolinguistic and socio-political aspects of scholarly publication which are addressed in similar, yet research-based, guidebooks (e.g., {证源式} Curry & Lillis, 2013).

[CBR♯22]〈步骤 10〉Leech 把礼貌与不礼貌纳入他的礼貌

原则框架下解释可能仍存有争议(参见⟨证源式⟩Bousfield 2007；Culpeper 2011)，但他的观点不妨可视为一派之说，对于深入开展礼貌研究，尤其是不礼貌研究提供了新的视角。

步骤 10 的修辞功能在于对著作特征的评价，例[EBR♯21]和例[CBR♯25]分别使用内指式标记语"these first three chapters"和"本书"指向与所评介的著作中相关联的内容。作者通过内指式标记语的使用把命题与他所预设的读者处理信息的能力结合起来，代表了作者对于材料和读者的评价，使读者能识别位于语篇中其他位置的相关语料，并以此来强化其论断。步骤 10 是对著作进行集中评价的部分，作者在此处表达自己的观点和态度，例[EBR♯25]和例[CBR♯22]中使用的证源式标记语支持了作者观点。证源式标记语是"基于社团的文献，为论证提供重要支持"(Hyland，2005a：50)。它在学术写作中极其重要，可以在作者的论断和其他作者的论断之间建立关联，形成文本间性(intertextuality)，作者通过构建新知识以及显示它与特定话语社团的特定领域里已被接受的知识之间的关联性来构建自己的学术论点，把新知识置于学科知识的历史发展中。同时，作者通过证源式标记语的使用把他的论断嵌入到文献网络中，指向特定的学科社团。作者借助证源式标记语标识的论断是对前期研究作出的反应，而它们本身也可能会成为其他研究者在后续研究中的引用对象。

消息来源标记语在英汉语书评语篇的语步 4 中使用频率都很低，这可能因为语步 4 是对书评语篇的总结，在语篇的结束处表达对于所评著作的态度，一般不需要提供更多的阅读线索或例证来支持自己观点。

另外，在对语料的观察中，我们注意到，证源式消息来源标记语在实际使用中往往以引用的形式出现。其实，引用已经引起了很多学者的关注。Hyland(1996b：359)强调，任何学科领域的研

究只有在与现有文献的关联中才能显示其重要性，作者在向读者
说服其研究的创新性和合理性时，需要依赖恰当的引用来构建共
享的理论基础，并且建立看待其论断可靠性的视角。引用代表了
承载修辞意义和社会意义的选择，作者使用引用并且选用不同的
引用类型的目的在于使其在语篇中的新论断获得学科社团的认
可。Bloch & Chi(1995：234)对引用的具体使用进行说明，他们
指出，当前语篇与被引用的语篇必须既有相似之处也有相异之
处，相似之处表明了两者之间的关联，而相异之处则是当前语篇
的创新之处。由此看来，引用也是学术写作的重要特征，是学术
社团内社会交际和知识构建行为的一部分，能帮助作者提高语篇
的说服力。在学术写作中，未能指明信息来源可能会被认为是剽
窃，而不恰当的引用对于作者或者被引用作者的观点都是一种
误导。

Swales(1990)从句法位置和语境功能上将引用分为融入式
引用(integral citation)和非融入式引用(non-integral citations)。
我们从研究语料中选取例证对这两种引用类型进行说明。

［EBR ♯ 11］Even so,〈证源式〉Dörnyei（2007）in his
chapter on writing a quantitative report emphasizes the
importance and effectiveness of telling a story with writing（p.
278）.

［EBR ♯ 20］The work of〈证源式〉Biber, Connor, and
Upton（2007）and Baker（2006）provides evidence of how corpus
analysis can inform discourse analysis.

［EBR ♯ 20］While there is much in this chapter which
makes a great deal of sense, the author's criticism of〈证源式〉
Biber et al.'s account（1999）of the use of contractions and
personal pronouns in disciplines such as philosophy does not
seem to be justified.

〔EBR♯08〕This link could have been further developed：for example，there are clear parallels between 〈证源式〉<u>Wegerif's（2007）"ontological"</u> view of dialogue and <u>Lillis'（2003）</u> call for dialogue to be viewed as an educational resource and goal.

〔EBR♯06〕In others，such as 〈证源式〉<u>Coffin and Donohue（2014）</u>，the approach is theory led，with examples of practice supporting academic literacy closely framed in the theoretical terminology.

〔EBR♯12〕<u>Following</u> 〈证源式〉<u>Biber et al.（1999）</u>，Salazar includes three-，four-，five-，and six-word sequences.

〔EBR♯13〕Although largely driven by internationalization，this student diversity has also been promoted by the widening access to higher education-as 〈证源式〉<u>Wingate（2015）points out.</u>

〔EBR♯14〕However，as 〈证源式〉<u>Kathpalia and Ling（2014）highlight</u> in their recent assessment of the changing landscape of business communication，this does not seem to be the case.

上述例子是选自英语语料的融入性引用，这种引用类型中所包含的作者姓名、出版年代、页码等引用资源是报道性句子的一部分。Swales(1990：148)把作者姓名在融入式引用中的呈现方式分为四种，我们在书评语料中找到了相应的例证：作为报道行为的施事者出现在句子的主语位置，如例〔EBR♯11〕中的"Dörnyei(2007)"；作为介词短语中的施事者，如例〔EBR♯20〕中的"The work of Biber，Connor，and Upton（2007）and Baker（2006）"；作为名词短语所有格中的一部分，如例〔EBR♯20〕中的"Biber et al.'s account（1999）"，例〔EBR♯08〕中的"Wegerif's

(2007) "ontological" view of dialogue"和"Lillis' (2003) call"；作为附加成分中的一部分,如例［EBR♯06］中的"such as Coffin and Donohue(2014)",例［EBR♯12］中的"Following Biber et al. (1999)"。在上述例证中,例［EBR♯13］中的证源式标记语"Wingate(2015)"和例［EBR♯14］中的"Kathpalia and Ling (2014)"作为从句中的主语呈现。这些不同的呈现方式能使作者更为灵活地强调和解读所引用的内容。

汉语语料中,作者姓名在融入性引用中呈现方式不像英语中那样形式多样,我们在研究语料中主要发现两种。

［CBR♯02］〈证源式〉Geeraerts(2006：33)认为,实证研究在认知语言学研究中的重要性稳步上升。

［CBR♯22］〈证源式〉Weir(2005)指出,当我们将测试目的、使用者、构念均不甚相同的考试置于同一量表上进行比较时,需要警惕可能出现的错误等效假设(false assumption of equivalence)。

［CBR♯05］从某种意义上说,敬语与〈证源式〉Brown 和 Levinson(1987)提出的其他礼貌策略差别并不大。

［CBR♯49］首先,该书接受〈证源式〉Forceville & Urios-Aparisi (2009)的多模态隐喻观,围绕认知语义框架内的概念隐喻理论,将隐喻研究模态化,促进多模态话语分析的发展。

一种在句子中处于主语的位置,如例［CBR♯02］中的"Geeraerts(2006：33)"和例［CBR♯22］中的"Weir(2005)";另一种是名词短语的修饰性成分,如例［CBR♯05］中"Brown 和 Levinson(1987)提出的其他礼貌策略",例［CBR♯49］中"Forceville & Urios-Aparisi(2009)的多模态隐喻观"。汉语中的这两种作者姓名呈现方式相当于英语中的前两种。

非融入性引用是句子外的引用,往往被置于括号内,或者通过上标数字的形式指向脚注、尾注或参考书目,在句子中没有显性的语法功能。例如：

［EBR♯07］It is a pity that these criticisms are not more elaborately addressed, and that the possibility of adaptation for a flexible "situated version of TBLT"｛证源式｝(Carless 2007) is not discussed.

［CBR♯39］此外，第五章在介绍话语角色关系时，也没有提及 Thomas 的话语角色分类，而这种分类能够比较好地解释说话人在交际中的作用、权利和责任等｛证源式｝(俞东明 1996)。

例［EBR♯07］中的证源式标记语"(Carless 2007)"和例［CBR♯39］中的证源式标记语"(俞东明 1996)"都属于非融入性引用，它们被置于小括号内，在有限的空间里提供拓展阅读的信息。

有时，融入性引用和非融入性引用可以同时出现在同一个话语片段中，如下例：

［EBR♯16］This book, based on｛证源式｝Staples' (2014) doctoral dissertation, provides a thorough analysis of linguistic features of IENs and USNs using a register framework (Biber, 1994; Biber & Conrad, 2009), discourse analysis (Heritage & Maynard, 2011) and the discourse intonation framework (Brazil, 1997).

对两种引用策略的选择反映了强调重点的不同，融入式引用将被引用的作者作为句子的一个成分，常置于主位位置，将其前景化，凸显了他们的地位。而非融入式引用则将被引用文献的作者置于括号中，作为补充说明的内容与句子本身割裂开，它凸显的是被引用的信息，包括研究发现、研究数据、概念等命题，弱化研究者、语篇或研究本身。换句话说，融入性引用在呈现领域内的研究时更凸显"人"的特征，而非融入性引用中"人"的作用似乎被贬低了，凸显的是其他策略和资源。两者相比较而言，在融入性引用中，作者自我推销的力度更弱，因为更多的关注点集中在被引用的作者身上。

还有一种值得关注的现象是自我引用，也就是说，书评作者在书评语篇中引用自己的论著。我们在英汉语书评语料中选取下面两个例子：

［EBR＃14］Noteworthy is the discussion on discourse markers，as the usage of many of these are often dismissed in business English/business communication literature，for example ALL CAPS，emoticons and laughter，interjections and backchannel signals（see｛证源式｝Darics，2015）.

［CBR＃32］因此中国学者秉承家国情怀，坚持本土立场，特别强调语言规划是有益于国家和社会发展的活动｛证源式｝（赵蓉晖 2016：93）。

自我引用"也许是作者使自己被视作研究领域的重要成员以及使自己研究受重视的最为有力的呈现方式"（Hyland，2004d：104），它彰显了作者的自信和其在学科领域可信度。作者使用自我引用时表明，他们的相关前期研究已经发表，他们已经是学科社团的成员，这有利于展示作者可信赖的自我形象，建立牢靠的学科身份，使自身研究更容易被接受。从我们的研究语料中还可以发现，自我引用多出现在小括号中，以非融入性引用的形式出现。

5.2.4　注解标记语在英汉书评语步及其步骤中的分布

注解标记语是对较难理解的概念或论断的重新阐释，能帮助读者解读语篇意义。它通过对已知信息的解释提供额外信息，使交际目标清晰化，把自己的交际意图传达给读者。作者使用这种元话语手段把语篇与语境联系起来，将读者的需求、理解力、现有知识、阅读经验等都考虑在内。作者通过标识他们对于语篇内容和读者的态度把自身投射到话语中，它不仅能支持作者观点，达到交际效果，还能将语篇与社会和特定的互动语境联系起来。作者基于他们对目标读者的判断以及阅读类似语篇的经验,会通过恰当的修辞选择对读者的期待做出反馈。这种修辞选择其实是不同语境下进行意义协商的交际策略,主要包括换言式和举例式两种。

换言式注解标记语是一种话语功能,运用不同的措辞对话语进行重述和解释,从不同的视角强化信息。它所产出的意义与被阐释的话语并非完全等同,它通过把读者引向作者所期待的解读方式已经不可避免地改变了其语用内涵和修辞内涵。举例式注解标记语打断了概念性语篇的进展,指向更易于理解的现象,它可以使意义更清晰化,引导读者对语篇进行正确的解读,减轻了其在理解抽象概念时需要付出的努力。这两种类型的注解标记语可以澄清作者所认为的模糊概念,当然,有时候作者也会对熟悉的术语进行解释,以厘清容易产生歧义的概念。

换言式和举例式注解标记语也是构建读者和作者之间互动关系的方式。作者在写作过程中需要不断将抽象的概念具体化,以期被特定话语社团的读者所理解和接受。这是作者对目标读者处理信息的能力进行评估后做出的反馈措施,反映了作者的读者敏感性并能帮助构建语篇的连贯性。表 5.5 和图 5.5 是我们对注解标记语在英汉书评语步和步骤中使用情况的统计结果。

表 5.5　注解标记语在英汉学术书评语步及其步骤中的使用情况

书评	语步	步骤	注解标记语					
			换言式			举例式		
			原始频数	标准频数（每万词/字）	总计	原始频数	标准频数（每万词/字）	总计
英语书评	语步1	步骤1	22	2.27	90/9.29	13	1.34	70/7.22
		步骤2	8	0.83		10	1.03	
		步骤3	7	0.72		1	0.1	

续　表

书评	语步	步骤	注解标记语					
			换言式			举例式		
			原始频数	标准频数（每万词/字）	总计	原始频数	标准频数（每万词/字）	总计
		步骤4	34	3.51		30	3.1	
		步骤5	19	1.96		16	1.65	
		步骤6	0	0		0	0	
	语步2	步骤7	14	1.44	403/41.59	4	0.41	201/20.74
		步骤8	382	39.42		183	18.89	
		步骤9	7	0.72		14	1.44	
	语步3	步骤10	114	11.76	114/11.76	108	11.15	108/11.15
	语步4	步骤11	3	0.31	10/1.03	0	0	6/0.62
		步骤12	7	0.72		6	0.62	
总计			617	63.67	617/63.67	385	39.72	385/39.72
汉语书评	语步1	步骤1	28	1.3	132/6.15	3	0.14	40/1.86
		步骤2	1	0.05		2	0.09	
		步骤3	14	0.65		1	0.05	
		步骤4	68	3.17		23	1.07	
		步骤5	15	0.7		11	0.51	
		步骤6	6	0.28		0	0	
	语步2	步骤7	22	1.03	905/42.18	2	0.09	161/7.50
		步骤8	879	40.96		159	7.41	
		步骤9	4	0.19		0	0	

续　表

书评	语步	步骤	注解标记语					
			换言式			举例式		
			原始频数	标准频数（每万词/字）	总计	原始频数	标准频数（每万词/字）	总计
	语步3	步骤10	244	11.37	244/11.37	150	6.99	150/6.99
	语步4	步骤11	0	0	1/0.05	1	0.05	6/0.28
		步骤12	1	0.05		5	0.23	
合计			1282	59.74	1282/59.74	357	16.64	357/16.64

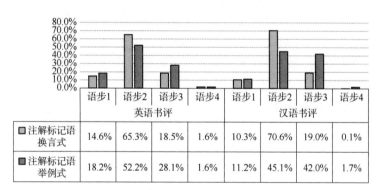

图 5.5　注解标记语在英汉学术书评语步中的分布

　　从图 5.5 可以看出，注解标记语在英汉书评语步中的分布既有相似之处也有不同之处。相似之处在于：换言式注解标记语在英汉语书评中都主要集中在语步 2，分布比例分别占 65.3% 和 70.6%；注解标记语在英汉书评中分布比例最高的也集中在语步 2，分别占 52.2% 和 45.1%。两种注解标记语次类别在英汉语书评中都主要分布在语步 2 是因为，语步 2 是对著作章节的介绍，为了更清晰明确地把著作中的内容呈现给读者，作者需要运用换言式和举例式的元话语手段把他认为对于读者而言较难理解的地方进行重新阐释和举例说明。注解标记语在英汉语书评中的不同之处体现在举例式注解标记语的分布上：它在英语书评的语步 1 中占 18.2%，高于汉语书评中 11.2% 的比例；它在英语书评的语步 3 中占 28.1%，低于汉语书评中 42.0% 的比例。这在一定程度上说明，在对著作的总体引介方面，英语书评作者比汉语书评作者更倾向于使用举例的方式清晰地引导读者进行作者所期待的解读。国际刊物读者的丰富性也要求作者通过各种阐释满足读者要求，而举例就是其中一项。举例在英语书评的语步 1 中使用更多的另一个可行的解释是，国际期刊的作者更注重对研究主题、研究背景等方面的介绍，期望向读者呈现更为全面的研究领域，但由于书评的篇幅有限，举例的修辞手段就可以为其他项目留出空间，为读者作更为深入的了解提供线索。汉语书评则倾向于把更多的着力点放在语步 3 上，在对著作内容进行评价时，使用更多的举例手段用于观点和态度的表达。接下来，我们分析两种注解标记语类别在英汉语书评各个语步和步骤中的使用情况。

在语步 1 中，英语书评中的换言式使用频数高于举例式，分别为 9.29 个/万词和 7.22 个/万词，两种方式又都主要集中在步骤 4，出现的标准频数分别为 3.51 个/万词和 3.1 个/万词。汉语书评中的使用情况也与英语书评相似，换言式的使用频数明显高于举例式，分别为 6.15 个/万字和 1.86 个/万字，两种方式又都主要集中在步骤 4，出现的标准频数分别为 3.17 个/万字和 1.07/万字。我们从英汉书评语料中选取例证对此进行说明。

[EBR#12]〈步骤 4〉One widely used construct in research on such frequent word combinations is that of "lexical bundles," which｛换言式｝<u>refers to</u> sequences of three or more words that occur together and that tend to be register-bound（Biber，Johansson，Leech，Conrad，& Finegan，1999）.

　　［EBR♯25］〈步骤4〉However，the abundance of these so-called "how to" manuals（｛换言式｝<u>i. e.</u>，materials focusing on structural and linguistic aspects of scholarly writing）has not adequately helped those writing for scholarly publication，particularly novice researchers（Driscoll & Driscoll，2002；Keen，2007；Moore，2003）.

　　［CBR♯16］〈步骤4〉已有二语习得研究已经确定了起始年龄（age of onset），｛换言式｝<u>即</u>学习者首次真正接触第二语言的年龄，是用来解释最终二语习得状态的最大变量，一般可解释30％左右的变异。

　　［CBR♯42］〈步骤4〉（不）礼貌研究经历了两个主要阶段｛换言式｝<u>：</u>起步阶段与发展阶段。

　　［EBR♯17］〈步骤4〉Research since Biber's seminal study has made some progress toward explaining this variability using variables｛举例式｝<u>such as</u> discipline（see Conrad，1996；Hyland，2001）and article sub-sections（Conrad，1996；Biber & Finegan，1994）.

　　［CBR♯20］〈步骤4〉然而，随着研究的推进，新的问题也涌现出来，｛举例式｝<u>例如</u>，对于理论与方法论的关系及其与二语时体习得研究的关系问题的研究很少，认识还十分模糊。

　　书评的步骤4是语步1中占据篇幅比例较多的一部分，它是对话题内容和相关研究领域背景知识的介绍。换言式注解标记语的使用可用于对概念的解读，为读者的理解提供新的信息和视角。例如，在例［EBR♯12］中，换言式元话语手段"refer to"运用显性方式向读者界定术语"lexical bundles"，这一术语也是所评著作"*Lexical Bundles in Native and Non-Native Scientific Writing：Applying a Corpus-based Study to Language Teaching*"关注的中心。同样，汉语书评例证［CBR♯16］中，换言式元话语策略"即"所阐释的"起始年龄"的概念也是所评著作"《敏感期、语言学能和最终二语习得状态》"中的关键词。在对研究语料的观察中，我们发现，在英汉语书评语篇中，对关键概念通过换言式元话语策略进行阐释是一种非常普遍的现象。换言式注解标记语还有其他的一些表达方式，如［EBR♯25］中的缩略词"i. e."，它的意思是"that is to say"、"in other words"，这里体现了作者的读者意识，他意识到读者对此处"how-to manuals"的理解有困难，或者想要在当前研究特定的语境下对此进行重新解读。标点符号也可以用于换言式注解标记语，如例［CBR♯42］中的"："，它是一种更为经济紧凑的方式，在视觉效果上也更能引起读者的注意，实施其阐释功能。

举例式注解标记语也可以帮助步骤4实现对话题内容进行概括的修辞功能。例［EBR♯17］中，作者使用举例式元话语手段"such as"更为具体地对概念进行解读，同时还运用非融入式引用的证源式消息来源标记语进行进一步说明，虽然它们打断了概念性语篇的进展，但是提供了更为细致详尽的信息，拓展了读者的理解范围。例［CBR♯20］中使用了举例式注解标记语"例如"来举例说明研究中出现的"新问题"，它的使用也反映了作者对于前期研究的了解程度和对研究现状的概括能力，能标识其所属特定学科社团成员的身份。对于读者而言，这种举例说明也是非常必要的，能较为容易地对读者提供的信息进行解读，了解相关研究的背景知识和进展。

在语步2中，英语书评中的换言式使用频数高于举例式，分别为41.59个/万词和20.74个/万词，两种方式又都主要集中在步骤8，出现的标准频数分别为39.42个/万词和18.89个/万词。

汉语书评中的使用情况也与英语书评相似,换言式的使用频数明显高于举例式,分别为 42.18 个/万字和 7.50 个/万字,两种方式又都主要集中在步骤 8,出现的标准频数分别为 40.96 个/万字和 7.41 个/万字。我们从英汉书评语料中选取例证对此进行说明。

[EBR#25]〈步骤 8〉{换言式} In other words, they do not see the "take it or leave it" message behind those so-called recommended suggestions (Habibie, 2015).

[CBR#04]〈步骤 8〉建构论坚持词的整体观,{换言式}即,词以整体储存,但发音细节不明确,因而形成单词模板。

[EBR#29]〈步骤 8〉Campoy-Cubillo and Querol-Julian's chapter, {举例式} for instance, is an argument for greater attention to the multimodal demands of listening in academic contexts and for the development of language assessments that reflect this reality.

[CBR#09]〈步骤 8〉此外,作者还补述了{举例式}如不礼貌与礼貌的共存、会话反讽和戏谑嘲弄、准则之间的冲突等问题。

语步 2 的步骤 8 要实现它对具体章节内容进行陈述的修辞功能,换言式注解标记语和举例式注解标记语是非常有效和必要的元话语手段。例[EBR#25]和例[CBR#04]分别使用了换言式注解标记语"in other words"和"即"对著作章节中出现的概念或论断进行重新阐释,以期读者对著作章节内容进行确切的解读。例[EBR#29]中使用举例式注解标记语"for instance"对特定章节的内容进行说明,例[CBR#09]中使用"如"这一注解标记语类别对某一章节的特定内容进行举例说明。与其他语步和步骤相比,虽然语步 2 和步骤 8 是较为客观的陈述部分,但是作者在选取进行重新阐释和举例说明的对象时,也是基于他对著作章节内容的难易程度、自身的理解水平、读者的认知水平等方面的判断,反映了它与读者和语篇之间的互动关系。

在语步 3 的步骤 10 中，换言式注解标记语的使用在英语书评中略高于举例式注解标记语，分别为 11.76 个/万词和 11.15 个/万词。汉语书评中，换言式注解标记语和举例式注解标记语的使用频数相差较大，分别为 11.37 个/万字和 6.99 个/万字。我们举例对此进行说明。

［ENR♯36］〈步骤 10〉In variationist research however quotation has been studied based exclusively on language samples produced in tightly controlled speech events，〈换言式〉namely the sociolinguistic interview.

［CBR♯16］〈步骤 10〉本书认为，起始年龄与最终二语习得水平之间呈现负相关关系，可能是由于跟年龄相关的处理隐性语言学习的大脑能力的衰退，这〈换言式〉意味着隐性学习更有利于儿童，而显性学习对年龄较大的学习者起更大作用。

［EBR♯33］〈步骤 10〉In some studies，〈举例式〉e. g. Norlund and Pekkarinen's or Küngas's, the approach to data is meticulously documented but some methodological decisions seem to fall short of the "big data" challenges.

［CBR♯34］〈步骤 10〉另外，报纸媒体因版面限制等原因对伊斯兰教和穆斯林报道是具有新闻价值的消极报道，但仍缺乏对其他语境〈举例式〉如文化、教育、商业、休闲、趣闻、旅游等方面的报道。

步骤 10 实施的是对著作内容进行评价的修辞功能，换言式注解标记语和举例式注解标记语的使用可以帮助其实现这一功能。例［ENR♯36］和例［CBR♯16］分别使用了换言式注解标记语"namely"和"意味着"，作者借此对论断依据自身的知识范围和认知水平从新的角度进行阐释，帮助读者了解自己的交际意图，准确传达自己对于著作的评价态度和观点。例［EBR♯33］和例［CBR♯34］分别使用举例式注解标记语"e. g."和"如"通过举例的手段对作者的论断提供支撑，用更为具体的方式表达作者对著作的评价。

注解标记语在语步 4 中的出现频率很低，换言式和举例式在英语书评中的使用频数分别为 1.03 个/万词和 0.62 个/万词，在汉语书评中分别为 0.05 个/万字和 0.28 个/万字。这种低使用率与语步 4 的功能有关，语步 4 主要基于前文的评价和介绍以总结的方式表达对著作推荐与否的态度，它一般篇幅较短，注解标记语这种元话语策略可能不是它实施修辞功能的必要策略。

5.3　互动式元话语在英汉书评语步及其步骤中的分布

互动式元话语用于标识作者对命题信息的认知态度，并使读者介入到对语篇的构建中，它们是作者和读者进行对话的重要方式。作者运用这种类型的元话语手段构建有效的人际沟通，寻求读者对其论断的信任和认可。

5.3.1　模糊标记语在英汉书评语步及其步骤中的分布

在学术写作中，由于研究方法、研究范围、作者认知水平等方面的局限性，作者在表达论断时会采用试探性的方式表达自己的不确定性。而读者对观点的接受或拒绝在很大程度上依赖于他们对研究的有效性和可信度的判断。成熟的学术语篇作者往往能预料到自身表述可能会遭到的反对意见，同时他们也会注重维持与读者的和谐关系。为了在论断的表达和对读者的尊重与对话中寻求平衡，作者会选择更为谨慎的方式表达自己的观点，开启与读者对话的空间。模糊标记语就是达到作者这种交际意图的有效手段，它可以调节所传达信息的确切程度，对读者可能的不同意见留出空间，这既是对语篇内容的尊重也是对读者的尊重。

George Lakoff(1973)被认为是第一个使用"hedge"一词来描

写自然语言中模糊现象的语言学家,他将自然语言的概念置于以真值和假值为两级的连续统中,从逻辑和真值的角度对其进行界定。目前对于模糊标记语的理解多基于功能视角。Holmes(1988)认为模糊标记语是一种自反性的语言表达形式,用于传达认知情态和修饰言语行为的言外之力(illocutionary force of speech acts)。作为一种表达礼貌的修辞策略,模糊标记语给他人留出表达不同意见的空间(Holmes,1988),传达了作者"诚实、谦逊和谨慎"的态度(Myers,1994;Swales,1990:174),是读者和作者之间进行意义协商的方式。

　　模糊标记语这一元话语策略通过表达不确定性或不精确性降低陈述的力度,传达试探性和可能性。Hyland(1996a:432—434)指出了模糊标记语的两个主要功能:使作者能准确谨慎地呈现其研究;使读者较易接受作者的论断。这是因为,不留余地地发表科学论断容易遭到其他研究者的反对,模糊标记语的使用使论断表达的确定性得以缓和,开启了与其他研究者的对话空间,避免将自己的论断和观点强加于人,并在相关学科领域构建知识。表5.6和图5.6呈现了我们对英汉语书评语篇中模糊标记语使用情况的统计。

表5.6　模糊标记语在英汉学术书评语步及其步骤中的使用情况

语步	步骤	英语书评			汉语书评		
		原始频数	标准频数（每万词）	总计	原始频数	标准频数（每万词）	总计
语步1	步骤1	20	2.06	248/35.6	29	1.35	188/8.76
	步骤2	87	8.98		11	0.51	
	步骤3	10	1.03		15	0.7	

续 表

语步	步骤	英语书评			汉语书评		
		原始频数	标准频数（每万词/字）	总计	原始频数	标准频数（每万词/字）	总计
	步骤 4	89	9.18		101	4.71	
	步骤 5	41	4.23		32	1.49	
	步骤 6	1	0.1		0	0	
	步骤 7	14	1.44	676/69.76	3	0.14	712/33.18
语步 2	步骤 8	625	64.5		699	32.58	
	步骤 9	37	3.82		10	0.47	
语步 3	步骤 10	472	48.7	472/48.7	583	27.17	583/27.17
语步 4	步骤 11	2	0.21	62/6.40	6	0.28	33/1.54
	步骤 12	60	6.19		27	1.26	
总计		1458	150.47	1458/150.47	1516	70.65	1516/70.65

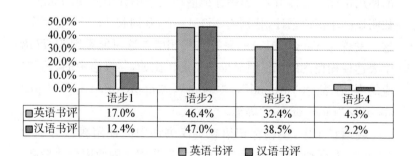

	语步1	语步2	语步3	语步4
英语书评	17.0%	46.4%	32.4%	4.3%
汉语书评	12.4%	47.0%	38.5%	2.2%

■英语书评 ■汉语书评

图 5.6 模糊标记语在英汉学术书评语步中的分布

我们先来看模糊标记语在英汉语书评四个语步中的总体分

布情况。图 5.6 显示，英汉语书评对模糊标记语的使用既有相似性也有不同之处。相似性表现在，它们在英汉语书评的语步 2 中出现频率最高，分别占 46.4％和 47％。这是因为，从跨文化的角度来说，英汉语书评在运用模糊标记语实施概述著作章节内容的行为时都遵循相同的修辞规约。不同之处表现在，汉语书评中的模糊标记语在语步 3 中的使用率高于英语书评，分别为 38.5％和 32.4％。这说明，汉语作者在对著作进行评价和阐述自己观点时，比英语作者更具试探性。另一不同之处表现在，模糊标记语在英语书评的语步 1 和语步 4 中所占比例均高于汉语书评，在语步 1 中分别占 17.0％和 12.4％，在语步 4 中分别占 4.3％和 2.2％。这表明，在对著作的引介和对著作的总体评价中，汉语书评的表达更为直接，在语气上更为主观、专断；英语书评则更多采用间接、迂回的表达方式，在语气上更为客观礼貌。这可能与英汉语文化语境对学术语篇的认知方式有关，汉语作者更倾向于学术语篇表达方式的精确性和权威性，而英语作者更注重的是研究成果的普遍性和广泛性。

表 5.6 显示了模糊标记语在英汉学术书评语步及其步骤中的使用情况。总体看来，模糊标记语在英语书评中使用的标准频数明显高于汉语书评，分别为 150.47 个/万词和 70.65 个/万字，这一发现与 Yang（2013）的研究结果相似。这可能是因为，汉语中表达模糊概念的词汇明显少于英语。比如，与汉语中的"约"对应的英语表达"around"，"about"，"approximately"，"just about"，"more or less"等等。

在语步 1 中，模糊标记语在英汉书评中的使用频数分别为 35.6 个/万词和 8.76 个/万字，它们均在步骤 4 中使用频数最高，分别为 9.18 个/万词和 4.71 个/万字。下面分别举例进行说明：

［EBR ♯ 04］〈步骤 4〉Regarding the latter, recent publications (e.g. Tomlinson 2008；Gray 2013)〈模糊标记语〉

suggest that the field〈模糊标记语〉appears to be not only gaining academic attention but also drawing on interdisciplinary and critical approaches that have tended not to characterize related studies in the past.

［CBR＃33］〈步骤4〉二语习得研究作为一门新兴学科,至今也才经历了四十〈模糊标记语〉多年的发展。

例［EBR＃04］中使用了表达模糊概念的动词"suggest"和"appear",例［CBR＃33］使用了表达数量模糊的"多",它们在步骤4中的使用表达了作者介绍相关研究背景时的相对不确定性,传达的是作者的学术推测。发表声明是有风险的,它可能会与其他文献中的论断相冲突,或者挑战读者的观点。模糊标记语的使用显示了作者对于论断的审慎安排,表明此处的论断是基于作者的阐释而不是特定的知识。另外,它还使作者开启了与读者对话的空间,允许读者加入对话,表达不同见解,这表达了作者对读者的尊重。

除了步骤4以外,对模糊标记语使用较多还有英语书评中的步骤2和汉语书评中的步骤5,使用频数分别为8.98个/万词和1.49个/万字。下面进行举例说明。

［EBR＃16］〈步骤2〉Given that the study employs a mixed methods approach, the book〈模糊标记语〉would appeal to graduate students and researchers interested in combining quantitative and qualitative methods.

［CBR＃43］〈步骤5〉以往的词汇加工研究将一语和二语视作两个〈模糊标记语〉相对独立的系统,对一语在二语词汇加工过程中的作用未予足够重视。

例［EBR＃16］选自英语书评语篇语步1中的步骤2,作者在对潜在读者群的介绍中使用了模糊标记语"would",这一认知情态动词的使用弱化了作者的推论,减少可能来自读者的批评意

见，实现了构建作者和读者之间和谐关系的交际功能。例［CBR
♯43］选自汉语书评语篇语步1中的步骤5，作者在对相关研究领
域的介绍中使用了模糊标记语"相对"，弱化了作者对于论断的自
信程度，反映了审慎的态度。

在语步2中，模糊标记语在英汉语书评中的使用频数分别为
69.76个/万词和33.18个/万字，它们主要集中在步骤8，出现频
数分别为64.5个/万词和32.58个/万字。我们举例对此进行
说明。

［EBR♯17］〈步骤8〉Suffice it to say that the design and
construction of the AJRC is exemplary in〈模糊标记语〉almost
every way.

［CBR♯21］〈步骤8〉之所以能够利用相关的空间框架来指
称时间框架的〈模糊标记语〉某些方面，原因在于概念隐喻的
存在。

模糊标记语是作者对命题作出的有保留的承诺，信息以观点
而非事实的形式呈现出来（Hyland，2005b：178）。选自英汉书评
步骤8中的例［EBR♯17］和例［CBR♯21］分别使用了模糊标记
语"almost"和"某些"，这说明，作者在对著作内容进行相对客观
的陈述时，也会基于推理做出自己的论断。模糊标记语的使用降
低了对命题真实性的承诺程度，表明作者对信息的真实程度不确
定或对自己的论述缺乏信心，这样不仅不会降低其表达的准确
性，反而会使其论述更为严谨客观，并且更容易被读者接受，这符
合学术话语对客观性和真实性的要求。另一方面，它也可能反映
了命题意义本身的可协商性。这种情况下，模糊标记语就是一种
协商性的修辞策略，反映了作者开放的心态，承认特定命题的可
争论性，并尊重不同观点，愿意与其进行协商。

在语步3的步骤10中，模糊标记语在英汉语书评语篇中的
使用频数分别为48.7个/万词和27.17个/万字。举例如下：

［EBR♯12］〈步骤 10〉It is〔模糊标记语〕<u>somewhat</u> surprising that Salazar applied the same criterion（i. e. , 10 times per million words）regardless of the number of words in the sequences.

［CBR♯35］〈步骤 10〉尽管本书对同伴互动研究进行了〔模糊标记语〕<u>较</u>为成功的分类整合,但<u>一些</u>内容之间的内在联系<u>似乎</u>不够,放在一起<u>显得较</u>为牵强,如第五章"语言水平与母语使用"和第十章"同伴写作与阅读",等。

例［EBR♯12］中使用的模糊标记语为表达程度的副词"somewhat",例［CBR♯35］中使用的模糊标记语有表达程度的副词"一些""较",有情态副词"似乎",还有动词"显得"。步骤 10 在实施对著作的章节进行评价的功能时,这些模糊标记语的使用缓和了作者进行评价的程度,尤其在进行消极评价时。这样可以达到维护著作作者和读者面子的语用功能,同时,对于书评作者来说,这种遵循礼貌原则的表达也是一种自我保护的方式。

在语步 4 中,模糊标记语在英汉书评中的使用频数分别为 6.40 个/万词和 1.54 个/万字,它们均在步骤 12 中使用频数最高,分别为 6.19 个/万词和 1.26 个/万字。我们来看下面两例:

［EBR♯46］〈步骤 12〉Libraries〔模糊标记语〕<u>would probably</u> stock just one copy and given copyright restrictions and borrowing conditions it <u>seems</u> that postgraduate students <u>would</u> have difficulty gaining full access to the chapters.

［CBR♯11］〈步骤 12〉尽管本研究存在〔模糊标记语〕<u>个别</u>不足之处,但瑕不掩瑜。

例［EBR♯46］中使用的模糊标记语包括情态动词"would",情态副词"probably"和动词"seem",例［CBR♯11］中使用了表达数量的模糊标记语"个别"。步骤 12 出现在对语篇进行最后总结的语步 4 中,在指出著作不足的同时向读者推荐著作。指出不足是一种威胁面子的行为，模糊标记语的使用则缓和了对面子的威胁程度，是一种礼貌策略。同时，使用模糊标记语表达自己对论述的不确定性，更为谨慎地表达自己的观点，这也是对著作作者和读者的尊重。

从传统语法的角度来看，模糊标记语可以表现为不同的词汇形式，我们借鉴 Hyland(1998a)和 Hu & Cao(2011)对模糊标记语的分类，从研究语料中选取例证对其进行说明。需要注意的是，对模糊标记语的判定要依赖具体语境，而且也不可能穷尽列出所有的模糊标记语(Hyland，1998b)。

(1) 情态助动词(model auxiliaries)

情态助动词是对可能性的评估，传达了对命题真实性的判断(Coates，1987)，它往往用于预测可能发生在过去、现在或将来的情况，或以委婉的方式提出建议。情态助动词的使用反映了作者对于观点表达的试探性，留出讨论的空间，是一种表达谨慎态度和维护自身论断的策略，是英汉语书评语篇中模糊标记语的较为典型的实现方式。

我们从研究语料中选取了如下例子，如英语书评中使用的"could"、"would"和"may"等，汉语书评中使用的"能""可以""可能"等。这些情态助动词表达了协商性的人际关系，指向作者对信息的判断和对客观情况的揣度。它所传达的不确定性、试探性或可能性，可以减少作者对命题的承诺程度，增加命题被读者认可的可能性。

［EBR♯10］〈S10〉Hence, the volume〔模糊标记语〕could be improved by adding early childhood populations for the comprehensive description of L2 student populations.

［EBR♯16］Finally, this book〔模糊标记语〕would be a useful resource for administrators and developers of IEN training programs.

〔EBR♯18〕We〔模糊标记语〕<u>may</u> be used to pedagogical tools-particularly those digital-which have had inflated claims.

〔CBR♯35〕这种社会认知取向的二语习得观〔模糊标记语〕<u>能</u>更加客观、全面地揭示同伴互学的本质,为广大教师正确认识同伴互动潜力,更好培养学生二语能力提供了良好的视角和方法。

〔CBR♯12〕感兴趣的读者〔模糊标记语〕<u>可以</u>参考上述两篇文章。

〔CBR♯13〕不过,部分儿童接受到的负面证据〔模糊标记语〕<u>可能</u>的确很少,但他们同样能很好地习得语言,这又将如何解释呢?

（2）认知实义动词（epistemic lexical verbs）

用作模糊标记语的认知实义动词表达的是作者对命题的主观判断和分析,在不同的语境中实施不同的修辞功能。例如,〔EBR♯20〕在进行消极评价时使用模糊标记语"seem"表达了不确定性,使批判的口气得以缓和,照顾了著作作者和读者的面子需求。〔CBR♯27〕中"试图"的使用显示了作者在总结著作内容时谨慎的态度。〔EBR♯46〕和〔EBR♯49〕两个例子都实施了积极评价这一言语行为,都以第一人称"I"作为主语,认知实义动词"believe"显性地将作者作为判断的来源,体现了作者的主体间性（Biber et al.，2002）。而此处缓和标记语"believe"的使用则缓和了肯定的语气,降低了作者对著作实施赞扬的程度,减轻了他对这种评价行为所负的责任。

〔EBR♯20〕It〔模糊标记语〕<u>seems</u>, however, that too much emphasis has been placed on oral presentations, compared to seminars and discussions.

〔EBR♯46〕I〔模糊标记语〕<u>believe</u> this is a valuable reference book for researchers and students investigating issues in EAP for two main reasons：...

　　[EBR♯49] I〈模糊标记语〉believe it provides useful information for both practicing teachers and teachers in training，as the language and concepts are accessible throughout.

　　[CBR♯27] 简言之,《跨文化语用学》〈模糊标记语〉试图探索语用学研究的新路径,但是这种探索的目的并非要改变格赖斯理论,而是从多元文化和跨文化视角对格赖斯理论进行补充。

　　(3) 认知名词、形容词和副词(epistemic nouns, adjectives, adverbs)

　　我们在英汉语书评语料中分别找到了用作模糊标记语的认知名词(如[EBR♯21]中的"possibility"、[CBR♯07]中的"尝试")、形容词([EBR♯10]中的"possible"、[CBR♯35]中的"可能的")和副词([EBR♯21]中的"perhaps"和"possibly"、[EBR♯11]中的"sometimes"、[CBR♯26]中的"大致"、[CBR♯46]中的"或许")。其中,"sometimes"和"大致"属于表达精确度的模糊标记语,修正了话题的出现频率和涉及范围。这其实是对客观事实的尊重,增加了作者表达论断的准确性。其他的模糊标记语,如"possible""possibility""possibly""perhaps""尝试""可能的""或许"则属于表达可靠性的模糊标记语,它们的使用表明作者作出的是可能性而非终结性的论断,这样就在一定程度上减弱了观点表达的强加性,削弱了论断程度,增强了观点的可接受性。

　　[EBR♯21] In the case he cites, where the race of the interviewees and the interviewers were a factor there is a〈模糊标记语〉possibility that this could have happened，but it is hard not to wonder what Billig thinks should be standard practice here.

　　[EBR♯10]〈模糊标记语〉Possible improvements to this volume could be added to Chapter 2，where Ferris and Hedgcock make specifications of student population in terms of L2 writing.

〔EBR♯21〕It is〈模糊标记语〉<u>perhaps</u> ironic that for all the clarity of language it is <u>possibly</u> the ideas that are not strong enough to make the writing interesting.

〔EBR♯11〕Another strength of the book is its accessible presentation of〈模糊标记语〉<u>sometimes</u> difficult-to-grasp concepts like validity, reliability, and effect size.

〔CBR♯07〕总之,多种研究方法的〈模糊标记语〉<u>尝试</u>为今后网络话语及语用研究指明了方向。

〔CBR♯35〕〈模糊标记语〉<u>可能</u>的原因是相关研究不足,很难独立成章。

〔CBR♯26〕笔者在进行内容介绍时根据各自关注的复杂动态系统关键概念进行了〈模糊标记语〉<u>大致</u>分类,但也并不全面。

〔CBR♯46〕上述问题〈模糊标记语〉<u>或许</u>恰恰说明论元实现相关研究的复杂性,从侧面反映该书作为 John Benjamins 构式语法系列丛书之一,在理论深度、研究视角和方法创新方面的独特性。

(4) 短语表达(phraseological expressions)

模糊标记语也可以以短语的形式呈现,如英语语料中的"more or less""or so""to some extent"等,汉语语料中的"在一定程度上""在很大程度上""从某种意义上说"等。它们在例证中表达的修辞功能包括:对评价程度的限制(如"more or less""to some extent""在一定程度上""在很大程度上"),对数量范围的修正(如"or so"),还有对论断的不确定(如"从某种意义上说")等。

〔EBR♯34〕Finally, let me mention that Angermuller's writing is intellectually engaging and readers cannot help but begin to analyse — in passing — Angermuller's own polyphonic orchestration of many voices，which in future research could be made〈模糊标记语〉<u>more or less</u> explicit.

[EBR♯36] The rise of quotative *be like* in American English and other English varieties is one of the most intensely studied topics in quantitative sociolinguistics in the past twenty years〈模糊标记语〉<u>or so</u>.

[EBR♯08]〈模糊标记语〉<u>To some extent</u>，the research represented here justifies the optimism and excitement voiced by Vince Connelly in his Foreword to the volume regarding the potential of online pedagogies to support and even transform student writing in many contexts.

[CBR♯39]《语用学与英语语言》提出具有创新意义的整合语用观，并对交际中的英语语用现象作了独到的阐释，〈模糊标记语〉<u>在一定程度上</u>丰富了现有的语用学研究。

[CBR♯36] 从这一点来讲，这种开放式的设计〈模糊标记语〉<u>在很大程度上</u>体现了学科研究的探索性质。

[CBR♯05]〈模糊标记语〉<u>从某种意义上说</u>，敬语与 Brown & Levinson(1987)提出的其他礼貌策略差别并不大。

总的来说，模糊标记语能把书评语篇中的事实与弱化的观点结合起来，达到说服的有效性。它的语用功能包括：使论断更符合客观事实，提高言语表达的准确性；遵循礼貌原则，维护作者、书评作者和读者的面子需求；保持学术语篇的严谨性。简言之，模糊标记语可以使作者严谨、准确、礼貌地表达自己的论述。

5.3.2　增强标记语在英汉书评语步及其步骤中的分布

增强标记语和模糊标记语被视作硬币的两面(Hu & Gao，2011)，它们可以用于表达作者对于命题的确定性或不确定性、关闭或打开与读者的对话空间、增强或减弱言外行为之力。模糊标记语和增强标记语都代表了作者对读者潜在观点的反馈以及对于学科规约的认可,不仅能标识作者对于命题内容和潜在读者的认知态度,还能标识其作为特定话语社团成员的身份。在学术语篇中对于它们的策略运用能够平衡客观信息、主观评价和人际协商,这是论断能够被接受的主要因素(Hyland,2005b:180)。作者在写作中必须要基于自身的认知水平以及对读者反馈的评估来衡量所作承诺的程度,在增强标记语和模糊标记语之间作出选择。

增强标记语能允许作者表达他们对论断的确定性和自信、对主题的介入、以及构建与读者的友好关系。它的功能在于强调共享信息、社团成员身份以及读者的介入(Hyland,1999a)。对于增强标记在英汉学术书评语步及其步骤中的使用情况和在各个语步中的分布情况,我们在表 5.7 和图 5.7 中呈现出来。

表 5.7 增强标记语在英汉学术书评语步及其步骤中的使用情况

语步	步骤	英语书评			汉语书评		
		原始频数	标准频数（每万词）	总计	原始频数	标准频数（每万字）	总计
语步 1	步骤 1	18	1.86	124/12.80	19	0.89	92/4.29
	步骤 2	39	4.02		8	0.37	
	步骤 3	4	0.41		7	0.33	
	步骤 4	45	4.64		43	2	
	步骤 5	18	1.86		15	0.7	
	步骤 6	0	0		0	0	
语步 2	步骤 7	4	0.041	303/31.27	2	0.09	320/14.91
	步骤 8	281	29		316	14.73	
	步骤 9	18	1.86		2	0.09	

续　表

语步	步骤	英语书评			汉语书评		
		原始频数	标准频数（每万词）	总计	原始频数	标准频数（每万字）	总计
语步 3	步骤 10	194	20.02	194/20.02	258	12.02	258/12.02
语步 4	步骤 11	9	0.93	37/3.82	0	0	12/0.56
	步骤 12	28	2.89		12	0.56	
总计		658	67.91	658/67.91	682	31.78	682/31.78

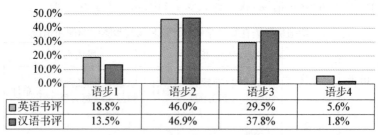

	语步1	语步2	语步3	语步4
英语书评	18.8%	46.0%	29.5%	5.6%
汉语书评	13.5%	46.9%	37.8%	1.8%

■英语书评　■汉语书评

图 5.7　增强标记语在英汉学术书评语步中的分布

从图 5.7 可以看出，增强标记语在英汉语书评的语步 2 中出现的比例基本持平，分别为 46.0％和 46.9％。但是在语步 3 中，增强标记语在汉语书评中 37.8％的出现比例高于英语书评中的 29.5％。在语步 3 中，作者集中表达他对于著作的观点和态度。增强标记语在汉语书评的语步 3 中与英语书评相比占据了较高的比例，这可能是因为，在中国传统修辞观念中，写作被认为是一种"传授知识（knowledge telling）"的方式，而不是"构建（knowledge construction）知识"的方式（Hu & Cao，2011）。因此,汉语作者在"传授知识"的过程中,更倾向于使用较多的增强标记语表达确定性,以传达其权威和可信度。在语步1中,增强标记语在英语书评中所占的比例均高于汉语书评,分别为18.8%和13.5%。在语步4中也呈现出这样的差异性,增强标记语在英汉书评中所占比例分别为5.6%和1.8%。这说明,英语书评作者更倾向于通过增强标记语的使用强调与著作研究主题相关的背景知识和研究发现的贡献。

接下来,我们将根据表5.7考察增强标记语在英汉书评具体语步和步骤的使用情况。在语步1中,增强标记语在英语书评和汉语书评中出现的标准频数分别为12.80个/万词和4.29个/万字,它在英汉书评中的使用也都主要集中在步骤4,分别为4.64个/万词和4.29个/万字。另外,在步骤6中均未出现增强标记语的使用。这可能是因为,作者在步骤6中介绍著作出版信息时,往往不需要强化表达的确定性。下面我们对增强标记语在步骤4中的使用情况进行举例说明。

[EBR♯07]〈步骤4〉Over the past 30 years, the field of second language acquisition（SLA）has witnessed a rapidly growing interest in the role of instruction,{增强标记语}<u>particularly</u> focusing on task-based learning and teaching.

[CBR♯25]〈步骤4〉虽然研究者纷纷表示二语习得研究对语言教学{增强标记语}<u>非常</u>重要,但对于应如何定位两者之间的关系并未达成共识。

步骤4是对相关前期研究的背景知识和话题内容的概括,增强标记语的使用能够凸显作者认为重要的方面,凸显的内容往往与所评著作的研究话题相关。例如,[EBR♯07]中使用的增强标记语"particularly"突出强调了"task-based learning and teaching",这也是著作"*Second Language Acquisition And Task-Based Language Teaching*"关注的焦点。[CBR♯25]中使用的增强标记语是"非常"，它是对重要性的强调，它所涉及的"二语习得研究"和"语言教学"也是所评著作《借鉴二语习得研究探索语言教学》研究的关键问题。

语步 2 中，增强标记语在英汉书评语篇中使用的标准频数分别为 31.27 个/万词和 14.91 个/万字，它们在步骤 8 中的出现频数占了它们在语步 2 中使用总数的绝大多数，分别为 29 个/万词和 14.73 个/万字。我们仅从研究语料中选取两例来对此进行说明。

[EBR#04]〈步骤 8〉Freeman's quantitative analysis applies a taxonomy〈增强标记语〉especially developed for the study, focusing on three main areas: content questions, language questions, and affect questions.

[CBR#46]〈步骤 8〉相反，可用于另一转换变体的动词〈增强标记语〉必然可用于该高频转换变体。

例[EBR#04]和例[CBR#46]中分别使用了增强标记语"especially"和"必然"，它们能帮助步骤 8 实现对著作章节中的特定内容进行强调的修辞功能。作者所凸显的内容也反映了他对著作的理解和对读者认知能力的判断。

在语步 3 的步骤 10 中，增强标记语在英汉书评中的使用频数分别为 20.02 个/万词和 12.02 个/万字。以下两例分别对此进行说明。

[EBR#10]〈步骤 10〉〈增强标记语〉This volume is〈增强标记语〉exceptionally practical and useful because it offers help and information for L2 writing environments.

[CBR#17]〈步骤 10〉所有这些都〈增强标记语〉无疑会给读者提供很大的帮助和指导，充分凸显了为读者服务的意向。

步骤 10 的修辞功能在于对著作的部分特征进行评价，例[EBR#10]和例[CBR#17]中分别使用的增强标记语"exceptionally"和"无疑"显示了作者在进行评价时的自信。基于步骤 1 和步骤 2 对著作的介绍,作者在步骤 10 中有充分的理由对著作作出评价。

　　语步 4 中,增强标记语在英汉书评中的使用频数分别为 3.82 个/万词和 0.56 个/万字,它们又都主要集中在步骤 12,使用频数分别为 2.89 个/万词和 0.56 个/万字,其中在汉语书评的步骤 11 中出现频数为 0,主要原因可能在于步骤 11 在汉语书评语篇中的低出现率。我们仅举几例来说明增强标记语在步骤 12 中的使用情况。

　　[EBR#47]〈步骤 12〉In sum, I can {增强标记语} definitely recommend this book to the readership of JSLW, especially graduate students and new faculty members.

　　[EBR#11]〈步骤 12〉Perceived shortcomings aside, the target audience of this book will {增强标记语} undoubtedly benefit from the practical advice it offers, such as dividing a larger research project up in order to report it in multiple articles (p. 149).

　　[CBR#50]〈步骤 12〉因此,本书更像是一本引领语言教学的混合学习研究的前沿读物,为混合学习研究者呈现出不少新的研究视角和研究方法,{增强标记语}极具推荐价值。

　　我们在对语料的考察中发现,增强标记语在步骤 12 中主要用于实施推荐著作的修辞功能。步骤 12 的功能除了推荐著作以外,还会指出著作的不足之处。对于指明不足之处的修辞行为往往借助模糊标记语完成,这一点我们在上一节中已经进行了介绍。此处的三个例证中分别使用了增强标记语"definitely"、"undoubtedly"和"极具"强化作者对所评著作进行推荐的语气,显性地突出自己对于著作的态度。

　　上一节对模糊标记语的介绍中,我们依据传统语法的标准把它分为四类。这里我们也按照同样的标准把增强标记语分为四类介绍,并进行举例说明。

（1）情态助动词

例［EBR♯07］和例［CBR♯17］中使用的增强标记语为情态助动词"will"和"将"，它们表达的是在作者对未来的预期，强调命题在将来发生的肯定性。另外，例［EBR♯07］中使用了"certainly"与"will"相呼应，例［CBR♯17］中使用"可以预见"与"将"相呼应，进一步增强了作者对命题表达的肯定性。例［EBR♯04］在实义动词"occur"前面使用了情态助动词"do"，强调了肯定的语气。

［EBR♯07］Certainly, this book〈增强标记语〉<u>will</u> appeal not only to researchers but also to teaching practitioners who intend to design and implement a TBLT course.

［EBR♯04］When such representations〈增强标记语〉<u>do</u> occur, they are not necessarily linked with the development of critical thinking about the topic.

［CBR♯17］可以预见，研究语言的不同方面在什么时期结合哪些其他因素能达到最佳学习效果，〈增强标记语〉<u>将</u>是未来二语习得研究的重要内容。

（2）认知实义动词

在书评语篇中，认知实义动词往往是报道动词，传达作者对命题的肯定程度。例［EBR♯01］和例［CBR♯47］中分别使用了报道动词"demonstrate"和"（明确）提出"。虽然此处报道动作的实施者不是书评作者，而是所评著作的作者，但是作为增强标记语的报道动词的使用表明了书评作者对于著作作者对命题肯定程度的判断。

［EBR♯01］The individual contributors〈增强标记语〉<u>demonstrate</u> the range of perspectives that a focus on legal-lay/lay-legal communication can take, exploring both oral and written discourse across diverse contexts.

　　[CBR♯47]〈步骤8〉作者〈增强标记语〉明确提出本书旨在探讨如何将多种语言学与认知科学理论融合为一体,以剖析与我们息息相关的生态文本。

　　(3) 认知名词、形容词和副词

　　认知名词、形容词和副词也都可以用作增强标记语表达作者对命题的肯定、凸显作者想要强调的视角。我们从英汉书评语料中选取了若干例子进行说明:

　　[EBR♯23] These slight drawbacks aside, Christian Chun's book is a true 〈增强标记语〉 must for anyone involved in EAP teaching and researching, for anyone who is captive to the dilemmas of neoliberal higher education.

　　[EBR♯24]〈增强标记语〉 Highlights include the discussion of "communicative inequality" (pp. 52 - 54) in the "native/non-native divide" (pp. 56 - 58), as well as perceptions of English as a threat to the national language and worries about possible "domain loss".

　　[CBR♯13] 从内容安排来看,本书的〈增强标记语〉重点可以说是第九章。

　　上述三例中使用的增强标记语均为认知名词。例[EBR♯23]中的"must"凸显的对象是"Christian Chun's book",作者借此表达对著作优点的认可和肯定,并向读者推荐此书。例[EBR♯24]中的"highlights"表明了作者在对著作的介绍中想要强调的部分。例[CBR♯13]则强调了所评著作中作者认为的重要章节。

　　下面两例中使用的增强标记语分别为形容词"particular"和"典型的",通过对中心名词"section"和"转喻现象"的限制突出作者想要强调的重点。

　　[EBR♯09] Those interested in the contents of one 〈增强标记语〉 particular section of this book will benefit from reading through other sections since common themes thread themselves throughout，allowing for a zoom-in/zoom-out approach to visualizing sustainability.

[CBR♯06]大量表明上述复杂的语用推理情形，最终可以被简化为仅是相互联系的要素之间的共激活过程，这是｛增强标记语｝典型的转喻现象。

下面是副词用作增强标记语的两个例子。例[EBR♯01]中使用了"indeed"，例[CBR♯27]中使用了"事实上""特别"和"更"三个副词，用于加强作者对命题肯定的口气。

[EBR♯01]｛增强标记语｝Indeed, Maryns touches on this point at the end of Chapter 5 and in her other work with asylum seekers（see，e. g. Maryns 2014）.

[CBR♯27]｛增强标记语｝事实上，交际更像一个"试验—错误—再试验"的过程，特别是对于不同社会和背景的会话者更是如此，因为他们在很大程度上表现的是自我中心主义，通常缺乏公共知识背景。

（4）短语表达

以下各例都是以短语形式呈现的增强标记语，如例[EBR♯03]中的"of course"，例[EBR♯04]中的"in particular"，例[EBR♯11]中的"in fact"以及例[CBR♯50]中的"毫无疑问"。在例[EBR♯21]和例[EBR♯25]中，作者还分别使用了特殊句型"it is …… that"和"there is no doubt that ……"对特定的命题进行强调。

[EBR♯03]｛增强标记语｝Of course, the relationships between AL research, teacher training, and language teaching remain a focus of the field.

[EBR♯04] Such reflections, and others triggered by the results and ideas presented in this volume, could have a positive impact on the robustness of future research into textbooks in general，and the ELT textbook〔增强标记语〕in particular.

〔EBR＃11〕〔增强标记语〕In fact，one of the strengths of the book is Woodrow's ability to conceptualize important statistical concepts like the assumptions that underlie parametric statistics and explanations of effect sizes in an accessible way.

〔CBR＃50〕〈步骤 10〉〔增强标记语〕毫无疑问，教学设计是实现有效混合学习的关键，技术则是必不可少的保障。

〔EBR＃21〕〔增强标记语〕It is during these middle chapters that the clear style（e. g. insistence on personal pronouns throughout，preference for verbs over noun phrases）starts to feel heavy and plodding.

〔EBR＃25〕However，〔增强标记语〕there is no doubt that social initiatives play a pivotal role in developing scholarly writing literacies and scaffolding individual practices as well.

另外，不同词性的增强标记语还可以结合在一起使用。例如，〔EBR＃19〕中就同时使用了情态助动词"do"和副词"indeed"，这样就进一步加强了作者对命题强调的力度和肯定程度，充分体现了作者表达论断的自信。

〔EBR＃19〕EAP〔增强标记语〕does indeed do the work of bringing these students into their academic communities，but the authors are quick to defend this work as an opportunity for practitioners to be active in both enacting perceptional and programmatic change . . .

5.3.3　态度标记语在英汉书评语步及其步骤中的分布

态度标记语是对命题编码的一种显性价值，传达的是作者对于命题的情感态度，表达了惊奇、赞同、沮丧等情感，是增加说服力的有效工具。态度标记语具有评价性，而评价是书评最重要的功能。态度标记语作为一种显性的评价方式将书评作者前景化，传达作者的个性，建立作者与学科社团的关联。作者通过标识一种设想的共享态度，既表达了自己的立场，又将读者拉进来，是强化论断的又一种修辞手段。态度标记语在遵循特定语类规约的情况下，对说服性语篇的构建发挥重要作用。我们在表 5.8 和图 5.8 中统计了它们在英汉语书评语篇中的使用情况以及在各个语步中的分布情况。

表 5.8　态度标记语在英汉学术书评语步及其步骤中的使用情况

语步	步骤	英语书评			汉语书评		
		原始频数	标准频数（每万词）	总计	原始频数	标准频数（每万字）	总计
语步 1	步骤 1	102	10.53	580/59.86	85	3.96	573/26.70
	步骤 2	151	15.58		45	2.1	
	步骤 3	36	3.72		43	2	
	步骤 4	206	21.26		263	12.26	
	步骤 5	77	7.95		135	6.29	
	步骤 6	8	0.83		2	0.09	
语步 2	步骤 7	48	4.95	1415/146.03	26	1.21	913/42.55
	步骤 8	1305	134.68		862	40.17	
	步骤 9	62	6.4		25	1.17	
语步 3	步骤 10	1096	113.11	1096/113.11	1372	63.94	1372/63.94
语步 4	步骤 11	36	3.72	178/18.37	7	0.33	135/5.73
	步骤 12	142	14.65		128	5.97	
总计		3269	337.36	3269/337.36	2993	139.48	2993/139.48

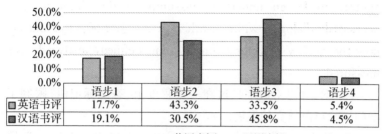

	语步1	语步2	语步3	语步4
英语书评	17.7%	43.3%	33.5%	5.4%
汉语书评	19.1%	30.5%	45.8%	4.5%

■英语书评　■汉语书评

图 5.8　态度标记语在英汉学术书评语步中的分布

从图 5.8 可以看出,态度标记语在英汉语书评语篇的语步 1 和语步 4 中所占的比例基本持平。它们虽然主要分布在语步 2 和语步 3,但是在英汉语书评中的使用存在较大差异:在语步 2 中,态度标记语在英语书评中所占的比例明显多于汉语书评,分别为 43.3% 和 30.5%;在语步 3 中,它在汉语书评中所占的比例明显多于英语书评,分别为 45.8% 和 33.5%。英汉语书评语篇对态度标记语使用的这种差异性可能是因为,汉语应用语言学期刊一般把对所评著作的内容简介与评价部分分开介绍,这两部分分别对应了书评语篇的语步 2 和语步 3。语步 2 是对著作章节内容的陈述,与其他语步相比是较为客观的一部分,作者在这一部分使用了较少的态度标记语。而英语的应用语言学期刊往往没有在文内设置小标题,作者可以将语步 2 和语步 3 结合起来,也就是说对著作的章节内容评介结合。

接下来,我们基于表 5.8 中的统计数据对态度标记语在英汉语书评各个语步和步骤中的使用情况进行说明。在语步 1 中,态度标记语在英汉语书评中的使用频数分别为 59.86 个/万词和 26.70 个/万字,使用频数最高的态度标记语又都主要集中的步骤 4。我们从研究语料中分别选取两例进行说明。

[EBR♯08]〈步骤 4〉In some cases, for example, there

appears to be an underlying assumption that interaction is necessarily dialogic，while in others it is〈态度标记语〉<u>unclear</u> how the quality of interaction is being defined，analysed，and measured.

[CBR♯44]〈步骤4〉这在一定程度上〈态度标记语〉<u>限制</u>了专门用途英语研究的发展。

例［EBR♯08］和例［CBR♯44］中分别使用了态度标记语"unclear"和"限制"。步骤4在对研究话题内容的概括中使用态度标记语，是书评作者在命题内容之外添加的个人声音。他反映了作者对前期研究和研究现状的个人态度，是作者融入相关学科社团的方式。

在语步2中，态度标记语在英汉语书评中使用的标准频数分别为146.03个/万词和42.55个/万字，它们在步骤8中的使用频数又是其中最高的，分别为134.68个/万词和40.17个/万字。我们从英汉语料的步骤8中选取两个例子：

[EBR♯49]〈步骤8〉〈态度标记语〉<u>Importantly</u>，this work was situated in a school facing reforms that had structured the school day to focus primarily on writing，math，and language arts at the expense of other subjects，such as science.

[CBR♯45]〈步骤8〉但是该模型〈态度标记语〉<u>缺乏</u>定性的分析，对于语言是如何习得、储存以及加工的认知过程<u>缺乏</u>了解，<u>尚且需要进一步完善</u>。

例［EBR♯49］中使用了态度标记语"importantly"，例［CBR♯45］中使用了三个态度标记语项目，分别为"缺乏"和"尚且需要进一步完善"。书评作者在步骤8中陈述具体章节内容的同时加入自己对命题的理解和态度，作者的介入是对命题材料作出的反馈，展示了他与同行进行交流以及与读者建立互动关系的交际意图。

在语步 3 的步骤 10 中,英汉语书评都使用了较丰富的态度标记语。出现的标准频数分别为 113.11 个/万词和 63.94 个/万字。举例如下:

[EBR♯48]〈步骤 10〉On the whole, the information presented in the book is very {态度标记语} relevant and useful to its intended audience.

[CBR♯45]〈步骤 10〉值得注意的是,该书虽然提出应当将二语习得与社会语言理论进行有机的整合,但很多想法仍处于基本假设阶段。

例[EBR♯48]中使用了态度标记语"relevant"和"useful",例[CBR♯45]中使用的态度标记语是"值得注意的是"。步骤 10 主要发挥的修辞功能是对著作特征的评价,对态度标记语的使用是题中应有之意。态度标记语可以帮助步骤 10 实施其修辞功能。

在语步 4 中,态度标记语在英汉语书评中的使用频数分别为 18.37 个/万词和 5.73 个/万字,。它们又都主要集中的步骤 12,出现频数为 14.65 个/万词和 5.97 个/万字。例如:

[EBR♯50]〈步骤 12〉{态度标记语} More importantly, it offers advice on best practice to the authors' editor and to institutions seeking and evaluating these services.

[CBR♯41]〈步骤 12〉因此,本书对于已经开始探索本领域研究的学者以及所有想了解二语学习内在认知过程的研究者,尤其是研究新手而言,是一本{态度标记语}极具参考价值的专著。

步骤 12 要实施的修辞功能主要有两个方面:一方面是结束语篇,另一方面是向读者推荐著作。对第二个功能的实施需要借助态度标记语的使用,它对作者态度的表达能引起读者的共鸣。例[EBR♯50]中的态度标记语"more importantly"和例[CBR♯41]中"极具参考价值"的使用显性地传达了作者对于著作的重要性表达的态度。

　　态度标记语一般通过名词、动词、形容词、副词等词汇手段实现，接下来我们对每一种类型进行举例说明。

　　下面几例中的态度标记语均为名词。在对著作进行积极评价时，使用的名词主要有"success"（例［EBR♯18］）、"contribution"（例［EBR♯20］）、"strength"（例［EBR♯45］）、"贡献"（例［CBR♯44］）、"亮点"（例［CBR♯39］）。在对著作进行消极评价时，可以使用名词"drawback"（例［EBR♯45］）和"不足"（例［CBR♯17］）。使用名词可以更为简单直接地呈现作者的态度，对于著作的评价内容起到预示或总结的作用。例如，［EBR♯45］中使用的"strength"就可以提前告知读者接下来作者对命题的情感态度以及要表达的命题内容。［EBR♯18］中的"success"则是对前文命题内容的总结。

　　［EBR♯18］With such careful rigor leading to its production and implementation，chapter 5's reporting of how the prototype was〈态度标记语〉a success is no surprise.

　　［EBR♯20］*English for Academic Purposes* is a welcome〈态度标记语〉contribution to the existing body of research into EAP.

　　［EBR♯45］The main〈态度标记语语〉strength of this book lies its expansive detailing of the role of SRL in L2 writing.

　　［CBR♯44］本书的一大〈态度标记语〉贡献就在于其对专业话语的本体理论探索。

　　［CBR♯39］该书在理论建构、分析视角以及研究方法等方面都有独特之处，其主要〈态度标记语〉亮点概述如下。

　　［EBR♯45］One〈态度标记语〉drawback of the book is the repetitive nature of several chapters，especially chapters 8 and 9.

　　［CBR♯17］当然本书也存在一定的〈态度标记语〉不足。

　　下面是动词用作态度标记语的例子，例［EBR♯19］中的

"succeed"和例[CBR♯06]中的"有助于"都显性地标识了作者对于命题的积极评价。

[EBR♯19] Overall，the text has also〈态度标记语〉succeeded in providing specific details about EAP in context without being too specific as to limit the applicability of the background to the readers' own context.

[CBR♯06]对转喻的认知研究〈态度标记语〉有助于我们更加深刻认识语言背后的认知机制。

下面两个例子是以形容词形式体现的态度标记语。例[EBR♯46]中的"excellent"和例[CBR♯43]中的"重大"是对命题内容的特征和状态进行的描写。

[EBR♯46] She provides an excellent overview of the state of corpus studies in EAP at present.

[CBR♯43]半个多世纪以来，该领域无论是在理论构建还是实证探索方面都取得了〈态度标记语〉重大进展，研究视角呈现出多学科、多维度和多切面的态势。

例[EBR♯22]中的"far from"和例[CBR♯39]中的"系统地"分别是用作态度标记语的副词短语和副词，它们是对表达命题的状态和行为进行的修饰和限制。

[EBR♯22] Debates over what constitutes 'good' academic communication both outside and within the Asian region are〈态度标记语〉far from settled.

[CBR♯39]这种从现象到本质的整合分析较为〈态度标记语〉系统地解释了礼貌在同一文化内部以及在不同文化之间的差异，深化了有关语用礼貌的认识。

除了对用作态度标记语的词性的关注，我们还注意到，作者在用态度标记语进行评价时，会有策略地选用不同的主语。例如：

［EBR♯46］<u>I</u> found *The Handbook of EAP* a valuable resource for my research and teaching in the area of English for Specific Purposes.

［CBR♯12］<u>我们</u>认为，最具启发意义的是，Traugott（2008）和 Trousdale（2008）都曾采用示意图的形式来展示构式的内外部关联及其历时发展。

［EBR♯49］<u>This new collection</u> edited by Luciana C. de Oliveira and Tony Silva，*Second Language Writing in Elementary Classrooms*，provides a much-needed contribution to scholarship on L2 writers in elementary schools.

［CBR♯39］《语用学与英语语言》提出具有创新意义的整合语用观，并对交际中的英语语用现象作了独到的阐释，在一定程度上丰富了现有的语用学研究。

例［EBR♯46］和例［CBR♯12］分别使用了评价动作的实施者"I"和"我们"。第一人称代词的主位化（thematisation）（Halliday，1994）把第一人称视为信息的主要方面，把作者作为研究过程的可视成员显性地呈现出来。主位的选择使作者获得最大程度的"可视化（visibility）"（Hyland，2001a：219），显性地表达了书评作者的情感态度。例［EBR♯49］中使用的"this new collection"和例［CBR♯39］中使用的"《语用学与英语语言》"将关注的焦点放在被评介的著作上，将主观的进行积极评价的情感态度转化为被评价物自身的属性"much-needed contribution"和"创新"，这样就降低了主观化和人格化的色彩。前者把书评作者作为评价行为的实施者，是对作者态度的显性标识。后者是对作者态度的隐性标识，书评作者在评价行为中的缺失拉大了他与命题之间的距离，减轻了作者个人对其作出的论断可能要负的责任。

对作者评价态度的隐性标识还可以通过虚拟语气体现出来，以这种形式呈现的态度往往需要读者付出更多的努力对其进行解读。同时,在这种形式,作者将自身从所从事的行为中抽身出来,弱化了对读者或著作作者的强加力度,减少了可能的面子威胁,营造了正式的口吻。在英汉语书评语篇中均有相应的例证,例如:

〔EBR＃47〕Readers also〔态度标记语〕would have <u>benefited</u> from inclusion of an index, which is missing in this volume.

〔CBR＃41〕因此,该书〔增强标记语〕若能将理论模型在教学中应用的范例延伸到阅读、听力、写作、语音等领域,<u>则可使得</u>该书涉及内容<u>更加</u>全面丰富。

另外,标点符号也可以用作态度标记语。例〔EBR＃46〕和例〔CBR＃14〕中都使用了感叹号,这种视觉标记语能吸引读者的注意力,读者能立刻解读到作者所有表达的强烈情感。由于这种形式所体现的个人情感,它在英汉书评语料中使用的并不频繁。

〔EBR＃46〕More acronyms for the reader!

〔CBR＃14〕只有秉持开放、客观、严谨的治学态度,我们才能更好地呈现 Everett 眼中的"人类生命的认知火焰",语言!

还需要注意的是,在书评语篇中,对著作的有效评价往往需要作者能巧妙地把模糊标记语、增强标记语和态度标记语结合起来,使其评价不至于过于武断也不至于过于含糊。例如:

〔EBR＃49〕In sum, this book is〔增强标记语〕<u>especially</u> 〔态度标记语〕<u>useful</u> for those interested in implementing SFL-based pedagogies with elementary students both within and beyond the U. S.

〔EBR＃46〕This approach is〔模糊标记语〕<u>relatively</u>〔态度标记语〕<u>new</u> in EAP.

〔CBR＃37〕但是,在二语/外语阅读能力方面,相关介绍与专门研究〔增强标记语〕<u>很</u>〔态度标记语〕<u>不系统</u>。

〔CBR＃35〕有些章节内各部分之间的关系也〔模糊标记语〕

比较{态度标记语}松散。

5.3.4　交际主体标记语在英汉书评语步及其步骤中的分布

　　作者在写作中不可避免地要将自身形象以及他们与命题、学科和读者的关系投射到语篇中，作者或读者形象的呈现或缺失都是作者有意识的选择，以表明其在特定学科语境下的特定立场。交际主体标记语就是呈现作者或读者形象的元话语项目，具体表现为自我提及语和介入标记语两种形式。事实上，这两种元话语次类别与Ädel(2006)总结的自反性特征相对应，自我提及语涉及的是作者如何指向自身，介入标记语涉及的是作者与读者交流的方式。

　　自我提及语指的是语篇中第一人称代词和物主形容词的使用，用于标识作者对自我形象的投射，同时也用于提醒读者，话语片段是由话语社团的成员所做出。事实上，学者们也一直在关注学术语篇写作的文本特征。Albert Einstein(1934)曾指出，在科学写作中没有"I"存在的空间，研究者应从文本中消失。Chang & Swales(1999)研究了学术语篇的写作特征，他们以统计学（自然科学）、语言学（社会科学）和哲学（人文科学）三个研究领域的研究性论文为语料，总结了其中一些非正式因素，其中一项就是第一人称代词的使用。随后，Swales & Feak(2003：17)列举了这种正式的学术写作风格的几种典型特征，其中一种就是避免使用第一人称代词。虽然学术语篇的这一特征在一些学科领域占据主导地位，但是也有一些学科已不那么严格地遵守这种正式的写作特征了。Hyland(2005b)指出了自我提及语在自然学科和人文学科中使用的差异：自然学科的研究中较少使用自我提及语以贬低作者的个人角色、凸显所做的研究，这是因为自然学科的研究具有可重复性，研究结果也具有一定的普遍性，一般情况下，研究结果不会因实施实验的个体不同而不同；在人文学科中，第一人称的使用则反映了作者想要凸显的个体观点以及个人视角，向读者传达了论断应该被解读的视角，同时作者也能在凸显其学科贡献的同时寻求认同。

　　Hyland(2002)指出,自我提及语构建了学术话语的重要语用特征,它有利于语篇的构建和作者身份的构建。自我提及语包括第一人称单数形式、第一人称复数形式和物主形容词等。作者通过使用它们可以传达自己的声音,将自己呈现为特定话语社团内可信赖的成员。积极的自我呈现是书面学术话语提升说服力的重要手段,因为作者需要构建可信赖的自我形象向读者展现其研究的有效性、新颖性和恰当性。

　　介入标记语是人际介入的修辞选择,是作者将读者拉进话语并与读者相互关联的方式,它的使用说明作者把读者视为追求相似目标的学科话语社团成员。介入标记语能够引起读者的注意,显示了交际参与者之间的交流。同时,它也反映了作者如何运用学科社团内的语言资源代表自身形象、自己观点和读者。

　　在统计英汉语书评中的自我提及语和介入标记语的使用情况时,我们需要根据具体语境考察复数第一人称代词的使用,具体包括英语书评语料中的"we"、"our"、"us"和"ours",以及汉语书评语料中的"我们"。它们的使用分为两种,一种是包含读者的"融他性的 we"(inclusive"we"),另一种是将读者排除在外的"排他性的 we"(exclusive"we")。对于两种交际主体标记语类别在英汉学术书评语步和步骤中使用情况的统计见表5.8 和图5.8。

表5.9　交际主体标记语在英汉学术书评语步及其步骤中的使用情况

书评	语步	步骤	交际主体标记语					
			自我提及语			介入标记语		
			原始频数	标准频数（每万词/字）	总计	原始频数	标准频数（每万词/字）	总计
英语书评	语步1	步骤1	0	0	12/1.24	10	1.03	155/16.00
		步骤2	6	0.62		110	11.35	

书评	语步	步骤	交际主体标记语					
			自我提及语			介入标记语		
			原始频数	标准频数（每万词/字）	总计	原始频数	标准频数（每万词/字）	总计
		步骤3	1	0.1		5	0.52	
		步骤4	5	0.52		22	2.27	
		步骤5	0	0		8	0.83	
		步骤6	0	0		0	0	
	语步2	步骤7	2	0.21	11/1.14	4	0.41	91/9.39
		步骤8	9	0.93		76	7.84	
		步骤9	0	0		11	1.14	
	语步3	步骤10	71	7.33	71/7.33	109	11.25	109/11.25
	语步4	步骤11	1	0.1	17/1.75	3	0.31	27/2.79
		步骤12	16	1.65		24	2.48	
总计			111	11.46	111/11.46	382	39.42	382/39.42
汉语书评	语步1	步骤1	0	0	1/0.05	5	0.23	24/1.12
		步骤2	0	0		7	0.33	
		步骤3	0	0		1	0.05	
		步骤4	1	0.05		10	0.47	
		步骤5	0	0		1	0.05	
		步骤6	0	0		0	0	
	语步2	步骤7	0	0	0/0	8	0.37	43/2.00
		步骤8	0	0		31	1.44	

续　表

书评	语步	步骤	交际主体标记语					
			自我提及语			介入标记语		
			原始频数	标准频数（每万词/字）	总计	原始频数	标准频数（每万词/字）	总计
	语步3	步骤9	0	0		4	0.19	
		步骤10	13	0.61	13/0.61	76	3.54	76/3.54
	语步4	步骤11	0	0	0/0	2	0.09	4/0.19
		步骤12	0	0		2	0.09	
总计			14	0.65	14/0.65	147	6.85	147/6.85

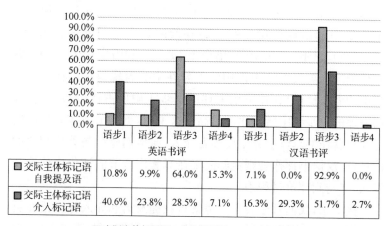

	英语书评				汉语书评			
	语步1	语步2	语步3	语步4	语步1	语步2	语步3	语步4
▢交际主体标记语 自我提及语	10.8%	9.9%	64.0%	15.3%	7.1%	0.0%	92.9%	0.0%
■交际主体标记语 介入标记语	40.6%	23.8%	28.5%	7.1%	16.3%	29.3%	51.7%	2.7%

▢交际主体标记语　自我提及语　　■交际主体标记语　介入标记语

图 5.9　交际主体标记语在英汉学术书评语步中的分布

　　图 5.9 显示,英汉书评作者在语篇中标识读者和作者身份时,在修辞手段的使用方面具有不同的倾向性,它们在不同语步

中的分布也呈现出较大差异性。自我提及语在英语书评中主要集中在语步 3,占据的比例为 64.0%,其次为语步 4、语步 1 和语步 2,它们在这三个语步中的分布较为均匀,分别占据 15.3%、10.8% 和 9.9%。绝大多数的自我提及语在汉语书评中集中在语步 3,占据 92.9%,剩余的 7.1% 分布在语步 1,它在语步 2 和语步 4 中没有出现。自我提及语在英汉语书评语篇中都主要分布在语步 3,这是因为作者在语步 3 中评价著作的特征时,倾向于将作者身份凸显出来,彰显自己对于著作的态度。汉语书评作者在语步 2 和语步 4 中未使用自我提及标记语,可能是因为他们倾向于以较为客观的形式概述著作章节内容,在推荐著作时则把自我身份隐去,使用更为安全、更为客观的方式。

　　介入标记语在英语书评语篇四个语步中的出现比例按照从高到低的顺序排列分别为语步 1(40.6%)、语步 3(28.5%)、语步 2(23.8%) 和语步 4(7.1%)。而在汉语书评中,介入标记语在四个语步中的出现比例按照从高到低的顺序排列分别为语步 3(51.7%)、语步 2(29.3%)、语步 1(16.3%) 和语步 4(2.7%)。介入标记语在英汉书评中使用的差异性主要表现为它们在不同语步中的分布比例,它在英语书评的语步 1 中所占比例最高,在汉语书评的语步 3 中所占比例最高。这说明,英语书评作者更倾向于在对著作的总体引介中使读者介入,向他们介绍与著作相关的信息,而汉语书评作者则更倾向于在对著作章节的评价中使读者涉入,参与到评价过程中。

　　接下来,我们基于表 5.9 考察自我提及语和介入标记语在英汉书评语篇各个语步和步骤中的具体使用情况。在语步 1 中,自我提及语在英汉书评中的使用频数分别为 1.24 个/万词和 0.05 个/万字。它在英语书评中主要集中在步骤 2 和步骤 4,使用的标准频数分别为 0.62 个/万词和 0.52 个/万词。它在汉语书评中仅有一例,出现在步骤 4 中。我们分别举例说明。

　　［EBR♯18］〈步骤2〉{自我提及语} I would also argue that it is a gift to CALL specialists modeling and inviting new augmented approaches to writing instruction.

　　［EBR♯18］〈步骤4〉As a teacher of writing，{自我提及语} I appreciate resources that not only respect the complexity of writing, but which are accessible to my learners for interactive self-study.

　　［CBR♯31］〈步骤4〉{自我提及语}我们认为,转喻能力也应逐步列入教学计划中,在外语教学中培养学生的转喻能力。

　　出现在步骤2中的例［EBR♯18］使用了自我提及语"I"。自我提及语的策略运用可以使作者通过表达信念、强调他们对所在领域的贡献以及寻求对他们工作的认可来宣称其权威。作者在遵循学科规范的同时,借助自我提及语将自己的论断与他人论断区别开来,向读者传达解读论断的视角,将自身塑造为可信的、积极的学科社团成员的形象。步骤2是对潜在读者群的介绍,"I"在此处的使用表明了作者对于相关学科研究领域的熟悉程度,能够使我们了解作者的专业可信度。作者对自我身份的彰显也显示了他在向读者推荐所评著作时的自信,增强了说服力。出现在步骤4中的例［EBR♯18］使用了自我提及语"I"以及它的物主形容词形式"my",在对话题内容的介绍中,作者加入自己的亲身经历和体会,拉近了与读者的距离,增强了论断的可信度。这里的"I"发挥的功能为反思者(reflecter)(Tang & John, 1999),涉及作者对自身经验的回顾和总结。在汉语例证中,［CBR♯31］中使用的"我们"是排他性的,只指向作者本身,将读者排除在外。此处"我们"的使用从表明上看似乎弱化了作者在研究中所发挥的作用,事实上,作者通过这种方式把自己作为学科话语社团的一员呈现在读者面前,希望借助学科话语社团的力量增强论断的可靠性。同时,这种用法减弱了作者所表达观点的所属性,减轻了作者可能为论断所负的责任。

在语步 1 中，介入标记语在英汉书评中的使用频数分别为 16.00 个/万词和 1.12 个/万字。它在英语书评中主要集中的步骤 2，使用频数为 11.35 个/万词。它在汉语书评中主要集中在步骤 4，出现频率为 0.47 个/万字。下面分别举两例进行说明。

[EBR♯42]〈步骤 2〉Candlin, Crompton and Hatim's book is a valuable tool for {介入标记语} <u>student writers</u>, in particular those from non-English speaking backgrounds.

[CBR♯23]〈步骤 4〉然而，{介入标记语}<u>我们</u>在寻求统一能力量表的同时，也应留心相关教学人员，特别是对测试理论知之甚少的考生、企业雇主等，对所谓"统一"的盲从和误用。

例[EBR♯42]中，在英语书评的步骤 2 中使用了介入标记语 "student writers" 和 "those from non-English speaking backgrounds"，它们用于指向书评作者认为的所评著作的潜在读者群，使得对于著作的介绍更有针对性。例[CBR♯23]中的介入标记语"我们"用在步骤 4 中，这里的"我们"是融他性的，将读者包含在内，这是一种语用移情的用法，可以缩短作者与读者的语用距离，引起读者共鸣，使读者更容易接受作者对话题内容的介绍，促进交际目的的顺利完成。

在语步 2 中，自我提及语在英语书评中的使用频数为 1.14 个/万词，主要集中在步骤 8，使用频数为 0.93 个/万词。它在汉语书评语步 2 中的出现频率为 0。我们从英语书评的步骤 8 中选取例证对此进行说明：

[EBR♯39]〈步骤 8〉This 'centrifugal' pull towards normative orientations to language and discourse is a theme picked up by Bennett in the Conclusion, as {自我提及语} <u>I</u> discuss below.

在上例中，自我提及语"I"出现在步骤 8 中，它在此处发挥"引导者"(guide)的功能(Tang & John,1999),带领读者对语篇的阅读和理解。

语步2中,介入标记语在英汉书评中使用频数分别为 9.93 个/万词和 2.00 个/万字,它们又都主要集中在步骤 8,出现频数分别为 7.84 个/万词和 1.44 个/万字。我们对此分别进行举例说明:

[EBR♯35]〈步骤 8〉Together with Chapter 1 and Chapter 8, this creates a dialogue across the volume, and invites {介入标记语} the reader to think about these notions while engaging with subsequent chapters.

[CBR♯30]〈步骤 8〉语料库辅助话语研究不是话语分析和计算的简单相加,而是通过复现来验证或反证{介入标记语}我们的主观偏见,使话语分析更有价值。

例[EBR♯35]和例[CBR♯30]分别使用了介入标记语"the reader"和"我们"。作者在步骤 8 中把读者引入到话语中,将其构建为话语的参与者,与读者一起了解著作章节的内容。

在语步 3 的步骤 10 中,自我提及语在英汉书评中的出现频数分别为 7.33 个/万词和 0.61 个/万字。介入标记语在英汉书评中的使用频数分别为 11.25 个/万词和 3.54 个/万字。我们对此分别举例说明。

[EBR♯35]〈步骤 10〉{自我提及语} I agree with this assessment, just as I agree with Jones' differentiated critique.

[CBR♯40]〈步骤 10〉不论因果还是致使在英语中都是"causation",但哲学层面更加关注因果,而语言学层面更加关注致使,{自我提及语}我们用中文"致使"来对译"causation"是考虑到本论文集所涉及的语言现象大多是关于致使的。

[EBR♯36]〈步骤 10〉Nor should {介入标记语}we expect calculation methods reflecting different research designs to produce matching proportional distributions.

[CBR♯39]〈步骤10〉因此语用变异研究有助于{介入标记语}我们更好地认识语用学的元理论基础及其内在的局限性,这对英语语用学、普通语用学以及其他语言的语用研究都具有一定的意义。

例[EBR♯35]和例[CBR♯40]中分别使用了自我提及语"I"和"我们"。其中,[CBR♯40]中的"我们"是排他性的,不包含读者,而且这一话语片段所在的书评语篇是由单个作者撰写。在汉语书评中,作者一般避免将自身作为个体来提及,他们使用排他性的"我们"来传达自己的声音,这样既可以避免可能要负的责任,又可以彰显自己谦虚的态度。这两例中的第一人称代词作为自我提及语在语篇中发挥的功能是"观点持有者"(opinion-holder。Tang & John,1999),表达了作者对报道内容的所有权,是一种推销"promotion"(Hyland,2001a:223)的修辞策略。作为"强调作者贡献的非常有力的修辞策略"(Hyland,2001a:207),自我提及语在步骤10中的使用能够帮助作者表达个人观点,并与其他观点区别开来。

例[EBR♯36]和例[CBR♯39]分别使用了介入标记语"we"和"我们",它们在此处均为融他性用法,将读者包含在内。这种用法在建立恰当的作者身份的同时,实施了有效的介入,是创建作者与读者互动关系的策略。步骤10在对著作进行评价时,使用介入标记语能把读者作为学科社团的成员拉进话语中,在与作者的相互理解中实现共同的目标。

在语步4中,自我提及语在英语书评中的出现频数为1.75个/万词,主要集中在步骤12,使用频数为1.65个/万词。它在汉语书评中的出现频数为0。介入标记语在英语书评的语步4中出现频数为2.79个/万词,主要分布在步骤12,出现的标准频数为2.48个/万词。介入标记语在汉语书评中的出现频数为0.19个/

万字,在步骤 11 和步骤 12 中的出现频数均等,均为 0.09 个/万字。下面进行举例说明。

〔EBR♯46〕〈步骤 12〉{自我提及语} I found *The Handbook of EAP* a valuable resource for <u>my</u> research and teaching in the area of English for Specific Purposes.

〔EBR♯44〕〈步骤 12〉This book will also inspire numerous questions in {介入标记语} <u>readers</u> that go beyond the chapters themselves.

〔CBR♯27〕〈步骤 11〉该书不仅为{介入标记语}<u>我们</u>提供了普通语用学的理论与实践,更为重要的是,它为语用学跨文化交际这一特殊研究领域指明了方向。

〔CBR♯40〕〈步骤 12〉不过,瑕不掩瑜,该论文集在结合语言学、哲学和心理学研究致使现象上进行了大胆尝试,跨学科研究体现了理论层面的广度和深度,丰富的跨语言材料提供了更多关于致使范畴研究的类型学证据,这些都为{介入标记语}<u>我们</u>今后的研究提供了重要启示。

语步 4 是对语篇的总结,同时作者还给出推荐著作的理由。例〔EBR♯46〕中使用了自我提及语"I",这种修辞策略的选择构建出作者的自我身份,强化他们在语篇中的作用,帮助作者获得读者对其论断的认可。它的物主形容词形式"my",通过把作者与作者所做的工作联系起来凸显作者的贡献,表明作者与研究结果和研究行为的紧密关联。例〔EBR♯44〕、例〔CBR♯27〕和例〔CBR♯40〕中分别使用了介入标记语"readers"和融他性的"我们",它们的使用在一定程度上减少了语篇的主观性,拉近了作者与读者的距离,读者更容易接受作者所推荐的著作。

自我提及语和介入标记语的使用除了在上文中介绍的情况外,我们在研究语料中还发现了其他一些情况。比如,在下面例〔CBR♯03〕中,作者使用名词"笔者"进行自我指称。通过这种用法,作者把自身隐藏在文本之后,尽量使语篇显得客观。但同时,这也拉远了作者和读者之间的距离。

[CBR♯03] 此外,⟨自我提及语⟩<u>笔者</u>认为,《指南》对二语习得研究有以下重要参考价值:

另外,通过对英汉书评语料中自我提及语的进一步考察我们发现,第一人称单数形式的使用频率较低,这其中可能的原因是:多数语篇由两个或两个以上作者撰写;它比第一人称复数形式预示了更强的面子威胁行为(Brown & Levinson,1987;Myers,1989)。因此,对于独撰作者而言,要展现自我形象,与学科社团的成员建立友好关系就更为困难。这也许从一定程度上解释了汉语作者在独撰作者的情况下也使用复数人称代词进行自我指称的原因。当然,这背后还有其他的文化传统和规约,我们将在第六章进行详细阐述。

对于介入标记语而言,我们借鉴 Hyland(2005b:182—186)的分类,从研究语料中选取例证说明它的 5 种不同类型。

(1) 读者人称(reader pronouns)

这是使读者介入话语的最显性的方式,我们在上文中介绍的融他性的"we"和"我们"就属于这种类型。这种用法一方面向读者传达出明确的信号,说明他们也属于特定的话语社团,另一方面也宣称了作者的权威和自信的态度。除了融他性的"we"和"我们",表达泛指概念的人称代词"one"也属于这种显性的话语形式。例如:

[EBR♯02] For example, if ⟨介入标记语⟩ <u>one</u> is interested in learning more about ethnography of language policy, <u>one</u> should consult McCarty's edited volume (2011) (references to this and other texts are included in Part IV).

(2) 插入语(personal asides)

插入语开启了作者视角,它在话语的进展中打断论断,从命题发展转向读者。它是构建作者-读者人际关系的策略,增强了参与者之间的人际关系。它一般出现在破折号之间(如例[EBR♯10])或小括号内(如例[CBR♯20])。

[EBR♯10] The content of the volume{介入标记语} — especially the new chapters introduced in the third edition— guarantees supportive scaffolding in issues of L2 writing.

[CBR♯20] 第三,每一部分都基于研究现状,提出了未来研究课题或方向,为二语时体(习得)研究者{介入标记语}(尤其是在读研究生以及初涉二语时体习得研究领域的研究者)的研究选题及其实施提供了极好的参考。

需要说明的是,对于同一种话语形式可以根据不同的研究目的从不同的角度进行解读。在本研究中,我们把插入语视为换言式注解标记语,没有把它统计在介入标记语的范围内。

(3) 共享知识(shared knowledge)

这种话语形式的使用表明作者把语篇的关注点转向对读者的塑造,假定读者已经拥有特定知识,并把读者置于共同的学科知识范围中。例如:

[EBR♯05] This emphasis on discourse is, {介入标记语} of course, not new to pragmatics ......

(4) 指令语(directives)

指令语用于对读者行为的指导,或者使读者按照作者设定的方式看待事物。在书评语篇中,指令语主要用于在语篇中对读者的引导,把他们引向语篇的其他部分或其他语篇。指令语是一种有风险的策略,大多数指令语都是将读者引向文献,而不是告诉他们如何解读论断。例如,[EBR♯01]中的"see"和[CBR♯22]中的"参见"。

[EBR♯01] Indeed, Maryns touches on this point at the end of Chapter 5 and in her other work with asylum seekers (({介入

标记语〉see，e. g. Maryns 2014).

　　[CBR♯22] Leech 把礼貌与不礼貌纳入他的礼貌原则框架下解释可能仍存有争议（〈介入标记语〉参见 Bousfield 2007：Culpeper 2011)，但他的观点不妨可视为一派之说，对于深入开展礼貌研究，尤其是不礼貌研究提供了新的视角。

　　(5) 提问(questions)

　　提问是对话介入的重要策略，它邀请读者进入到话题中，引出作者的观点。这种方式能够引起读者兴趣，鼓励读者以平等的身份与作者一起探索。事实上，大多数问题都是反问句，并不期待读者作出反应。也就是说，作者提出问题并立刻做出回答，在开启对话的同时又关闭了对话。例如：

　　[EBR ♯ 21]〈介入标记语〉 If a writer suggests that 'capitalism has spread across the globe' are readers in any real doubt that someone has done the spreading?

　　[CBR♯13]〈介入标记语〉但是，为什么之前还需要有那么多章呢？

5.4　本章小结

　　本章主要考察了元话语资源的各个项目在英汉语书评语篇各个语步及其步骤中的分布情况，并从研究语料中选取例子进行说明。研究把元话语资源与书评语类的修辞结构紧密结合起来，分析各个语步和步骤的修辞功能如何通过特定的元话语手段实现。反过来，不同的元话语资源在不同语步和步骤中分布比例的不同也反映了这些语步和步骤特定的修辞功能。

　　对于元话语资源在应用语言学学术书评这一语类中进行的跨语言跨文化的比较分析表明，英汉语书评对于元话语资源的使用既有共性又存在差异。元话语资源在英汉语书评语类中使用的相似之处表明,英汉语书评作者都遵循相同的学科文化和语类规约,在同一语类框架下进行写作。元话语资源项目在英汉语书评语类中使用的差异性表明,文化在语类所强加的规约外对学术写作也会带来影响,来自英汉不同文化背景的书评作者对读者赋予不同的角色。在汉语文化中,部分信息以隐性的形式出现,读者被赋予更多自由,需要付出更多努力来推理语篇中较为隐性的信息内容;而在英语修辞中,作者提供更多显性信息,给读者更明确的指引,减少语篇理解对于读者的挑战程度。对于元话语资源在英汉语书评语类中使用的异同我们将在下一章进行多维度的解读。

第六章　英汉学术书评中语类
结构和元话语使用情
况的多维度解读

　　前两章对于语类结构和元话语资源的分析和讨论结果为我们理解英汉学术书评这一语类提供了详实具体的描述和分析,本章拟对研究结果进行较为充分的解释。

　　Kaplan(1966)在半个世纪以前就指出,不同语言间的修辞风格具有差异性。Connor(2004b)认为,语类分析不能仅仅局限在语篇的语言或表面特征,还应该扩展到语篇层面以外更具广泛意义的语境因素。事实上,作者在进行学术写作时所作的任何选择(包括语类结构和元话语资源的使用)都是极其复杂的,单一维度很难对作者作决策的过程和方式进行解读。基于此,我们在这一章会从思维模式视角、文化视角和语用视角对英汉应用语言学学术书评中语类结构和元话语使用的情况进行多维度解读。

6.1　对英汉学术书评中语类结构和元话语使用情况解读的思维模式视角

　　"学术语篇和其他语篇一样,最终都要从人类决策(human decision)的层面进行解读"(Duszak,1997：11),"文本参数只有作为人类选择的实现形式时才具有显著性"(Duszak,1997：12)。

这强调了学术写作中"人"的因素,而关注点从文本特征转向使用者特征已经是现代话语研究中非常普遍的现象(van Dijk & Kintsch,1983),写作者在研究中选择或舍弃的项目实际上是他们所实施的策略行为。这一节讨论的思维模式视角正是对"写作者"本身的关注,也是英汉比较研究的重要内容。

英汉学术书评语篇的修辞结构和元话语使用特征反映了作者所处文化特有的逻辑和思维模式,从总体上来说,哲学中有两种基本的思维方式:悟性思维和理性思维(连淑能,2006)。中国传统的思维方式虽含有理性主义的成分,但总体上归属于悟性思维,体现为整体性、形象性和归纳性,而西方的思维方式总体上属于理性思维,具有个体性、抽象性和演绎性等特点。

6.1.1 整体思维和个体思维

在语步结构的呈现方式方面,汉语学术书评语篇倾向于较为集中地实施特定语步的交际功能,书评作者通常在完成对著作章节的概述后再从总体上实施评价的言语行为;英语学术书评语篇往往是"评""介"结合,也就是说,在对著作某一章节内容介绍的同时进行评价。这种差异性在语步结构上就表现为英语学术书评中出现更多语步2和语步3的循环现象。

这在一定程度上反映了中西方"整体思维"和"个体思维"模式的差异。中国传统哲学的思维模式和语言观倾向于整体性和笼统概念,重悟性,具有"整体思维"的特点(潘文国,1997),它强调在对事物的认知中,以整体为出发点,从整体上把握事物的特点及属性。这也就解释了汉语书评为什么倾向于对著作内容的概述和对著作的评价分别进行较为完整的呈现。西方文化强调个体的独立作用和个体之间的相互关系,具有"个体思维"的特征(潘文国,1997),它注重逻辑思维,习惯于通过对目标对象的分解了解事物特征。这反映在英语书评语篇的语类结构中就表现为将著作内容分解为不同部分,把每个章节视为较为独立的个体,分别介绍其内容并进行评价。

6.1.2　形象思维和抽象思维

英汉语学术书评语篇中有些元话语资源使用情况的差异性可以用抽象思维与形象思维的区别来解释。在第五章的图5.1中，我们呈现了元话语资源在英汉学术语篇各个语步中的分布情况。其中，在语步2中，注解标记语在汉语书评语篇中所占比例明显高于英语书评。这其中可能的原因是，中国传统的思维模式属于形象思维，通过把内心事物与客观事物形象的联系把握认知对象的规律，强调直觉与经验。这种思维方式与中国汉字的历史是密切相关的，古代汉字往往以具体事物的形状来表示。在学术写作中，汉语作者会倾向于运用重新阐释或列举具体事例的手段为抽象事物和概念提供注解，帮助读者理解语篇。换言式和举例式是注解标记语的次类别，它们在汉语书评的语步2中占据了更多比例，说明汉语作者善于对章节中涉及的抽象概念进行具体说明，这符合他们形象思维方式的特点。

另外，第五章的表5.2显示了逻辑标记语在英汉学术书评语篇语步和步骤中的分布情况，逻辑标记语的三个次类别附加式、比较式和因果式在英语书评中的使用频数明显高于汉语书评。这种呈现方式部分地受到西方抽象思维模式的影响，它更倾向于通过抽象符号进行逻辑推理。这种思维方式与西方拼音文字的特征密切相关，西方语言中的单词通过单个字母组合而成，再通过单词组成短语、句子和篇章，这种"点-线-面"的逻辑形式与人的智力运行轨迹一致，引导人们关注事物之间的联系。西方语言的这种特点和语法形式强化了印欧语系民族对于事物表明逻辑关系的感知能力，使得他们能够在脱离现实世界的情况下进行基于符号的抽象思考。英语学术书评语篇中附加式、比较式和因果式逻辑标记语的大量使用显性地呈现了话语片段之间的逻辑关系，符合西方文化抽象思维的特点。

对于英汉语学术书评中逻辑标记语使用的异同我们还可以从英汉语言本身的差异来解释。英语语篇采用具有严谨形式结构的形合法，这是由其形式逻辑的哲学背景决定的，它主要体现为语篇衔接与连贯的显性呈现，逻辑关系通过关联词语明确地传达出来。王力（1984：141）对于英语语言的这种特点这样总结："西洋语言是硬的，没有弹性。"汉语语篇多采用意合法，往往借助意义或逻辑关系实现句子之间的连接，关注的重点在于意义而非形式结构，语篇的连贯性多以隐性形式体现出来，意义的关联需要读者自己领悟和体会。正如王力（1984：141）所指出的："中国的语法是软的，富于弹性。"事实上，王力所说的中国语法的"软"和英语语法的"硬"分别体现了人的悟性和理性。

英语学术语篇还有一些较为典型的特征，比如，使用抽象名词表达复杂的理性概念，通过名词化手段概括具体行为和事件等。这些特征虽然在本研究中没有涉及，但是它们的使用也反映了西方文化的抽象思维特征。

6.1.3　归纳法和演绎法

归纳法和演绎法是中西思维方式的另一种体现形式。所谓归纳法就是通过对具体事实、数据等的考察归纳出具体规律，而演绎法则是从一般到特殊、从抽象到具体的推理方法。汉语深受儒家思想的影响，汉语语篇以辩证思维为主，多采用归纳法。作者对观点的陈述和结论的获得往往基于大量事实或原因，通过多角度分析逐步引出结论。英语受古希腊文化与哲学思想的影响，思维往往具有逻辑性和分析性。英语学术语篇多重理性、重实证分析，倾向于运用演绎法，开篇常为作者的观点或态度，按照一定的逻辑顺序层层剖析论点中的问题，展开论述。英汉学术书评语篇呈现方式的不同可以由这两种思维方式的差异提供部分解释。

本研究第四章中表 4.5 和表 4.6 分别是对英语书评和汉语书评中步骤结构的展示。我们注意到，步骤 2 在英语书评中多出现在语篇开篇处，但是在汉语书评中多出现在语篇结尾处，并与步骤 12 共现。步骤 10 在语篇中的呈现也体现了类似的特征，它在英语书评中的位置较为灵活，但是在汉语书评中多出现在语篇靠近结尾处。我们知道，书评语篇最重要的交际目的就在于向潜在读者群评介著作的特征。步骤 2 的修辞功能在于介绍潜在读者群，步骤 10 的修辞功能在于对著作特征的评价，两者集中体现了作者撰写书评的交际功能。它们在英语书评语篇中多出现在语篇靠前的位置，这反映了英语作者在处理语篇信息时的演绎思维，即先凸显重要的观点、判断和结论，再通过介绍背景、分析原因、阐释例证等方式进行分析推理，对主题展开说明。步骤 2 和步骤 10 在汉语书评语篇中多出现在语篇结尾处，这反映了汉语作者在处理语篇信息时的推理思维，即通过对背景的介绍、原因的分析、例证的阐释等逐步深入的手段表达观点、作出判断、获得结论等。

中西方思维方式的差异除了上文介绍的三个方面，还有螺旋思维和直线思维的差异以及主体思维和客体思维的差异。中国人的螺旋思维和西方人的直线思维体现在学术语篇的结构上就表现为汉语语篇对篇章整体结构的强调，倾向于从侧面阐述，最后点明主题。英语学术语篇则倾向于开篇点题、逐步剖析的结构布局。中西方的主体思维和客体思维体现了两个哲学概念，主体指的是有认识和实践能力的人，而客体指的是客观事物。这种思维差异在学术语篇中就表现为，汉语句子常用有生命的人和动物做主语，多使用意合的无主句；而英语重视客观实证，常用无生命的物体或抽象概念做主语，多使用施动句子结构和被动结构。在研究对英汉学术书评的考察中，我们未能涉及到这一点。

6.2　对英汉学术书评中语类结构和元话语使用情况解读的文化视角

Raymond Williams(1983：87)将文化描述为英语中最复杂的现象之一，到目前为止都没有人们普遍接受的定义。在语言研究中，对文化的界定最有影响力的观点认为，它是一个具有历史传承的、系统性的意义网络，它能使我们理解、发展并交流知识和对世界的观点(Lantolf，1999)。人类的社会和文化特征都可以通过语言和话语实现，每一话语社团都具有自身的规约、价值和交流方式(van Dijk et al.，1997)。语言与文化相互依赖、相互影响，它们之间的密切关系是人们普遍认同的(Mauranen，1993b；Clyne，1987；Bloch and Chi，1995)。文化概念在跨文化修辞(Intercultural Rhetoric)(Conner，2004b)和语类分析(Genre Analysis)的理解中发挥重要作用(Sanz，2006)。Atkinson(2004)指出，文化是对比修辞研究中尚未发展完善的概念，部分原因在于这一概念本身的复杂性，而这种复杂性源于文化是一种作为过程的动态建构。他(2004：285)通过对文化概念应用范围的考量把文化区分为大文化(big cultures)和小文化(small cultures)，使其成为更灵活的分析工具。Atkinson 指出，他对文化的这种划分是因为他注意到，各种类型的社交场景(无论是大范围还是小范围)都与文化有很多相似的特征。因此，文化概念可被用于研究这些现象，还可以调整它的范围以适应研究需求。大文化指的是国家或民族的较大范围的文化。对于教育语境下"小文化"的概念，Atkinson(2004)借鉴了 Holliday(1999)的研究，将学生文化(Student Culture)、教室文化(Classroom Cultrue)、专业-学术文化(Professional-Academic Culture)等不同范围和层次的文化类型包含在内。这些小文化类别既有自己内在的规约和行为，又与其他小文化类别和大文化之间都有重叠之处。这种区分能让我们了解不同文化因素之间的互动以及这种互动在语言中的反映。在这一节中，我们将借鉴 Atkinson(2004)的"大文化"和"小文化"概念，从文化视角解读英汉学术书评中语类结构和元话语使用的异同。

6.2.1 大文化

这里的"大文化"指的是国家或民族层面上的文化维度。对本研究中涉及到的中西方文化而言，具体包括高语境文化(High-Context Culture)和低语境文化(Low-Context Culture)、集体主义(Collectivism)和个人主义(Individualism)、高不确定性规避文化(High Uncertainty Avoidance)和低不确定性规避文化(Low Uncertainty Avoidance)。

6.2.1.1 高语境文化和低语境文化

语境在交际中的重要作用是众所周知的，但是不同文化对于语境的依赖程度存在差异。人类学家 Edward Hall(1976)据此将文化分为高语境文化和低语境文化，为基于文化的对比研究提供了一种有效的考察方式。高语境文化中的信息往往存在于物理语境中，或内化于交际者的头脑中，着重强调非言语编码，以符号代码这种外显形式呈现的信息非常有限。处于高语境文化的人们对情感和态度的表达往往较为含蓄，言语中所包含的显性信息较少。在低语境文化中，多数信息通过外显的符号信息传递出来，人们在显性编码的信息中寻求他人行为的意义，信息的细节体现在交际言语中。处于低语境文化的人们共同体验较少，需要在交往中提供更多信息以保证交流的顺利进行。

从总体上来说，英汉语学术书评在语类结构和元话语资源使用方面的差异主要表现在：英语书评语篇的语步结构和步骤结构的复杂程度明显高于汉语书评，英语书评中使用的元话语手段明显多于汉语书评。这些文化间的差异性可以在一定程度上由高语境文化和低语境文化提供解释的视角。Hall(1976)通过细致的考察指出,亚洲的中国、日本、韩国等国属于高语境文化国家,而西方的美国、加拿大等国家属于低语境文化国家。英语学术书评语篇作为低语境文化下的学术交流方式,需要借助更多显性编码手段满足其话语社团成员对更多详尽信息的期待。具体来说,更多更复杂的语步结构和步骤结构能够发挥更丰富的修辞功能,更多的元话语资源能够为语篇解读提供更多线索、为交际主体间的互动提供更多机会,这样就能从多个角度为读者提供更为全面的信息,弥补低语境文化中人们的共同经验和背景知识的不足。汉语学术书评语篇作为高语境文化下的学术交流方式,很多信息的含义都内嵌于情境规则中。其所在学术话语社团的成员共享较多的背景知识,并已知晓信息在特定语境中倾向于解读的方式,具有较为稳定的期待,在交际过程中不需要提供更多显性信息。同时,相同的传统和文化背景也赋予高语境文化中的人们更多的同质性。这也就在一定程度上解释了汉语学术书评为什么使用了较少并且较为简单的语步结构和步骤结构以及较少的元话语资源。

Hall(1976)还指出,高语境文化和低语境文化之间的另一项区别体现在个体与群体之间强调重点的不同。在高语境文化中,人们之间的关系较为紧密,对他人的责任要先于对个体的责任,对于群体成员的忠诚具有重要意义。而在低语境文化中,人们之间的纽带关系较为薄弱。在学术语篇的交流中,要维护社团成员间的和谐关系,就需要根据所处的不同文化提供恰当的信息。在低语境文化中,如果提供的信息不充分,就容易对语篇的理解带来模糊性和歧义,引起相关话语社团成员的不满。而在高语境文化中,提供过多的信息则会造成啰嗦、重点内容不突出等消极印象,也显示出语篇作者的不专业或对文化规约的不了解,这样就会影响到所传递信息的交际效果。

Hofstede(1994)是最早通过广泛的统计数据研究文化价值

的学者之一，他以 50 个国家和 3 个地区成千上万个人为考察对象，从个人主义（individualism）、不确定性规避（uncertainty avoidance）、权势距离（power distance）、男性气质－女性气质（masculinity-femininity）、长期/短期取向（long-term/short-term orientation）等五个维度对他们所处的文化模式进行评定，建立区别文化间差异的体系。前两个维度能够为本研究中英汉学术书评语篇中语类结构和元话语使用的差异提供解读。

6.2.1.2　集体主义和个人主义

"以自我为中心和以集体为中心是决定人类行为的基本模式之一"（Yum，1997：78）。中国一直被认为是"集体主义"社会，"个人服从集体是中国社会的显著特征"（Meyer，1994：54）。而"个人主义"则被认为是美国主流文化中最重要的模式（Samovar，2004）。需要指出的是，两者并非相互排斥，而是程度上的差异。中西方文化中都既存在个人主义又存在集体主义，差异性主要体现在哪一种因素在特定文化中更具代表性，彰显出更多的集体主义或更多的个人主义。

集体主义和个人主义的价值观念融入到相应的教育文化中，并进一步影响到人们的认知、学习和交流模式。集体主义的主要特征体现在：强调集体而非个体的观点、需求和目标；社会规约和职责由集体界定；信仰在集体内共享；随时做好准备与集体内其他成员合作；个体在情感上依赖于组织和机构（Hofstede，1994）。中国的集体主义价值观体现了中国的群体取向，即个人利益服从集体利益。人们往往以"我们"非"我"为出发点思考问题，注重维护人际关系的和谐。个人主义的主要特征为：个体是社会语境中最重要的单位；强调独立性而非依赖性；个人成就受到推崇；个体的唯一性和独特性极具价值。Hofstede（1994）进一步指出，倾向于个人主义的文化推崇的是竞争而非合作；个人目标先于集体目标；人们对于组织和机构没有情感上的依赖性；每一个体都拥有私有财产权和表达观点的权利；强调个体的创造性和成就。

　　在对步骤结构进行分析时，我们注意到，英汉书评语篇在步骤3中实施介绍作者信息的修辞功能时存在差异：汉语书评往往把所评著作作者所属院校或研究所作为一项很重要的信息呈现出来，而英语书评中对此项信息的介绍就较少。这可能是因为，倾向于集体主义的中国文化更强调个体的集体归属，认为个体服务于集体，同时集体的特征尤其是积极方面的特征也会反射到个体身上，为个人本身或个体的论断增加分量。汉语书评作者对所评著作作者所属单位的凸显也许是想向读者传达其交际意图，即这个单位在相关学科领域取得了较好成绩，在学术话语社团中具有一定地位。这就向读者隐性地传达了这样的信息：来自这一单位的作者属于这一话语社团，他/她所撰写的著作应该具有一定的学术基础和专业性。这样就能使潜在读者更容易接受书评作者对著作表达的论断和观点。而倾向于个人主义的西方文化更关注的是个人意愿、个体价值以及自由和创造力。他们的行为和思维方式都更为直接，鼓励个人观点的表达。在他们看来，对所评著作作者所属单位的介绍并非实现交际目的的重要手段。因此，步骤3在英语书评中的出现频率较低，为可选步骤，但是在汉语书评语篇中为必选步骤。具体研究结果可参见第四章中的表4.7和表4.8。

　　另外，英汉语学术书评在自我提及语的使用中存在三方面的差异，这种现象也可以使用集体主义和个人主义的文化差异来解释。第一，在国际范围内用英语发表学术书评的应用语言学学者比中国同行使用更多的自我提及语，构建了更强的作者身份。这体现了其个人主义的文化特质，强调自身对观点和论述的所属权。第二，汉语作者即使在只有单一作者的情况下也使用排他性的"我们"，很少使用"我"，而英语书评在这种情况下则使用第一人称单数形式"I"，极少使用"we"。汉语学术书评语篇中倾向于使用排他性的"我们"反映了中国文化的集体主义特征。这种做法将风险推及作为集体的"我们"，减少了书评作者对论断要承担的风险。而仅指向书评作者本身的"我"是一种更强的在语篇中投射作者身份的方式，这与集体主义的价值观念不相符。第三，融他性的"我们"在汉语书评中广泛使用，但是在英语书评中很少出现。这种对人称代词的策略使用也体现了汉语所处的集体主义文化，书评作者使读者介入语篇，与自身构建临时"集体"，这种积极的互动关系是维系作者-读者关系的一种有效纽带。

6.2.1.3　高不确定性规避文化和低不确定性规避文化

不确定性规避指的是"特定文化中，人们在不确定的情境中所感受到的威胁程度，并试图通过维护严格的行为规范和对绝对事实的相信来避免这些情境"（Hofstede，1986：308）。高不确定性规避和低不确定性规避分别属于 Hofstede（1986）评价等级的两端。处于高不确定性规避文化的人们具有高度的紧迫感和进取心，他们会实施一定策略来避免不确定性和模糊性，具体包括：确立成员的稳定性，建立更正式的规则，不容忍观点和行为的偏离，寻求一致，相信绝对真理和专家评价等。另外，还可以通过书面规则、计划、规范和仪式等方式增加生活的结构化。有这种倾向的国家包括中国、日本等。在评价等级的另一端，处于低不确定性规避文化的人们更容易接受生活中固有的不确定性，焦虑较少，生活也更为放松。同时，他们还更具灵活性、更愿意冒险、不过多依赖专家、不需要有过多规则。处于这一文化类型的国家包括瑞士、美国、荷兰等。

在第四章的表 4.1 和表 4.2 中，我们总结了英汉语学术书评语篇中的语步结构。从中可以看出，英汉语书评的语步结构存在较大差异。英语书评语篇的语步呈现方式更为灵活，有更多语步循环、语步套嵌、语步逆序等现象。这部分原因是因为，英语书评作者在低不确定性规避的文化规约下进行写作时，具有更多的表达自由，以更加多样的或具有创造性的方式实现交际目的。相比之下，汉语书评语篇的语步呈现方式就较为单一。对具体语篇的进一步考察发现，汉语书评语篇往往由若干小标题组成，书评作者在这些小标题限制的框架内实施修辞目标。汉语属于高不确定性规避文化，对书评语篇的结构化能够在一定程度上避免不确定性，使这一语类的语篇以更为完整的形式呈现。处于这种文化下的读者也能较容易获得作者的交际意图，根据自己需求有选择性地进行阅读，这样就在一定程度上减少了读者处理语篇信息时需要付出的努力。

6.2.2　小文化

本研究中的"小文化"指的是英汉学术写作语境下的不同写作文化和写作模式。这些"小文化"在跨文化情境下会与国家文化的"大文化"之间相互作用（Connor，2004b）。

6.2.2.1　写作文化

写作与文化之间的密切关系是人们普遍认可的，学者们从不同视角对此予以关注。Kaplan（1966）从对比修辞学（contrastive rhetoric）的角度指出，语言和写作都是文化现象。Moreno（1997：5）认为，"写作是文化的目标"。Mauranen（1993b：37）强调，写作是一种文化产物，是人类社会中具有意义的社会实践或行为。对于不同语言和文化中的写作行为，Connor（1996）指出，每一种语言都有其独特的修辞规约。Mauramen（1993b：4）也认为，文化对于写作行为产生重要影响。Kaplan（2000：84）在对比修辞研究中致力于构建的研究基础就是，不同语言具有不同的修辞偏好。以上观点表明，文化可能会对写作内容、组织写作的方式以及对不同交际语境的反馈带来影响。同时，文化因素也可能会影响到我们的感知、语言、学习和交流方式。这可能是因为我们的文化价值是由语言反映并承载的，文化能使我们看到在写作中我们组织认知和期待并使他人介入的方式。在这一节中，我们主要考察英语和汉语所属的"大文化"如何对写作文化这个"小文化"提供解释的视角。

从知识构建的形式上来看，英语文化传统大多遵循的是苏格拉底和亚里士多德的哲学，认为辩论或讨论是获得真知的重要手段（Tweed & Lehman, 2002）。在学术语篇中，这种文化观念会影响到塑造观点的方式，英语作者多强调理性推理，强调对对立观点的表达。汉语的修辞规约植根于中国传统文化中，儒家和道家的传统思想不像西方哲学传统那样把辩论视为理解真知的有用工具（Peng & Nisbett, 1999）。在这里，权威和经典受到推崇，真知往往不证自明（Bodde, 1991）。这种文化传统影响下的修辞规约多依赖经验性知识，而非形式逻辑（Nisbett et al., 2001），这反映在书面语篇中就是一种不同于英美修辞传统的知识建构方式（Matalene, 1985）。

在英汉不同文化传统的影响下，一些元话语资源项目在英汉学术书评语篇中的使用体现出差异性。比如，英语书评作者使用较多的比较式逻辑标记语，构建观点和知识的修辞目标通过对对立观点的表达实现。相比较而言，汉语作者在书评语篇中使用的比较式逻辑标记语较少。这可能是因为，中国的传统观念认为，知识是在对细节和经验的不断累积中获得的，而不是通过推理，比较式逻辑标记语作为一种推理手段就使用的较少。同时，这迎合了中国传统文化中构建和谐人际关系的需求。

在模糊标记语的使用方面，英语书评语篇也明显多于汉语书评语篇。英语作者使用更多的模糊标记语，以显示在学术观点表达时的审慎态度，为其他同行或读者可能提出的反对或对立观点留出商讨的空间，反映了英语学术传统对对话性的推崇。与英语书评相比，模糊标记语在汉语书评中出现的较少，这说明，汉语这一特定语言社团的文化传统强调更多的是内容的权威性和可信度（Hu & Cao, 2011）。Hyland（1998）指出，模糊标记语的使用涉及复杂的思维过程和选择过程，科学研究的背后是引导研究者的社会规约，对学术写作的不同认识会影响到不同语言文化背景下的作者对模糊标记语的使用。Hu & Cao(2011)在其研究中也指出，英汉语中模糊标记语使用的差异在很大程度上可以归于宏观社会语境下不同的修辞规约和说理风格。因此，我们可以说，模糊标记语不仅是一种语言现象，它也反映了书面语篇背后由文化传统决定的修辞规约。

6.2.2.2　读者负责型写作-作者负责型写作

Hinds（1987）提 出 的 读 者 负 责 型 写 作 模 式（reader responsibility)和作者负责型写作模式（writer responsibility）主要反映的是不同语言对于读者在语篇中介入程度的不同期待。事实上，这两种不同类型反映了不同的读者意识。在读者负责型的写作模式中，作者倾向于对观点不进行充分清晰的表达和阐释，往往只是给出线索，读者需要在语篇的解读中付出更多努力。这种写作风格也给读者留下赏析语言神秘性的机会。而在作者负责型或"内容负责型（content-oriented)"（Clyne，1987）的写作模式中，作者作出的论断要清晰、有条理，交际失败的主要原因往往会归于作者未能通过有效方式达到交际意图，而不是因为读者在语篇理解中没有付出足够努力，这彰显了语篇以读者为中心的态度。一般而言，进行清晰表达的愿望和需求渗透在英语文化中，英语写作更倾向于作者负责型，作者要对有效交际负主要责任。而汉语写作更倾向于读者负责型，对有效交际负主要责任的是读者。Hinds(1987：143)提醒到，之所以是负"主要"责任，是因为这种现象只是一种倾向性和趋势而非"规则"(rules)。这也就意味着，英语中也存在读者对有效交际负责的情况，汉语中也有作者对有效交际负责的情况。

英汉语学术写作中关于这种写作模式的"小文化"也受到了国家和民族层面的"大文化"的影响。在前文对高语境文化和低语境文化的介绍中我们知道，包括汉语在内的高语境文化不需要过多依赖显性手段，交际主体共享的背景知识能够为交际目的的达成提供充分信息。这也就从一定程度上解释了读者负责型的汉语写作模式。而包括英语在内的低语境文化下的交流通常使用更多的显性编码，英语书面语篇的高度显性化体现在作者负责型的写作模式中。

作者负责型和读者负责型的写作模式对英汉语学术书评语篇中元话语资源的使用和修辞结构的呈现也产生一定影响。英语书评语篇使用了更多的元话语资源预测语篇的进展以及话语片段之间的关联性，显性地标识作者的推理步骤和解读方式。这就使得语篇的结构显性化，以更为清晰连贯的方式呈现语篇，给予读者更多关注，体现了作者负责的特点。相比较之下，汉语书评就使用了较少的元话语资源，读者需要付出认知努力推理作者通过较为隐性的方式表达的交际意图，体现了读者负责的特点。

在修辞结构方面，英汉作者对于书评语篇结尾的处理方式也存在较大差异。具体说来，语步4在汉语书评中的出现比例明显小于英语书评。英语书评往往会有显性结尾，对著作进行总结和评价。而很多汉语语篇往往缺乏显性结尾。换句话说，英语书评中由作者实施结束语篇的言语行为，体现作者负责型的写作模式。而汉语书评中这一交际行为由读者来完成，读者需要跟随作者思路，基于对语篇的理解解读作者对所评著作最终推荐与否的态度，这体现了读者负责型的写作模式。

书评作者在语篇中所使用的修辞选择和策略受其价值体系所限制，是其所处文化影响的结果。需要说明的是，由于每个国家文化本身内在的多样性以及文化交流和跨文化的影响，我们在这里所描写的文化特征和文化差异只是一种"宽泛的趋势"（broad tendencies）而非"确切的两分法"（exact dichotomies）（Mauranen，1993b：2）。

6.3　对英汉学术书评中语类结构和元话语使用情况解读的语用视角

Myers(1989：30)指出："虽然写作不涉及面对面的交流,但它也是一种互动的形式。"Hoey(2001)将读者和作者的关系比作互相适应彼此舞步的舞伴,他们通过预测对方的意图来理解语篇。英汉书评语篇中特定语类结构和元话语资源的使用反映了作者的读者意识,这种对读者需求的敏感体现的是一种对话性。学术写作也就因此转变成作者和读者之间相互协商的契约,作者会基于自己的语篇经验,预测读者对论断可能会作出的反应,读者也不只是循规蹈矩地遵循作者的呈现方式,而是参与到对写作节奏的安排中。语用学方法的哲学传统也强调交际双方的互动与交流,从语用层面对英汉书评比较研究的结果进行解读可以有效揭示书评语篇建构过程中作者和读者之间的互动关系。本节涉及的语用视角包括礼貌策略和合作原则。

6.3.1　礼貌策略

学者们对礼貌策略的阐释和应用主要集中在会话层面。Myers(1989)通过分析礼貌策略在分子遗传学论文中的应用表明,这一分析模式也可以扩展到书面语篇尤其是学术写作的一些语类分析中。Myers(1989,1992)的研究开启了运用语用礼貌模式研究学术语类的先河,成功地证明了 Brown & Levinson(1987)礼貌策略和面子威胁行为(Face Threatening Acts)的大部分类别都可以在书面语篇中找到相应例证。学术语篇中经常被界定为惯例或常规用法的表达方式实际上都是对礼貌手段的策略运用,都可以从礼貌策略的角度进行重新解读,它们反映了作者在向学术话语社团传达命题时的恰当态度,是对语篇中所代表的人际关系的恰当回应。因此,对于学术语篇的研究应该将维持作者和读者之间社交关系的策略，即礼貌策略考虑在内。事实上，对于礼貌原则而言，研究它在书面语篇中的使用情况也拓展了它的研究范围。

用礼貌视角分析学术语篇的主要困难似乎在于缺少特定的表达对象，也就是对读者的确定。事实上，我们不需要在现实生活中去寻求真正的读者，语篇中提供的线索可以帮助我们找到潜在的读者，并提供作者和读者之间的关系。同一言语行为可能会对不同的读者产生不同的强加力量，对学术书评而言，涉及的潜在读者包括著作作者、被引用文献的作者、所评著作的读者、书评的读者以及话语社团内的其他读者等。

书评语篇中的评价行为涉及到命题意义以外的社会-语用因素（socio-pragmatic factor）（Hyland，2000：45）。评价对于著作作者和话语社团都具有人际意义：一方面，对著作的评价可能会潜在地破坏著作作者在学术领域的声望；另一方面，学术书评者在发表论断、实施评价行为时，呈现出一种在学科领域具有话语权的专家形象，可能会对学术话语社团造成威胁。这些都会无法避免地涉及到面子威胁行为（Brown & Levinson，1987），即威胁到潜在读者的公众形象或面子的行为。面子威胁程度的大小与论断的分量以及一旦论断被接受需要改变的读者的数量有关，换言之，它是由社会关系衡量的。对于所评著作的批判性评价，尤其是消极评价，有可能造成书评作者和著作作者或著作支持者之间的人际冲突。虽然避免批评是减少潜在冲突的一种方式，但是读者期待书评作者对于著作既有积极评价也有消极评价，这是他们评价著作质量的主要依据（Spink et al，1998）。这就需要作者在书评语篇中使用拯救面子的礼貌策略，用于减少、修复或补偿对面子的潜在威胁行为。正如 Myers（1989：5）所指出的那样："学术语篇包含学者之间的互动，对面子的维护（the maintenance of face）至关重要。"

Brown & Levinson(1987)将面子分为积极面子(positive face)和消极面子(negative face)。积极面子指的是希望得到赞同、欣赏和尊重,自己的需求得到别人理解,被视作同一社团的成员。消极面子指的是不希望自己的行为和自由受到他人的干涉或阻碍,希望能独立自主。在书评语篇中,对著作的肯定和赞扬维护了作者的积极面子,对著作的批评则同时损害了作者的积极面子和消极面子。因此,书评作者需要使用积极礼貌策略和消极礼貌策略分别满足交际对象的积极面子需求和消极面子需求。

Brown & Levinson(1987)关于礼貌策略的理论被称为"面子保全论"(Face-saving Theory)。积极礼貌策略和消极礼貌策略属于对面子威胁行为的补救策略(redressive strategies)。积极礼貌策略保全的是交际参与者的积极面子,通过强调他们的共同兴趣和愿望而减少面子威胁程度,营造的是交际参与者之间的亲近关系。消极礼貌策略以回避为基础,通过强调交际对象行为的权利和自由满足其消极面子需求,不把自己的意志强加于人,传达的是交际参与者之间的平等关系,避免对读者实施强加之力,其功能在于弱化作者对命题表达的力度。在学术书评语篇中,作者与潜在读者之间的关系决定了礼貌策略的选择,而作者对积极礼貌策略和消极礼貌策略的选择揭示了作者与读者以及其所属话语社团的互动方式。

6.3.1.1　积极礼貌策略

亲近团结的关系在学术社团中是受到推崇的,学术书评语篇中积极礼貌策略的使用表达了作者对目标读者或者学术话语社团的关注和对他们积极面子需求的尊重,能够构建与他们之间的和谐关系。英汉学术书评语篇中部分语类结构的呈现和元话语手段的使用特征都可以运用积极礼貌策略进行解释,为这一策略在不同文化中的普适性增加证据。

在语类结构中,步骤4、步骤9和步骤10所实施的修辞功能都是对积极礼貌策略的运用,达到与读者建立亲近关系的交际目的。具体说来,步骤 4 是对所评著作涉及的话题内容的概括,提供与读者共享的背景知识和共同信息。步骤 9 介绍的附加材料把读者引向著作中的特定部分。步骤 10 中,作者在对著作的评价中与读者共享了个人的情感和态度。这三个步骤通过不同的修辞手段使读者介入到语篇的发展进程和语篇理解中,作者通过把读者视为共同话语社团的成员拉近与他们的心理距离,维护了读者想要融入社团的积极面子需求。

　　一些元话语策略的运用也是构建作者与读者亲近关系的手段:(1)态度标记语的使用,尤其是表达积极含义的态度标记语,往往传达的是书评作者与著作作者或潜在读者之间的共同观点,是对著作作者论断表达的认可和赞同。有利于弱化实施消极评价的言语行为可能会带来的面子威胁程度,借此维护和谐的人际关系。(2)内指式消息来源标记语或引用的使用把读者引向学科领域内其他相关的文献,向读者提供必要信息并告知他们在何处获得这些信息,这是对读者兴趣和需求的关注,传达了作者对潜在读者认知水平的评估,认为他们与自己一样具备相关领域知识,这种寻求共同点的做法也是一种积极礼貌策略。从被引用作者的角度来说,其研究成果只有在被引用中才能存活下来,这满足了被引用作者寻求认可和关注的积极面子需求(Myers,1989:6)。(3)介入标记语中融他性"we"和"我们"的使用将读者显性地置于语篇中,成为交际的参与者,表达了作者期待与读者合作的意愿,将读者视为同一话语社团的成员或学科群体内成员(memebership of a disciplinary in-group。Hyland,2001b:555),是作者寻求在社团成员间做出论断的积极礼貌策略。(4)书评作者使用作为介入标记语的修辞问句,直接邀请读者加入到对论断的思考与评判中,引导他们对语篇进行特定的解读。(5)模糊标记语也可以用作积极礼貌策略,作者在准确恰当地表达自已论断的同时,把语篇理解的空间留给读者,这在一定程度上降低了论断被否定的可能性,也是作者在其论断被证明错误时逃避责任的手段,反映了书评作者寻求被认可和接受的积极面子需求。作者在对著作实施积极评价时使用模糊标记语,是对称赞的缓和行为,可以在读者不认可这种积极评价的言语行为时避免冲突,维护与读者之间的和谐关系,保护书评作者的积极面子。

称赞是一种积极的礼貌策略,能维护听话者的积极面子(Brown & Levinson,1987:103－104),是书评语篇中维护和提升作者与读者之间亲密关系最有效的礼貌策略之一(Hyland,2000)。但是,对于书评语篇要实施的交际功能而言,仅仅有称赞是不够的。通常情况下,作者在书评语篇中一方面要对著作的不足之处提出批评,另一方面还有顾及潜在读者尤其是著作作者的积极面子需求,他们经常采取的积极礼貌策略包括:(1)先褒后贬,也就是先对著作的优点进行表扬,再对其缺点提出批评。虽然作者的最终目的是批评,但是批评之前的赞扬作为缓冲可以有效地缓和批评的力度,维护了著作作者的积极面子。(2)以赞扬的方式结束书评语篇,这样可以修复前文中对著作的批评,削弱了"批评"这一负向评价行为对作者积极面子的威胁程度,保护作者的积极面子。(3)对著作中的不足之处表达理解和同情,甚至指出某些不足在相关研究领域具有普遍意义,在现有的研究条件下还无法克服,这样就在很大程度上淡化了著作作者对这种缺憾要承担的责任,减弱了批评的力度,满足了书评作者的积极面子需求。这些积极礼貌策略的实施使书评作者对著作的评价在批评和赞扬之间保持了平衡(Hyland,2000:45),这样既能帮助书评作者完成书评语篇要达到的交际目的,又传达了作者想要构建和维护与交际对象之间亲近关系的交际意图。

另外,英汉书评语篇中对特定信息的省略或相关专业领域缩略语的使用也是积极礼貌策略,因为作者通过这些方式将读者视为特定话语社团的成员，也就是能与作者共享特定专业知识的同行，维护了读者的积极面子。作者对信息的省略还能帮助读者更快速有效地阅读，显示了作者对读者节约时间这一需求的关注。

6.3.1.2　消极礼貌策略

书评作者在语篇中通过对著作的介绍和评价说服读者接受其对于著作的论断，这就会不可避免地把自己的意志强加给读者，威胁到读者的消极面子；而消极礼貌策略的实施传达了作者不干涉读者行动自由的交际目标，承认并尊重读者对消极面子的需求。任何论断或批评都可能会对读者的面子带来潜在的威胁（Myers，1989），礼貌策略最重要的功能是用于对论断的缓和（Hyland，1996a），而实现这一交际目的最有效的手段就是使用模糊标记语。模糊标记语涉及对命题真实程度和命题范围的修正，以谨慎的态度呈现未经检验证明的命题（Hyland，1996a），这体现了礼貌原则中的得体准则、谦逊准则和一致准则。对模糊标记语资源进行解读的语用学视角更多关注的是它对说话者、受话者以及他们之间的关系产生的影响，对于书面语篇而言，就是对作者、读者以及两者之间的关系产生的影响。模糊标记语能减弱作者对论断表达的力度，减轻言语行为的面子威胁程度，保护读者的消极面子。同时，这种不确定的表达将论断标识为暂时性的而非绝对的，通过开放对论断的评判邀请读者加入到对话中，向读者提供了进行其他解读的可能性，尽量避免对读者自由的干涉。模糊标记语在书评作者实施批评或称赞的言语行为时也可以用作消极礼貌策略，它通过限制积极评价或消极评价的程度，避免将自己的观点强加给读者，维护了读者的消极面子。总体说来，模糊标记语作为一种礼貌策略，是一种缓和性的语言策略，可以缓冲作者的论断对其他学者或读者的"面子"可能带来的损害。它的使用可以使作者规避风险，进行自我保护（Channell，1994）。

英汉书评语篇中使用的消极礼貌策略除了模糊标记语,还有非人称结构。非人称结构在学术语篇中的使用除了显示研究的客观性,它"主要发挥的是人际功能,帮助作者在提出自己论断或否定他人观点时尽量减少面子威胁程度"(Myers,1989)。非人称结构其实是作者为避免向读者实施强加力量而使用的弱化机制,允许作者在预料到可能存在的反对或批评时,逃避读者把矛头指向自身的风险。作者身份的消失拉大了作者与研究过程和研究结果的距离,增加了读者解读作者论断的自由,尊重了读者对消极面子的需求。英汉书评语篇中其他用作消极礼貌策略的手段还有条件句及虚拟语气,它们多出现在表达消极评价的话语片段中,可以减轻这种批评言语行为对读者尤其是著作作者的面子威胁程度,使得作者的论断更容易被接受。

上述两节在对积极礼貌策略和消极礼貌策略的讨论中,我们主要考察的是它们在英汉书评语篇中的共性。事实上,它们在书评语篇中的使用也是存在一定的文化差异性。Scollon & Scollon(1995)通过跨文化交际研究表明,来自高度个人主义文化语境的个体可能更注重个人的面子需求,而来自集体主义文化语境的个体更多关注的是它所在群体的面子。英语文化语境下的书评语篇更倾向于使用消极礼貌策略,通过缓和威胁面子的批评以及其他产生消极效果的行为以避免或最大程度地减少对读者的强加力度。汉语文化语境下的书评语篇则更倾向于使用积极礼貌策略,强调对集体的融入和集体内部的良好关系。两者的区别集中体现在自我提及语"I"和融他性"我们"的使用。英语书评作者在语篇中使用更多的单数第一人称代词"I"进行自我指称,这种对自我的凸显展现了作者为学科社团所做的贡献,把对论断要负的责任完全归于自身,不强加给读者。汉语书评使用更多的是把读者也包含在内的复数第一人称代词"我们",这是作者作出群体内论断的积极礼貌策略,用于构建与读者之间的亲近关系。

6.3.2　合作原则

合作原则（Cooperative Principle）被认为是语用学的发展中最有影响力的理论之一，它是 Grice 提出的会话含义理论（Conversational Implicature）的核心部分。Grice 认为，合作是一条潜在的规则，是谈话双方相互理解交际的前提。他将合作原则界定为："在你参与的谈话中，整个交谈过程里你所说的话语应该符合你所参与的这次谈话的目标和方向。"（转引自俞东明，2011：73）Grice 依据德国科学家康德的四个哲学范畴进一步把合作原则具体化为四项准则：数量准则（quantity maxim）、质量准则（quality maxim）、关联准则（relation maxim）和方式准则（manner maxim）。对于合作原则及其四个准则的适用范围，Lindblom（2001）回顾了合作原则在不同学科领域的运用情况：教育领域的研究者将其用于分析课堂话语；修辞和写作领域的学者用它来研究有效的写作策略，考察写作特征和写作过程，并将其与广泛意义的修辞结合起来；从事性别领域研究的学者运用合作原则描写男性和女性进行交际时的差异等等。同时，他还指出，学界到目前为止尚未对 Grice 的合作原则进行充分的理解和运用。Grice（1975：47）本人也指出，合作原则及其准则不仅适用于口头交流，也适用于任何合作的"理性行为（rational behavior）"。基于此，我们可以说，写作也是作者和读者之间的合作行为：作者期望目标读者能够理解他的交际意图，读者则通过解码语篇意义理解作者的交际意图。虽然作者和读者无法进行面对面的交流，但他们之间也是合作性的交际。合作交际需要作者能以最恰当的方式向读者清晰、完整、连贯地表达自己的观点，为读者参与到交际中提供便利。

合作原则要求作者要有读者意识，这对于其学术论断是否被接受以及被接受程度的大小而言至关重要。作者要能预测到读者可能做出的反应、他们的背景知识、处理问题的能力以及其他特定需求等,在写作过程中需要将这些考虑在内,把写作预设为与读者或潜在同行的对话。作者在遵守合作原则和四个准则的前提下,进行语篇的规划和准备工作,向读者提供适量的、恰当的信息,尽量准确、谨慎地呈现其观点,以排除可能的反对意见。可以说,学术写作就是增加语篇说服力的努力,它的有效性取决于作者对读者需求的分析能力。同样,在信息的接收端,读者会认定他/她所阅读的语篇是经过事先规划和筹备的,他们愿意与作者一起完成交际目标。在英汉学术书评写作中,元话语资源的恰当使用可以帮助作者介入到语篇中以组织论断、呈现自我身份、表现与读者之间的关系、表达学术态度等,以期在与读者的对话中实现交际目的。这一过程可以由 Grice 的合作原则进行解释,学术书评写作话语社团的成员通过书评语篇进行交流,这种交流方式可被视为一种合作行为。合作原则的这些准则能够帮助作者恰当地使用元话语资源,事实上,这些准则是作者使用何种元话语资源背后的逻辑动力(Davies,2007)。

数量准则对说话人提供的信息量提出要求,一方面要达到交谈时所要求的量,另一方面又不能比要求的量多。学术书评语篇中的数量准则涉及作者是否提供了足够的信息完成写作目标,它要求作者考虑读者需求的信息量,并考量所提供的信息是否足以说服读者接受其观点。这样,作者就既能充分表达自己观点,又能有效去除冗余信息。书评语篇中内指式消息来源标记语的使用在避免重复的情况下把读者引向语篇的其他部分或所评著作的特定位置,它的使用符合合作原则对"数量"的要求。例如:

[EBR#20] The concept of 'essential elements', 〈内指式消息来源标记语〉 previously introduced in Chapter 3, is revisited but this time, it is made relevant to the cognitive processes involved in the production and consumption of academic texts.

[CBR♯27]〈内指式消息来源标记语〉<u>如上所述</u>，在跨文化交际中说话者与听话者较语内交际需付出更大的努力来建立公共知识背景。

上述例[EBR♯20]中的"previously introduced"和例[CBR♯27]中的"如上所述"都是用于总结前文所陈述内容的内指式消息来源标记语。作者通过对这一类别元话语项目的使用传达了他想要读者更清晰地理解特定内容又不想对其进行重复表达的交际意图。更进一步的观察表明，作者通过内指式消息来源标记语引出的重复内容只是对文本中其他部分已论述内容的概要。它的恰当使用是书评写作者对数量准则的策略运用，否则，只会导致语篇的冗长单调。

其他遵守数量准则的手段还包括：首字母缩略词、指示代词、脚注和尾注中使用的上标数字"etc.""等""et al."等等。它们在语篇中的使用可以有效调节作者所提供信息的数量，是作者对交际目标考量后的选择，满足了读者对语篇的经济性和可读性的需求。

质量准则要求说话人实事求是，不说自己认为不真实的话语，不说自己缺乏足够证据的话语。学术书评语篇中的质量准则能引导作者关注表达的准确性和事实的真实性，提供能使命题站得住脚的论据。在元话语资源中，证源式消息来源标记语、模糊标记语和增强标记语的使用都体现了对质量准则的遵守。其中，证源式消息来源标记语的使用能帮助作者利用学术话语社团内其他成员的研究成果保证自己论断的充分性，提示作者在缺乏足够证据的情况下不要作出论断。例如：

[EBR♯12] Corpus-based research on published academic prose highlights the importance of the appropriate use of specific sets of multiword sequences〈证源式消息来源标记语〉<u>(Cortes, 2004)</u>.

［CBR♯17］情感会影响专业判断且具有多变易逝难以测量的特征｛证源式消息来源标记语｝(Zembylas 2005)。

例［EBR♯12］中的"(Cortes，2004)"和例［CBR♯17］中的"(Zembylas 2005)"都属于证源式消息来源标记语,作者通过对这类元话语资源项目的使用将论断推及话语社团内的其他成员,作为对自己论断的支撑,为论断提供证据,遵守合作原则的质量准则。

模糊标记语的使用表明,作者获得的证据还不足以支撑其论断。例如:

［EBR♯50］ *Editing Research* is an extremely useful bibliographical resource for professionals in this field and those who ｛模糊标记语｝ might benefit from their services.

［CBR♯41］如在第十二章,作者只用一页篇幅简单介绍了建模、理论框架和假说,｛模糊标记语｝似乎过于简略,若增加一些其他实例与现有的例子进行横向对比,则对不熟悉该领域研究的读者更有裨益。

上述例［EBR♯50］中的"might"和例［CBR♯41］中的"似乎"都是运用模糊标记语的例证,它们的使用看似没有向读者提供足够的信息,似乎违背了数量准则,其实这正是对质量准则的遵守,反映了作者传达信息时的诚实态度。

增强标记语则传达了作者对于充足证据的自信,例如:

［EBR♯18］We may be used to pedagogical tools-｛增强标记语｝ particularly those digital-which have had inflated claims.

［CBR♯38］二语课堂｛增强标记语｝显然已不再是语言输入资源的唯一来源。

上述两例使用了增强标记语"particularly"和"显然",这体现了作者对质量准则的遵循,即他所作出的论断是基于充足的论据,而且他对此很有把握。

总之，这三种元话语策略之间的相似之处在于，它们处理的都是命题的真实性，反映了作者对于所获得证据的判断。它们都体现了合作原则对于"质量"的要求。

数量准则和质量准则涉及说话内容，而方式准则涉及说话的方式。Grice 列出了方式准则的四个要求：避免使用含混的表达、避免使用容易引起歧义的话语、说话要简要、说话要有条理。学术书评语篇中的方式准则强调表达的简洁性、准确性和有序性，避免晦涩。框架标记语、逻辑标记语和注解标记语的使用都是为了帮助读者更全面清晰地了解语篇，其目的在于最大程度地减少读者在处理信息时需要付出的努力。可以说，这三种元话语资源满足了合作原则中的方式准则。具体说来，框架标记语能使语篇更有条理性，以更为显性的方式呈现语篇结构和讨论的话题。例如：

[EBR＃42]〈结构标记式框架标记语〉<u>Overall</u>，this book is an excellent resource for both pre-matriculated and novice L1 and L2 university students who are seeking to learn the ropes of the Popularized Research Paper.

[CBR＃26] 第一，〈话题转化式框架标记语〉<u>在章节编排方面</u>，尽管主编很注意建立章节之间的联系，在文中均会标注，但实证研究的编排顺序缺乏明显规律。

上述两例中分别使用了结构标记式框架标记语"overall"和话题转化式框架标记语"在……方面"，帮助读者跟随作者的思路进行语篇理解，同时限定了作者在下文的论述内容，体现了表达的条理性，遵循了合作原则中的方式准则。

逻辑标记语能向读者显性地标识话语片段之间的逻辑关系，例如：

[EBR＃38]〈附加式逻辑标记语〉<u>In addition</u>，this book provides researchers with a useful summary of the existing body of research on collaborative writing in the L2 and encourages them to consider alternative ways of carrying out research on collaborative writing such as longitudinal studies.

　　［CBR＃33］{比较式逻辑标记语}<u>然而</u>，由于二语习得本身的多面性和复杂性，二语习得研究还仍处在理论体系构建和假设形成阶段。

　　上述所举例证中分别使用了附加式逻辑标记语"in addition"和比较式逻辑标记语"然而"，它们的使用能使读者较为容易地获取作者的表达意图，作者对表达意图的清晰呈现能减轻读者语篇理解中的负担，遵守了合作原则中的方式准则。

　　注解标记语通过对概念或论断的重新阐释或举例说明，引导和帮助读者恰当地解读语篇。例如：

　　［EBR＃40］As a strategy to facilitate the process and prospect of publication, they recommend enlisting the help of "publication brokers"（p. 134）-also {换言式注解标记语}<u>referred to as</u> shapers by Burrough-Boenisch（2003）or literacy brokers（Lillis & Curry, 2010）.

　　［CBR＃22］Leech 认同 Brown & Levinson（1978,1987）对礼貌现象具有"普遍性"的解读，{换言式注解标记语}<u>即</u>人际交往系统建立在普遍原则基础之上，只是在具体实施各项准则时不同文化之间、同一文化中的不同范畴及群体之间体现出差异性。

　　上面两个例子中的"referred to as"和"即"都属于换言式注解标记语。通常，话语社团的成员都能理解其他成员所传达的论断，而注解标记语的使用往往能提供一些有价值的资源，用于厘清可能会产生歧义的术语或概念，这遵循了合作原则中的方式准则。

　　关联准则要求所说的话要相关，不说与交谈主题无关的话。需要指出的是，我们在本研究中未能发现可以用关联准则进行解释的元话语资源项目。但这并不意味着英汉学术书评语篇中不存在关联准则。事实上，关联准则能引导作者考察其论断、举例等是否与既定目标和读者相关联，论据是否与论点相关联等等。Wilson & Sperber（2004）在其关联理论中，将"关联性（being relevant）"作为评判整个写作过程是否连贯以及是否达到交际目的的标准。我们也认同，作者在写作过程中，试图通过最小的努力获得最大的认知效果，元话语资源的使用也是其获得这一交际目标的手段。但是在 Grice 的合作原则下，我们的研究语料中没有与关联准则相对应的元话语资源。运用关联理论对相应的语言手段进行的解读超出了本研究所涉及的范围。

另外，在合作原则的框架内，有些元话语资源发挥的功能不止一种。比如，内指式证源标记语除了可以避免信息的重复表达，还可以间接地用于构建人际关系，节省作者在寻找相关信息时所付出的努力。因此，它既体现了"数量准则"，又体现了"方式准则"。

6.4　本章小结

本章对英汉应用语言学学术书评语篇中的语类结构和元话语使用情况进行了较为全面的解读和分析，解读的视角涉及思维模式、文化和语用。其中，中西方思维模式主要包括整体思维和个体思维、形象思维和抽象思维以及归纳法和演绎法，它们可以对英汉书评语篇中语步和步骤的呈现方式、逻辑标记语在语步和步骤中的分布情况、步骤在语篇中的出现位置等方面的差异在思维模式层面提供解释。对于文化视角，我们分别从国家和民族层面的"大文化"以及学术写作语境下的"小文化"两个方面进行介绍，用于阐释英汉学术书评语篇中修辞结构和元话语使用情况的"大文化"包括高语境文化和低语境文化、集体主义文化和个人主义文化、高不确定性规避文化和低不确定性规避文化。"小文化"则包括英汉不同文化传统影响下的学术写作文化以及读者负责型写作模式和作者负责型写作模式。我们在本章中用于解读的另一个语用视角涉及语用学的经典理论：礼貌策略和合作原则，礼貌策略又包括积极礼貌策略和消极礼貌策略。这些视角为我们全面理解英汉学术书评在修辞结构和元话语使用方面的异同提供了不同的维度。

英汉语学术书评语篇的语类结构和元话语使用特征就是在上述各种因素影响下的不同学术文化中逐渐发展起来的。事实上，社会与文化的动态性和发展性为学术写作结构以及语言形式的调整不断地创造和保留空间，不同文化中的写作传统在对社会规约和价值观的动态遵循中不断建立起来（Hyland，1998b：178）。全球化过程使得英语学术写作模式在其他文化中的进一步植入成为可能（Salager-Meyer et al.，2003），这些变化的动态性可能会削弱写作中各个国家传统的角色，使得它们作为影响因素的力度越来越小。只有大规模的历时对比研究才能充分展示在不同社会写作风格的塑造中形成的规约与不断变化的社会历史因素之间的相互作用。对于英汉学术书评写作而言，中西方学术交流的不断扩大与深入会使它们在结构布局以及元话语资源的使用等方面呈现出一定的趋同性。

第七章　结语

　　在本研究的最后一章，我们首先对研究结果做出总结，接着从理论和实践两方面介绍本研究对后续相关研究带来的启示，最后指出本研究存在的不足以及对未来研究的展望。

7.1　研究结论

　　我们将学术书评写作视为社交活动和基于期待的实践，具有对话性和互动性。书评语篇除了实施介绍和评价著作这一概念维度的功能外，还具有重要的人际功能。交际参与者被置于写作实践的中心，如何处理他们之间的关系是书评作者需要考虑的重要问题。一方面，他们需要与读者构建良好的互动关系。这里的"读者"是一个抽象概念，它作为特定话语社团的成员存在于作者心中。作者基于自身在相关学科领域的经验对读者的认知水平、处理信息的能力、获取信息的需求等方面进行预测，通过界定概念、提出论断、表达态度等行为构建书评语篇。另一方面，作者需要恰当处理与学术话语社团中其他成员的关系，通过文本间性与同行进行协商，将自己所做论断置于整个学科领域中，为学科发展做出贡献。基于对学术书评的这种认识，我们对英汉学术书评语篇的修辞结构和元话语使用情况进行了跨语言跨文化的比较

研究,研究得出的结论如下:

首先,源自同一学术话语社团(学术书评语类)的英汉书评作者在应用语言学学科规约的影响下,在书评语篇修辞结构的构建中呈现出一定的共性:(1)Motta-Roth(1995)基于英语文化语境下不同学科领域的书评语篇总结出的书评语类结构模式既适用于英语应用语言学学术书评,也基本适用于汉语应用语言学学术书评,这一模式中涉及的语步和步骤在英汉书评语篇中均有体现。(2)英汉学术书评语篇虽然都以语步1开始,但是它们的语步结构都没有完全按照"语步1-语步2-语步3-语步4"的顺序展开,他们根据不同的交际需求对语步序列进行重新调整,涉及语步的逆序、循环、套嵌等现象,体现了英汉作者在书评语篇结构构建中的创造性和自由度。(3)英汉语书评语篇的发展趋势均为"整体"(语步1)-"局部"(语步2和语步3)-"整体"(语步4),反映了书评作者关注点的变化,即从对著作的宏观介绍到对著作局部特征的描述和评价最后到对著作总体特征的总结。(4)对英汉书评中各个步骤出现频率的统计发现,步骤1、步骤4、步骤5、步骤7、步骤8、步骤10和步骤12为英汉语书评的必选步骤,步骤11为英汉书评的可选步骤。(5)英汉语书评中以步骤4开头的语篇均占较大比例,步骤4实施的修辞功能在于介绍相关背景知识,英汉作者对书评的这种开篇方式具有拯救面子的语用效果,维护了良好的作者-读者互动关系。

其次,英汉作者在应用语言学学术书评语篇修辞结构的构建中也呈现出一定的差异:(1)对四个语步在英汉书评语篇中出现频率的统计发现,英语书评中的四个语步均为必选语步,语步结构完整,向读者提供的信息全面;在汉语书评中,语步1和语步2为必选语步,语步3为常规语步,语步4为可选语步。语步4的交际功能之一在于结束语篇,部分缺失语步4的汉语语篇需要读者在解读语篇时付出更多认知努力。英汉语书评的这一差异可能是因为英语文化语境更倾向于作者负责型写作模式，而汉语文化语境更倾向于读者负责型写作模式。(2)对语步结构的呈现方式和语步在书评语篇中出现频次的统计表明，英语书评的语步结构比汉语书评的语步结构复杂，英语作者在书评结构的构建中更具灵活性。这可能是因为，属于高不确定性规避文化规约下的汉语学术期刊已将书评语篇用小标题划分成具有不同交际功能的几个部分，这在一定程度上限制了汉语书评作者对语篇结构构建的自由程度。(3)英汉书评语篇在必选步骤和可选步骤的选项方面也存在差异：步骤 3 和步骤 6 在英语书评中为可选步骤，在汉语书评中为必选步骤；步骤 2 和步骤 9 在汉语书评中为可选步骤，在英语书评中则为必选步骤。(4)步骤 3 在英汉语书评语篇中的使用也表现出较大差异，它在实施介绍作者信息的修辞功能时，所评著作作者的所属单位这项信息在汉语书评语篇中出现较多，英语书评语篇则较少涉及，这可能归因于倾向于集体主义的中国文化对集体归属感的强调。

再次，元话语资源在英汉应用语言学学术书评语篇中的使用及其在语步和步骤中的分布呈现出一定共性：(1)英汉学术书评中都使用了丰富的元话语资源，用于显性标识文本结构、评价内容、说服读者，在书评语类实施评价和介绍的修辞功能时发挥重要作用。其中，引导式元话语是涉及目标导向、读者导向以及文本间性导向的策略，是作者组织命题的方式，迎合了特定读者对于连贯性的需求。互动式元话语所包含的策略涉及读者和语篇之间的关系、读者和作者之间的关系、作者和前期研究作者之间的关系以及作者和话语社团之间的关系。它允许作者表达自己对于命题信息的视角以及对于读者群的态度。(2)英汉语学术书评语篇中引导式元话语的使用均多于互动式元话语。这一分析结果不同于 Hyland(2005b)和 Hyland & Tse(2004)对不同学科中研究论文的研究结果。这可能与书评语类本身的特殊性有关，书评语篇与所评著作之间的紧密关系要求作者使用更多的引导式元话语项目组织语篇,引导读者把书评语篇和所评著作结合起来理解。(3)英汉语学术书评语篇中,消息来源标记语均是引导式元话语中使用频率最高的元话语类别,态度标记语均是互动式元话语中使用频率最高的元话语类别。这一研究结果反映了书评语类与其他研究性论文的差异(Hyland,2005b)。我们已经知道,对所评著作的介绍和评价是书评语篇要实现的最重要的交际功能,消息来源标记语能指向著作的具体章节和内容,态度标记语主要实施的是评价功能。两者作为英汉书评中使用频率最高的元话语类别能帮助书评语篇有效地实现其交际功能。(4)对于元话语资源在英汉语书评各个语步和步骤中分布情况的进一步考察发现,元话语项目多集中在语步1的步骤4、语步2的步骤8、语步3的步骤10和语步4的步骤12。这些步骤均是英汉书评语篇的必选步骤,元话语资源在步骤中的这种分布趋势与这些步骤要实施的修辞功能密切相关。(5)英汉语书评中的元话语项目都多集中在作为书评主体部分的语步2和语步3。由此,我们可以判断,英汉两种文化中,应用语言学学科社团在元话语的使用方面具有共享的语类规约特征。

最后,元话语资源在英汉应用语言学学术书评语篇中的使用及其在语步和步骤中的分布也呈现出一定差异:(1)总体来说,根据标准化处理过的使用频数,英汉语书评具有不同的修辞倾向,英语书评使用的元话语资源远远多于汉语书评,每一种元话语类别在英语书评中的使用也都多于汉语书评。这些元话语资源标识了书评语篇的进展方式以及读者和作者之间的人际互动方式,显性地呈现了作者的交际意图。英汉语书评对元话语使用的差异可能受到作者负责型写作模式和读者负责型写作模式这种"小文化"特征的影响。从国家和民族层面的"大文化"维度来说,这可能是由低语境文化和高语境文化的特征造成的。前者多通过显性编码传达信息，后者对于信息的传递较为含蓄。从英汉书评作者面对的读者信息来说，英语中使用更多的元话语资源可能是因为英语作者面临的是来自不同文化背景的国际读者群，需要借助更多的元话语手段帮助读者理解语篇。汉语书评作者使用了较少的元话语资源，可能是因为他们面对的主要是国内读者群，具有共同的文化背景，读者不需要借助太多的元话语手段就能理解语篇。毕竟，修辞特征常与特定的读者群相关联，作者交际的有效性也往往取决于是否满足了读者需求。（2）在自我提及语的使用方面，英语作者多使用单数第一人称代词"I"，用于凸显作者的论断和对学科社团所做的贡献。而汉语作者即使在单一作者的情况下也倾向于使用排他性的复数第一人称代词"我们"，强调对集体的融入。英汉作者在书评语篇中对自我身份的不同投射方式分别受到个人主义和集体主义文化特征的影响。这可能因为，处于汉语文化语境下的书评作者认为作者在语篇中的较少投射更能增加语篇的客观性和可接受度，没必要使用太多的元话语资源强化作者在语篇中的身份。

总之，英汉语书评语篇在语类结构和元话语资源的使用方面既存在共性也存在差异。它们之间的相似之处表明，学术写作是一项基于话语社团的行为，同属于应用语言学学术书评语类话语社团的英汉语作者在书评语篇的撰写中遵循了相同的学科规约和语类规约，通过对书评语篇中人际关系的考察恰当地呈现修辞结构，并运用元话语手段在"语步-步骤"结构中实现交际意图，反映了英汉作者作为书评语类内部成员的身份，他们以这种群体内身份构建与读者的对话。两者之间的不同之处表明，思维模式、文化、语用等因素在语类强加的规约外也会对学术书评写作带来影响，来自英汉不同语言文化背景以及处在国际、国内不同发表语境的书评作者在这些因素的影响下对潜在的读者需求产生不同预期、对交际目标产生不同期待、对自身与学术话语社团之间的关系产生不同定位,并通过对语类结构和元话语资源的策略运用构建不同的人际关系,实现特定交际功能。

7.2 研究启示

本研究以英汉应用语言学学术书评语篇为语料,根据研究需要对 Motta-Roth(1995)的书评语类结构和 Hyland(2005a)的元话语分类模式进行适当调整,并以它们为理论框架,考察了英汉学术书评的"语步-步骤"结构以及元话语资源在具体语步和步骤中的分布情况和使用特点,并尝试从思维模式视角、文化视角和语用视角进行解读。研究结果具有一定的理论启示和实践启示。

7.2.1 理论启示

本研究在理论方面的启示主要体现在以下几个方面:

首先,我们进行书评语类结构研究的理论框架借鉴了 Motta-Roth(1995)的书评语步分析模式,这一模式主要基于英语文化语境下语言学、化学和经济学三个学科领域的学术书评语篇提出。研究结果表明,它也同样适用于汉语文化语境下应用语言学学科领域的学术书评语篇。这就从跨文化的角度为书评语类理论的普适性提供了证据。

其次,Hyland(2005a)的元话语分类框架主要应用于书面学术语篇,尤其是研究论文。本研究考察元话语资源在书评语篇这个学界较少关注的语篇类型中的使用情况,在一定程度上拓展了元话语分类模式的应用范围,并帮助人们加深了对学术书评特征的了解。

再次,我们将元话语资源与书评语类的修辞结构结合起来,考察每一个元话语项目在具体语步和步骤中的使用和分布比例,反映了语步和步骤具体功能的语言实现方式,以及元话语项目所能实现的修辞功能。标识特定交际意图的元话语资源与实施特定交际功能的"语步-步骤"的结合，能更全面深入地展现学术书评语篇的互动性和策略性，为其他语篇类型的研究提供借鉴。

最后，我们对研究结果从中西方的思维模式、文化和语用等多个角度进行解读，将语类结构理论和元话语理论置于跨文化和多学科的语境下考察，为它们的进一步发展提供了多维视角。

7.2.2　实践启示

学术写作是学术素养的重要组成部分。在英语已成为世界学术通用语的语境下，作为非英语国家的学者们尤其要关注特定的学科规约以及跨语言跨文化背景下学术语篇的理解和写作。研究结果对于学术写作实践和写作教学的启示主要体现在语类能力的培养、元话语意识的培养、跨文化意识的培养、国际期刊论文发表等几个方面。

首先，研究结果有助于语类能力的培养。本研究对于书评语篇语类结构的研究结果为学术写作实践提供了有用的启示，能帮助新的话语社团成员发展其语类能力（generic competence）（Abdi，2010）。语类能力是指通过构建、解读、使用和拓展与语类相关的语言和非语言的规约对重复出现的以及新出现的场景进行反应的能力（Paltridge，2006），可以用于评估专业能力，区分"圈内人"和"圈外人"（Bhatia，2004）。语类能力的培养能帮助想要成为特定话语社团成员的写作新手对于同一语类的语篇作出快速反馈，提高其阅读理解能力，并在不断实践中掌握这一语类的特定规约，提高写作能力。

其次，研究结果有助于培养元话语意识。元话语资源在引导读者以及构建读者和作者关系方面发挥重要作用，并能使作者在写作的重要性、原创性和理据性与读者的信念和期待之间保持平衡。学术写作教学中对学生元话语意识的培养能帮助他们发展读者意识、掌握与读者恰当地建立关系的手段、获取表达与协商态度的资源、参与到特定社团的对话中，并最终提高其撰写学术论文的能力。

再次,研究结果有助于跨文化意识的培养。对英汉学术书评语篇进行的跨文化比较研究表明,学术写作是受文化影响的社会行为,语言和文化语境在学术写作的人际关系中发挥重要作用。跨文化意识的培养在进行跨文化学术写作时能发展更具批判性、更有效的阅读和写作能力,有助于减少跨文化语篇交际中的语际语用失误。

最后,研究结果有助于在国际期刊发表论文。汉语作者在用英语进行学术语篇的写作以及在国际期刊发表论文时面临的主要障碍在于未能满足英语文化语境下的读者期待,我们在研究中分析的英语书评语篇的语类结构和元话语资源的使用等语篇行为实际上构成了英语主流学术期刊规约的一部分,可以帮助中国学术写作者更深入地了解英汉书评语篇的话语现实以及背后的思维模式、语言文化和语用动因,熟悉英语学术话语社团已建立的规范,加快他们融合并参与到国际范围内的知识构建中。

7.3 研究局限性与研究展望

本研究虽然已经实现了研究目标,并在理论和实践上有一定启示意义,但是由于研究者本身的认知水平以及时间和精力的限制,不可避免地会存在一些不足。

首先,本文在语料选取方面存在一些局限性:就语料规模而言,100篇书评语篇虽然对于人工识别和手工标注来说已经是一份耗时耗力的工作,但是相对于较宽泛的研究结论还是相对较小;就语料涉及的因素而言,不同性别的书评作者在语类结构和元话语策略的选择方面可能也存在一定差异,未考虑性别因素的研究可能会对研究结果带来一定影响。

其次,本文对书评语篇的语类结构和元话语策略研究的视角主要基于书评作者，考察他们如何运用修辞和语言手段构建书评语篇，建立和维护作者-读者互动关系，未能考虑交际主体的另一方——读者，以及他们在书评语篇的构建中发挥的作用。

再次，本文所选取的汉语书评语篇的作者多来自高校的外语学院或研究所，他们在专业学习、科研工作和教学工作中经常接触英语语言，这可能会对他们的思维方式、表达习惯等产生影响。以他们用汉语撰写的学术书评篇作为研究语篇与英语书评语篇进行比较研究存在一定的局限性。

最后，本文所进行的跨语言跨文化研究只涉及英语文化语境下产出的英语语篇和汉语文化语境下产出的汉语语篇，没能将汉语文化语境下产出的英语语篇作为比较的对象，这样就无法考察语言和文化因素在多大程度上对研究结果产生影响。

考虑到本研究在以上几个方面存在的局限性，以及学术书评的研究现状，我们认为后续相关研究可以从以下几个方面开展：

首先，扩大学术书评语篇的样本数量，借助语料库手段，对其语类结构和元话语资源的使用情况进行检索、统计和分析，这种基于大样本的分析能够使语言现象的描写更具客观性和充分性，在更大的语料范围内验证研究结果的可信度；进一步完善英汉语书评语料的选择维度，将性别因素考虑进来，考察不同性别的作者在学术书评语篇的撰写中采用的修辞和语言策略有何差异。

其次，运用人种志（ethnographic explorations）的研究方法（Connor，2004a，2004b；Bhatia，2004；Hyland，2001b，2004b）使书评语篇交际行为的参与者都加入到语篇构建中，通过问卷调查、访谈或观察的形式考察书评作者、书评读者和期刊编辑对于学术书评作为学术语类所发挥的作用、在对著作进行评价时需要考虑的特征、书评所传达的信息等，并分析这些因素对所产出语篇的影响。

再次，将汉语作者撰写的英语学术书评语篇作为比较的维度加入进来,在汉语作者撰写的汉语书评语篇和汉语作者撰写的英语书评语篇、汉语作者撰写的汉语书评语篇与英语作者撰写的英语书评语篇、汉语作者撰写的英语书评语篇与英语作者撰写的英语书评语篇三个层面进行比较分析,考察汉语书评作者在同一语言文化背景下撰写的英语书评语篇和汉语书评语篇的异同,以及英语作者和汉语作者在不同语言文化背景下撰写的英语书评语篇的异同。这种在不同维度下进行的比较研究对于汉语文化语境下英语书评语篇的撰写更有指导意义。

　　最后,目前对于修辞结构和元话语手段的研究多集中于书面语篇,后续研究可以在口语语篇中进行,在更为广泛的语篇类型中考察修辞结构的特征以及元话语使用的策略。

参考文献

Abdi, R. (2002). Interpersonal metadiscourse: An indicator of interaction and identity. *Discourse Analysis*, 4,139 – 145.

Abdi, R., Manoochehr T. R., & Mansoor T. (2010). The cooperative principle in discourse communities and genres: A framework for the use of metadiscourse. *Journal of Pragmatics*, 42,1669 – 1679.

Ädel, A. (2003). *The use of metadiscourse in argumentative texts by advanced learners and native speakers of English* (Unpublished doctoral dissertation). Göteborg University, Göteborg.

Ädel, A. (2006). *Metadiscourse in L1 and L2 English*. Amsterdam/ Philadelphia: John Benjamins.

Ädel, A. (2010). Just to give you kind of a map of where we are going: A taxonomy of metadiscourse in spoken and written academic English. *Nordic Journal of English Studies*, 9(2),69 – 97.

Ädel, A., & Mauranen, A. (2010). Metadiscourse: Diverse and divided perspectives. *Nordic Journal of English Studies*, 9(2),1 – 13.

Aguilar, M. (2008). *Metadiscourse in academic speech: A relevance-theoretical approach*. Bern: Peter Lang.

Atkinson, D. (1992). The evolution of medical research writing from 1735 to 1985: The case of the Edinburgh Medical Journal. *Applied Linguistics*, 13(4),337 – 374.

Atkinson, D. (1999). The philosophical transactions of the Royal Society of London, 1675 – 1975: A sociohistorical discourse analysis. *Language in society*, 25(3),333 – 371.

Atkinson, D. (2004). Contrasting rhetorics/contrasting cultures: Why contrastive rhetoric needs a better conceptualization of culture. *Journal of English for Academic Purposes*, 3,277 – 289.

Austin, J. (1962). *How to do things with words*. Oxford: Oxford University Press.

Bäcklund, I. (1998). *Metatext in professional writing: A contrastive study of English, German and Swedish*. Uppsala: Uppsala Universitet.

Bakhtin, M. (1986). The problem of speech genres. In C. Emerson, & M. Holquist (Eds.). *Speech genres and other late essays* (pp. 66 – 102). Austin: University of Texas.

Bakhtin, M. M. (2000). The problem of speech genres. In D. Duff (Ed.), *Modern genre theory* (pp. 82 – 97). Harlow, England: Longman.

Barton, E. L. (1993). Evidentials, argumentation, and epistemological stance. *College English*, 55,745 – 69.

Barton, E. L. (1995). Contrastive and non-contrastive connectives: Metadiscourse functions in argumentation. *Written Communication*, 12(2),219 – 239.

Bateson, G. (1972). *Steps to an ecology of mind*. New York: Ballantine.

Bazerman, C. (1988). *Shaping written knowledge: The genre and activity of the experimental article in science*. Madison: University of Wisconsin Press.

Beauvais, P. J. (1986). *A speech act theory of metadiscourse* (Unpublished doctoral dissertation). Michigan State University, East Lansing.

Beauvais, P. J. (1989). A speech act theory of metadiscourse. *Written Communication*, 61,11 – 30.

Belcher, D. (2006). English for specific purposes: Teaching to perceived needs and imagined futures in worlds of work, study, and everyday life. *TESOL Quarterly*, 40,133 – 156.

Ben-Amos, D. (1976). Analytical categories and ethnic genres. In D. Ben-Amos (Ed.), *Folklore Genres* (pp. ix – xv). Austin: University of Texas Press.

Berger, P. (1963). *Invitation to sociology*. Garden City, N. Y.: Anchor Doubleday.

Bergmann, J. R., & Luckmann, T. (1995). Reconstructive genres of everyday communication. In U. Quasthoff (Ed.), *Aspects of Oral*

Communication (pp. 289 - 304). Berlin: Mouton de Gruyter.

Berkenkotter, C. , & Huckin, T. N. (1995). *Genre knowledge in disciplinary communication: Cognition, culture, power.* Hillsdale, N. J. : L. Erlbaum Associates.

Bhatia, V. K. (1993). *Analysing genre: Language use in professional settings.* London: Longman.

Bhatia, V. K. (1997). Applied genre analysis and ESP. In T. Miller (Ed.), *Functional approaches to written text: Classroom applications, English language programs* (pp. 134 - 149). United States Information Agency.

Bhatia, V. K. (1999). Integrating products, processes, purposes and participants in professional writing. In C. Candlin, & K. Hyland (Eds.), *Writing: Texts, processes and practices* (pp. 21 - 39). London: Longman.

Bhatia, V. K. (2002). A generic view of academic discourse. In J. Flowerdew (Ed.), *Academic discourse* (pp. 21 - 39). London: Longman, Pearson Education.

Bhatia, V. K. (2004). *Worlds of written discourse: A genre-based view.* London: Continuum.

Bhatia, V. K. (2006). Analyzing genre: Some conceptual issues. In M. Hewings (Ed.), *Academic writing in context: Implications and applications* (pp. 79 - 92). London: Continuum.

Bhatia, V. K. (2008). Genre analysis, ESP and professional practice. *English for Specific Purposes, 27*(1),161 - 174.

Biber, D. , Conrad, S. , & Leech, G. (2002). *Longman student grammar of spoken and written English.* Harlow: Pearson Education,

Bizzell, P. (1992). What is a discourse community? In P. Bizzell (Ed.), *Academic discourse and critical consciousness* (pp. 222 - 237). Pittsburgh: University of Pittsburgh Press.

Bloch, J. , & Chi, L. (1995). A comparison of the use of citations in Chinese and English academic discourse. In D. Belcher, & G. Braine (Eds.), *Academic writing in a second language: Essays on research and pedagogy* (pp. 231 - 276). Norwood, NJ: Ablex.

Bodde, B. (1991). *Chinese thought, society and science: The intellectual*

and social background of science and technology in pre-modern China.
Honolulu: University of Hawaii Press.

Bondi, M. (2009). Historians at work: Reporting frameworks in English
and Italian book review articles. In K. Hyland, & G. Diani, (Eds.),
Academic evaluation: Review genres in university settings (pp. 179 –
196). Basingstoke: Palgrave MacMillan.

Brett, P. (1994). A genre analysis of the results section of sociology
articles. *English for Specific Purposes*, *13*(1),47 – 59.

Brown, P. & Levinson, S. (1987). Politeness: Some universals in language
usage. In E. Goody (Ed.), *Question and politeness* (pp. 56 – 315).
Cambridge: Cambridge University Press.

Brown, G. & Yule, G. (1983). *Discourse analysis*. Cambridge:
Cambridge University Press.

Bu, J. (2014). Towards a pragmatic analysis of metadiscourse in academic
lectures: From relevance to adaptation. *Discourse Studies*, *16*(4): 449
– 472.

Bunton, D. (1999). The use of higher level metatext in PhD theses.
English for Specific Purposes, *18*,S41 – S56.

Burgess, S. (2000). *Books for review and reviewers for books: A genre
analysis of print and electronic book reviews in linguistics.*
Communication presented at the International Conference on Research and
Practice in Professional Discourse, Hong Kong.

Buttlar, L. J. (1990). Profiling review writers in the library periodical
literature. *RQ*, *30*,221 – 229.

Cao, F. , & Hu, G. (2014). Interactive metadiscourse in research articles:
A comparative study of paradigmatic and disciplinary influences. *Journal
of Pragmatics*, *66*,15 – 31.

Carlo, P. W. , & Natowitz, A. (1996). The appearance of praise in choice
reviews of outstanding and favorably assessed books in American history,
geography, and area studies. *Collection Management*, *20*(4),97 – 116.

Cecchetto, V. , & Stroińska, M. (1997). Systems of reference in
intellectual discourse: A potential source of intercultural stereotypes. In
A. Duszak (Ed.). *Culture and styles of academic discourse.* Berlin,
New York: Mouton de Gruyter.

Chafe, W. (1986). *Evidentiality in English conversation and academic writing*. Pittsburgh: University of Pittsburgh University.

Champion, D. J., & Morris, F. M. (1973). A content analysis of book reviews in the AJS, ASR, and social forces. *American Sociological Review*, *78*(5),1256 – 1265.

Chang, Y. Y., & Swales, J. M. (1999). Informal elements in English academic writing: Threats or opportunities for advanced non-native speakers?. In C. N. Candlin, & K. Hyland (Eds.), *Writing: Texts, processes, and practices* (pp. 145 – 167). London: Longman.

Channell, J. (1994). *Vague Language*. Oxford: Oxford University Press.

Charles, M. (1996). Business negotiations: Interdependence between discourse and the business relationship. *English for Specific Purposes*, *15*(1),19 – 36.

Cheng, X. G. & Steffensen, M. S. (1997). Meta-discourse: A technique for improving student writing. *Research in the Teaching of English*, *30*(2), 149 – 181.

Christie, F. (1991). Genres as social processes. *Working with genre: Papers from the* 1989 *LERN conference*. Leichhardt, Australia: Common Ground, 73 – 88.

Clyne, M. (1987). Cultural differences in the organization of academic texts. *Journal of Pragmatics*, *11*,211 – 247.

Coates, J. (1987). Epistemic modality and spoken discourse. *Transactions of the Philological Society*, *85*(1),110 – 131.

Conley, T. M. (1983). *Personal communication*. University of Illinois, Urbana-Champaign.

Connor, U. (2004a). Introduction. Contrastive rhetoric: Recent developments and relevance for English for Academic Purposes. *Journal of English for Academic Purposes*, 3,271 – 276.

Connor, U. (2004b). Intercultural rhetoric research: Beyond texts. *Journal of English for Academic Purposes*, *3*(4),291 – 304.

Coulthard, M. (1994). On analysing and evaluating text. In M. Coulthard (Ed.), *Advances in written text analysis* (pp. 1 – 11). London: Routledge.

Couture, B. (1986). Effective ideation in written text: A functional approach to clarity and exigence. In B. Couture (Ed.), *Functional approaches to writing: Research perspectives* (pp. 69 – 88). London: Frances Pinter.

Crismore, A. (1984). The rhetoric of textbooks: Metadiscourse. *Journal of Curriculum Studies*, *16*(3),279 – 296.

Crismore, A. (1985). The case for a rhetorical perspective on learning from texts: Exploring metadiscourse. *Technical Report* (No. 1). Urbana-Champaign: University of Illinois.

Crismore, A. (1989). *Talking with readers: Metadiscourse as rhetorical act*. New York: Peter Lang.

Crismore, A. & Farnsworth, R. (1989). Mr. Darwin and his readers: Exploring interpersonal metadiscourse as a dimension of ethos. *Rhetoric Review*, *8*(1),91 – 112.

Crismore, A. & Farnsworth, R. (1990). Metadiscourse in popular and professional science discourse. In W. Nash, (Ed.), *The writing scholar*. (pp. 118 – 136). Newbury Park: Sage Publications.

Crismore, A., Markkanen, R., & Steffensen, M. S. (1993). Metadiscourse in persuasive writing: A study of texts written by American and Finnish university students. *Written Communication*, *10*(1),39 – 71.

Dafouz, M. E. (2008). The pragmatic role of textual and interpersonal metadiscourse markers in the construction and attainment of persuasion: A cross-linguistic study of newspaper discourse. *Journal of Pragmatics*, *40* (1),95 – 113.

Dahl, T. (2003). Metadiscourse in research articles. In K. Fløttum, & R. Rastier (Eds.), *Academic discourse: Multidisciplinary approaches* (pp. 120 – 138). Oslo: Novus Press.

Dahl, T. (2004). Textual metadiscourse in research articles: A marker of national culture or of academic discipline?. *Journal of Pragmatics*, *36*, 1807 – 1825.

Darling, R. L. (1968). *The rise of children's book reviewing in America*, *1865 – 1881*. New York: R. R. Bowker Company.

Davies, B. L. (2007). Grices's cooperative principle: Meaning and rationality. *Journal of Pragmatics*, *39*,2308 – 2331.

De Carrico, J. & Nattinger, J. R. (1998). Lexical phrases for the comprehension of academic lectures. *English for Specific Purposes*, 7, 91 – 102.

De Carvalho, G. (2001). *Rhetorical patterns of academic book reviews written in Portuguese and in English*. Paper presented at the 2nd International Linguistics Conference. Rio de Janeiro, Brazil: Universidade do Estado do Rio de Janeiro.

Diani, G. (2009). Reporting and evaluation in English book review articles: A cross-disciplinary study. In K. Hyland, & G. Diani (Eds.), *Academic evaluation: Review genres in university settings* (pp. 87 – 104). Basingstoke: Palgrave MacMillan.

Dillon, G. L. (1981). *Constructing texts: Elements of a theory of composition and style*. Bloomington, IN: Indiana University Press.

Ding, H. (2007). Genre analysis of personal statements: Analysis of moves in application essays to medical and dental schools. *English for Specific Purposes*, *26*(3), 368 – 392.

Diodato, V. (1984). Impact and scholarliness in arts and humanities book reviews: A citation analysis. *Challenges to an information society*. Proceedings of the 47th ASIS annual meeting, 217 – 220.

Dobakhti, L. (2016). A genre analysis of discussion sections of qualitative research articles in applied linguistics. *Theory and Practice in Language Studies*, 6, 1383 – 1389.

Drewry, J. (1966). *Writing book reviews*. Boston: The Writer.

Dubois, B. L. (1980). The use of slides in biomedical speeches. *The ESP Journal*, *1*(1), 45 – 50.

Dudley-Evans, T. (1986). Genre analysis: An investigation of the introduction and discussion sections of MSc dissertations. In M. Coulthard (Ed.), *Talking about text* (pp. 128 – 145). Birmingham: University of Birmingham.

Dudley-Evans, T. (1994). Genre analysis: An approach to text analysis for ESP. In M. Coulthard (Ed.), *Advances in written text analysis*. London: Routledge.

Dudley-Evans, T. (1998). Introduction. In I. Fortanet, S. Posteguillo, J. C. Palmer, & J. F. Coll (Eds.), *Genre studies in English for academic purposes* (pp. 9 – 12). Publicacions de la Universitat Jaume I.

Dudley-Evans, T. , & St. John, M. (1998). *Developments in English for specific purposes: A multi-disciplinary approach*. England: Cambridge University Press.

Duszak, A. (1997). Cross-cultural academic communication: A discourse-community view. In A. Duszak (Ed.), *Culture and styles of academic discourse* (pp. 11 – 39). Berlin, New York: Mouton de Gruyter.

Eggins, S. (1994). *An introduction to systemic functional approach*. London: Pinter.

Einstein, A. (1934). *Essays in science*. New York: The Philosophical Library.

Feez, S. (2001). Heritage and innovation in second language education. In A. M. Johns (Ed.), *Genre in the classroom* (pp. 47 – 68). Mahwah, NJ: Lawrence Erlbaum.

Felber, L. (2002). The book review: scholarly and editorial responsibility. *Journal of Scholarly Publishing*, *33*(3),166 – 172.

Flower, L. (1987). *Problem-solving strategies for writing* (2nd ed.). New York: Harcourt.

Flowerdew, J. , & Wan, A. (2010). The linguistic and the contextual in applied genre analysis: The case of the company audit report. *English for Specific Purposes*, *29*(1),78 – 93.

Fowler, A. (1982). *Kinds of literature: An introduction to the theory of genres and modes*. Harvard: Harvard University Press.

Fowler, R. (1991). *Language in the news: Discourse and ideology in the press*. London: Routledge.

Freedman, A. , & Adam, C. (2000). Write where you are: Situating learning to write in university and workplace settings. In P. Dias, & A. Pare (Eds.), *Transitions: Writing in academic and workplace settings* (pp. 31 – 60). Creskill, NJ: Hampton Press.

Freedman, A. , & Medway, P. (1994). *Genre in the new rhetoric*. London: Taylor & Francis.

Fuertes-Olivera, P. A. , Velasco-Sacristán, M. , Arribas-Baño, A. , & Samaniego-Fernández, E. (2001). Persuasion and advertising English: Metadiscourse in slogans and headlines. *Journal of Pragmatics*, *33*, 1291 – 1307.

Giannoni, D. (2000). Hard words, soft technology: Criticism and endorsement in the software review genre. In G., Maurizio, H., Dorothee, & D., Marina (Eds.), *Conflict and negotiation in specialized texts* (pp. 335 – 362). Bern: Peter Lang.

Glenn, N. D. (1978). On the misuse of book reviews. *Contemporary Sociology*, 7, 254 – 255.

Goffman, E. (1974). *Frame analysis*. New York: Harper & Row.

Grice, H. P. (1975). Logic and conversation. In P. Cole, & J. L. Morgan (Eds.), *Speech acts* (pp. 41 – 58). New York: Academic.

Gross, A., Harmon, J. E., & Reidy, M. (2002). *Communicating science: The scientific article from the 17th century to the present*. New York: Oxford University Press.

Hall, E. T. (1976). *Beyond culture*. New York: Anchor Books.

Halliday, M. A. K. (1973). *Explorations in the functions of language*. NY: Elsevier-North Holland.

Halliday, M. A. K. (1978). *Language as a social semiotic: The sociological interpretation of language and meaning*. London: Edward Arnold.

Halliday, M. A. K. (1985/1994). *An introduction to functional grammar*. London: Edward Arnold.

Halliday, M. A. K., & Hasan, R. (1989). *Language, context and text: Aspects of language in a social-semiotic perspective*. Oxford: Oxford University Press.

Halliday, M. A. K., & Martin, J. R. (1993). *Writing science: Literacy and discursive power*. London: The Falmer Press.

Hanks, W. F. (1987). Discourse genres in a theory of practice. *American Ethnologist*, 14(4), 668 – 692.

Harris, Z. (1959). *Linguistics transformations for information retrieval*. In papers in Structural and Transformational Linguistics. Dordrecht: D. Reidel, 464 – 466.

Hartley, J. (2006). Reading and writing book reviews across disciplines. *Journal of the American Society for Information Science and Technology*, 57, 1194 – 1207.

Hasan, R. (1984). The nursery tale as a genre. *Nottingham Linguistics*

Circular. 13,71 - 102.

Hinds, J. (1987). Reader versus writer responsibility: A new typology. In U. Connor, & R. B. Kaplan (Eds.), *Writing across languages: Analysis of L2 texts* (pp. 141 - 152). Reading: Addison-Wesley.

Hirsch, W., Kulley, A. M., & Efron, R. T. (1974). *The gatekeeping process in scientific communication: Norms, practices and contents of book reviews in professional journals.* Indianapolis, IN: Purdue University.

Hoey, M. (1983). *On the surface of discourse.* London, Boston: Allen & Unwin.

Hoey, M. (2001). *Textual interaction: An introduction to written text analysis.* London: Routledge.

Hofstede, G. (1986). Cultural differences in teaching and learning. *International Journal of Intercultural Relations*, 10,301 - 319.

Hofstede, G. (1994). *Cultures and organizations: Software of the mind.* London: Harper Collins.

Hoge, J. O., & James, L. (1979). Academic book reviewing: Some problems and suggestions. *Scholarly Publishing*, 11(1),35 - 41.

Holden, C. (1996). Publisher draws censorship charge. *Science*, 273,177.

Holliday, A. R. (1999). Small cultures. *Applied Linguistics*, 20, 237 - 264.

Holmes, C. (1988). Doubt and certainty in ESL textbooks. *Applied Linguistics*, 9,21 - 44.

Holmes, R. (1997). Genre analysis, and the social sciences: An investigation of the structure of research article discussion sections in three disciplines. *English for Specific Purposes*, 16(4),321 - 337.

Hopkins, A., & Dudley-Evans, T. (1988). A genre-based investigation of the discussion sections in articles and dissertations. *English for Specific Purposes*, 7,113 - 121.

Hu, G. & Cao, F. (2011). Hedging and boosting in abstracts of applied linguistics articles: A comparative study of English- and Chinese-medium journals. *Journal of Pragmatics*, 43,2795 - 2809.

Hüttner, J. I. (2007). *Academic writing in a foreign language: An extended genre analysis of student texts.* Bern: Peter Lang.

Hyland, K. (1996a). Writing without conviction? Hedging in scientific research articles. *Applied Linguistics*, 4, 433 - 454.

Hyland, K. (1996b). Talking to the academy: Forms of hedging in science research articles. *Written Communication*, 2, 251 - 281.

Hyland, K. (1998a). Persuasion and context: The pragmatics of academic metadiscourse. *Journal of Pragmatics*, 30, 437 - 455.

Hyland, K. (1998b). *Hedging in scientific research articles*. Amsterdam: John Benjamins.

Hyland, K. (1999a). Disciplinary discourses: Writer stance in research articles. In C. N. Candlin, & K. Hyland (Eds.), *Writing: Texts, processes and practices* (pp. 99 - 121). London: Longman.

Hyland, K. (1999b). Academic attribution: Citation and the construction of disciplinary knowledge. *Applied Linguistics*, 20, 341 - 367.

Hyland, K. (2000). *Disciplinary discourses: Social interactions in academic writing*. London: Longman.

Hyland, K., (2001a). Humble servants of the discipline? Self-mention in research articles. *English for Specific Purposes*, 20(3), 207 - 226.

Hyland, K. (2001b). Bringing in the reader: Addressee features in academic articles. *Written Communicaton*, 18(4), 549 - 574.

Hyland, K. (2002). Authority and invisibility: Authorial identity in academic writing. *Journal of Pragmatics*, 34, 1091 - 1112.

Hyland, K. (2004a). Graduates gratitude: The generic structure of dissertation acknowledgements. *English for Specific Purposes*, 23, 303 - 324.

Hyland, K. (2004b). Disciplinary interactions: Metadiscourse in L2 postgraduate writing. *Journal of Second Language Writing*, 13(2), 133 - 151.

Hyland, K. (2004c). *Genre and second language writing*. Ann Arbor, MI: The University of Michigan Press.

Hyland, K. (2004d). A convincing argument: Corpus analysis and academic persuasion. In U. Connor, & T. A. Upton (Eds.), *Discourse in the professions: Perspectives from corpus linguistics* (pp. 87 - 112). Amsterdam: John Benjamins.

Hyland, K. (2005a). *Metadiscourse*. London: Continuum.

Hyland, K. (2005b). Stance and engagement: A model of interaction in academic discourse. *Discourse Analysis*, 7,173 - 192.

Hyland, K. (2006). *English for academic purposes: An advanced resource book*. Abingdon: Routledge.

Hyland, K. (2011). Academic discourse. In K. Hyland, & B. Paltridge (Eds.), *Continuum Companion to discourse analysis* (pp. 171 - 184). London/New York: Continuum International Publishing Group.

Hyland, K., & Hamp-Lyons, L. (2002). EAP: Issues and directions. *Journal of English for Academic Purposes*, 1(1),1 - 12.

Hyland, K., & Tse, P. (2004a). Metadiscourse in academic writing: A reappraisal. *Applied Linguistics*, 25(2),156 - 177.

Hyland, K., & Tse, P. (2004b). I would like to thank my supervisor: Acknowledgments in graduate dissertations. *Applied Linguistics*, 14,259 - 275.

Hyland, K., & Tse, P. (2006). So what is the problem this book addresses?: Interactions in academic book reviews. *Text & Talk*, 26(6), 767 - 790.

Hyland, K., & Tse, P. (2009). Discipline and gender: Constructing rhetorical identity in book reviews. K. Hyland, & G. Diani (Eds.), *Academic evaluation: Review genres in university settings* (pp. 105 - 121). Basingstoke: Palgrave MacMillan.

Hymes, D. (1974). Foundations in sociolingustics: An ethnographic approach. Philadelphia: University of Pennsylvania Press.

Hyon, S. (1996). Genre in three traditions: Implications for ESL. *TESOL Quarterly*, 30(4),693 - 722.

Ifantidou, E. (2005). The semantics and pragmatics of metadiscourse. *Journal of Pragmatics*, 37,1325 - 1353.

Ilie, C. (2003). Discourse and metadiscourse in parliamentary debates. *Journal of Language and Politics*, 2(1),71 - 92.

Ingram, H. M., & Penny, B. M. (1989). Reviewing the book reviews. *Political Science and Politics*, 22(3),627 - 634.

Itakura, H., & Tsui, B. M. (2011). Evaluation in academic discourse: Managing criticism in Japanese and English book reviews. *Journal of Pragmatics*, 43,1366 - 1379.

Jakobson, R. (1960). Closing statement: Linguistics and poetics. In T. A. Sebeok (Ed.), *Style in language* (pp. 350 – 377). Cambridge, Mass: MIT Press.

Jakobson, R. (1985). *Verbal art, verbal sign, verbal time*. Minneapolis: University of Minnesota Press.

Johns, A. M., Bawarshi, A., Coe, R. M., Hyland, K., Paltridge, B., Reiff, M. J., & Tardy, C. (2006). Crossing the boundaries of genre studies: Commentaries by experts. *Journal of Second Language Writing*, 15, 234 – 249.

Joyce, H. (1992). *Workplace texts in the language classroom*. Sydney, Australia: New South Wales Adult Migrant English Service.

Kaplan, R. B. (1966). Cultural thought patterns in inter-cultural education. *Language Learning: A Journal of Applied Linguistics*, 16, 1 – 20.

Kaplan, R. B. (2000). Contrastive rhetoric and discourse analysis: Who writes what to whom? when? in what cirsumstances? In S. Sarangi, & M. Coulthard (Eds.), *Discourse and social life* (pp. 82 – 102). Harlow: Longman.

Keller, E. (1979). Gambits: Conversational strategy signals. *Journal of Pragmatics*, 3, 219 – 228.

Khabbazi-Oskouei, L. (2013). Propositional or non-propositional, that is the question: A new approach to analyzing interpersonal metadiscourse in editorials. *Journal of Pragmatics*, 47, 93 – 107.

Klemp, P. J. (1981). Reviewing academic books: Some ideas for beginners. *Scholarly Publishing*, 12(2), 135 – 139.

Knorr-Cetina, K. D. (1981). *The Manufacture of knowledge*. Oxford: Pergamon.

Kumpf, E. P. (2000). Visual metadiscourse: Designing the considerate text, *Technical Communication Quarterly*, 9(4), 401 – 424.

Lakoff, G. (1973). Hedges: A study in meaning criteria and the logic of fuzzy concepts. *Journal of Philosophical Logic*, 2(4), 458 – 508.

Lantolf, J. P. (1999). Second cultural acquisition: Cognitive considerations. In E. Hinkel (Ed.), *Culture in second language teaching and learning*, (pp. 28 – 46). Cambridge: CUP.

Lautamatti, L. (1978). Observations on the development of the topic in simplified discourse. In V. Kohonen, & N. E. Enkvist (Eds.), *Text linguistics, cognitive learning, and language teaching* (pp. 71 - 104). Turku, Finland: University of Turku.

Lim, J. M. H. (2010). Commenting on research results in applied linguistics and education: A comparative genre-based investigation. *Journal of English for Academic Purposes*, *9*(4),280 - 294.

Lindblom, K. (2001). Cooperating with Grice: a cross-disciplinary metaperspective on uses of Grice's cooperative principle. *Journal of Pragmatics*, *33*(10),1601 - 1623.

Lindholm-Romantschuk, Y. (1998). *Scholarly book reviewing in the social sciences and humanities: The flow of ideas within and among disciplines.* Westport, CT: Greenwood Press.

Longo, B. (1994). The role of metadiscourse in persuasion. *Technical Communication*, *41*,348 - 352.

Lorés-Sanz, R. (2006). I will argue that: First person pronouns as metadiscoursal devices in research article abstracts in English and Spanish. *ESP Across Cultures*, *3*,23 - 40.

Lorés-Sanz, R. (2009a). Different worlds different audiences: A contrastive analysis of research article abstracts. In S. Salmi, & F. Drevin (Eds.), *Crosslinguistic and cross-cultural perspectives on academic discourse* (pp. 187 - 197). Amsterdam/Philadelphia: John Benjamins.

Lorés-Sanz, R. (2009b). (Non-) Critical voices in the reviewing of history discourse: A cross-cultural study of evaluation. In K. Hyland, & G. Diani (Eds.), *Academic evaluation: Review genres in university settings* (pp. 143 - 160). Basingstoke: Palgrave MacMillan.

Luukka, M. R. (1992). Metadiscourse in academic texts. In P. L. Britt-Louise Gunnarsson, & B. Nordberg (Eds.), *Text and talk in professional contexts* (pp. 26 - 29). Lund: Universitetsbiblioteket.

Luukka, M. R. (1994). Metadiscourse in academic texts. In B. L. Gunnarsson, P. Linell, & B. Nordberg (Eds.), *Text and talk in Professional Context* (pp. 77 - 88). Uppsala: ASLA (The Swedish Association of Applied Linguistics).

Luzón Marco, M. (2000). Collocational frameworks in medical research papers: A genre-based study. *English for Specific Purposes*, *19*(1),63 -

86.

Mao, L. R. (1993). I conclude not: Toward a pragmatic account of metadiscourse. *Rhetoric Review*, 11, 265 - 289.

Markkannen, R. , Steffensen, M. , & Crismore, A. (1993). Quantitative contrastive study of metadiscourse: Problems in design and analysis of data. *Papers and Studies in Contrastive Linguistics*, 28, 137 - 152.

Martin, J. R. (1985). Process and text: Two aspects of human semiosis. *Systemic Perspectives on Discourse*, 1(15), 248 - 274.

Martin, J. R. (1989). *Factual writing: Exploring and challenging social reality*. Oxford: Oxford University Press.

Martin, J. R. (1992). *English text: System and structure*. Amsterdam & Philadelphia: John Benjamins.

Martin, J. R. (1997). Analysing genre: Functional parameters. In C. Frances, & J. R. Martin (Eds.), *Genre and institutions: Social process in the workplace and school* (pp. 3 - 39). London: Cassell.

Martin, J. R. , Christie, F. , & Rothery, J. (1987). Social processes in education: A reply to Sawyer and Watson (and others). In I. Reid (Ed.), *The place of genre in learning: Current debates* (pp. 46 - 57). Geelong, Australia: Deakin University Press.

Martin, J. R. , & White, P. R. R. (2005). *The language of evaluation*. New York: Palgrave Macmillan.

Martín, M. P. (2003). A genre analysis of English and Spanish research paper abstracts in experimental social sciences. *English for Specific Purposes*, 22, 25 - 43.

Martín, M. P. (2005). *The rhetoric of the abstract in English and Spanish scientific discourse: A cross-cultural genre-analytic approach*. Bern: Peter Lang.

Martín, M. P. , & Burgess, S. (2004). The rhetorical management of academic criticism in research article abstracts. *Text*, 24(2), 171 - 195.

Matalene, C. (1985). Contrastive rhetoric: An American writing teacher in China. *College English*, 47, 789 - 808.

Mauranen, A. (1993a). Contrastive ESP rhetoric: Metatext in Finnish-English economics texts. *English for Specific Purposes*, 12, 3 - 22.

Mauranen, A. (1993b). *Cultural differences in academic rhetoric: A textlinguistic study*. Frankfurt am Main: Peter Lang.

Mauranen, A. (2001). Reflexive academic talk: Observations from MICASE. In R. Simpson, & J. Swales (Eds.), *Corpus linguistics in north America: Selections from the 1999 symposium* (pp. 165 - 178). Ann Arbor: University of Michigan Press.

Mauranen, A., Hynninen, N., & Ranta, E. (2016). English as the academic *lingua franca*, The ELFA project. In K. Hyland, & P. Shaw (Eds.), *The Routledge handbook of English for academic purposes* (pp. 44 - 55). London and New York: Routledge.

McCabe, A. (2004). Mood and modality in Spanish and English history textbooks: The construction of authority. *Text*, 24(1),1 - 29.

Meyer, B. J. F. (1975). *The organization of prose and its effects on memory*. Amsterdam: North-Holland.

Meyer, M. (1994). *China*. Totowa, NJ: Rowman and Littlefield.

Miller, C. (1984). Genre as social action. *Quarterly Journal of Speech*, 70,151 - 167.

Miller, C. R. (1994). Rhetorical community: The cultural basis of genre. A. Freedman & P. Medway (Eds.), *Genre and the new rhetoric* (pp. 67 - 78). London: Taylor & Francis.

Miranda, E. O. Y. (1996). On Book Reviewing. *Journal of Educational Thought*, 30 (2),191 - 202.

Moore, M. (1978). Discrimination or favoritism? Sex bias in book reviews. *American Psychologist*, 33,936 - 938.

Moreno, A. I. (1997). Genre constraints across languages: Causal metatext in Spanish and English research articles. *ESP Journal*, 16(3),161 - 179.

Moreno, A. I. (1998). The explicit signalling of premise-conclusion sequences in research articles: A contrastive framework. *Text*, 18(4), 545 - 585.

Moreno, A. I. (2007). The importance of comparable corpora for cross-cultural studies. In U. Connor, E. R. Nagelhout, & W. V. Rozycki (Eds.), *Contrastive rhetoric: Reaching to intercultural rhetoric* (pp. 25 - 41). Philadelphia: John Benjamins Publishing Company.

Moreno, A. I., & Suárez, L. (2008). A study of critical attitude across English and Spanish academic book reviews. *Journal of English for*

Academic Purposes, 7(1),15 - 26.

Moreno, A. I. , & Suárez, L. (2009). Academic book reviews in English and Spanish: Critical comments and rhetorical structure. In K. Hyland, & G. Diani, (Eds.), *Academic evaluation: Review genres in university settings* (pp. 161 - 178). Basingstoke: Palgrave MacMillan.

Motta-Roth, D. (1995). *Rhetorical features and disciplinary cultures: A genre-based study of academic book reviews in linguistics, chemistry, and economics* (Unpublished doctoral dissertation). Universidade Federal de Santa Catarina, Florinópolis.

Motta-Roth, D. (1996). Same genre, different discipline: A genre-based study of reviews in academe. *The ESPecialist*, 17(2),99 - 131.

Motta-Roth, D. (1998). Discourse analysis and academic book reviews: A study of text and disciplinary cultures. In I. Fortanet, S. Postegunlo, J. C. Palmer. , & J. F. Coll (Eds.), *Genre studies in English for academic purposes* (pp. 29 - 58) . Castello, Spain: Universitat Jaume I.

Mur-Dueñas, P. (2007). Same genre, same discipline; however, there are differences: A cross-cultural analysis of logical markers in academic writing. *ESP across Cultures*, 4,37 - 53.

Mur-Dueñas, P. (2010). Attitude markers in business management research articles: A cross-cultural corpus-driven approach. *International Journal of Applied Linguistics*, 19,50 - 72.

Mur-Dueñas, P. (2011). An intercultrual analysis of metadiscourse features in research articles written in English and in Spanish. *Journal of Pragmatics*, 43,3068 - 3079.

Myers, G. (1989). The pragmatics of politeness in scientific articles. *Applied Linguistics*, 10,1 - 35.

Myers, G. (1990). *Writing biology: Texts in the social construction of scientific knowledge*. Madison: University of Wisconsin Press.

Myers, G. (1992). In this paper we report ... speech acts and scientific facts. *Journal of Pragmatics*, 17(4),295 - 313.

Myers, G. (1994). *Words in ads*. London: Edward Arnold.

Nash, W. (1992). *An uncommon tongue: The uses and resources of English*. London & New York: Routledge.

Nicolaisen, P. (2002). *Structure-based interpretation of scholarly book reviews*: *A new research technique*. Paper presented at the Proceedings of the fourth international conference on conceptions of library and information science (pp. 123 - 135). Seattle: University of Washington.

Nisbett, R. E. , Peng, K. , Choi, I. , & Norenzayan, A. (2001). Culture and systems of thought: Holistic versus analytic cognition. *Psychological Review*, *108*, 291 - 310.

Nwogu, K. N. (1997). The medical research paper: Structure and functions. *English for Specific Purposes*, 16, 119 - 138.

Ozturk, I. (2007). The textual organisation of research article introductions in applied linguistics: Variability within a single discipline. *English for Specific Purposes*, *26*(1), 25 - 38.

Paltridge, B. (2006). *Discourse analysis*. London: Continuum.

Pare, A. (2000). Writing as a way into social work: Genre sets, genre systems, and distributed cognition. In P. Dias, & A. Pare (Eds.), *Transitions: Writing in academic and workplace settings* (pp. 145 - 166). Kresskill, NJ: Hampton Press.

Parsons, P. (1990). *Getting published: The acquisition process at university presses*. Knoxville: University of Tennessee Press.

Peng, K. , & Nisbett, R. E. (1999). Culture, dialectics, and reasoning about contradiction. *American Psychologist*, *54*, 741 - 754.

Pérez-Llantada, C. (2006). Signaling speaker's intentions: Toward a phraseology of textual metadiscourse in academic lecturing. In C. Pérez-Llantada, & G. R. Ferguson (Eds.), *English as a globalization phenomenon: Observations from a linguistics microcosm* (pp. 59 - 88). Valencia: University of Valencia Press.

Peterlin, A. P. , & Moe, M. Z. (2016). Translating hedging devices in news discourse. *Journal of Pragmatics*, *102*, 1 - 12.

Pohlman, E. (1967). Letter to the editor. *Contemporary Psychology*, 12, 252 - 253.

Ragan, S. L. , & Hopper, R. (1981). Alignment in the job interview. *Journal of Applied Communication Research*, 9, 85 - 103.

Rasmeenin, C. (2006). *A structural move analysis of MA thesis discussion sections in applied linguistics* (Unpublished MA thesis). Mahidol University, Bangkok Noi.

Raymond W. （1983）. *Culture and society, 1780 - 1950*. New York: Columbia University Press.

Riley, L. E. , & Elmer, A. S. （1970）. Book reviewing in the social sciences. *The American Sociologist*, 5,358 - 363.

Roper, D. (1978). *Reviewing before the Edinburgh: 1788 -1802*. London: Methuen.

Rossiter, J. （1974）. *Theories of Communication*. Oxford: Oxford University Press.

Sabosik, P. E. (1988). Scholarly publishing and the role of Choice in the postpublication review process. *Book Research Quarterly*, Summer, 10 - 18.

Salager-Meyer, F. （2000）. Procrustes' recipe: Hedging and Positivism. *English for Specific Purposes*, 19(2),175 - 187.

Salager-Meyer, F. （2001）. This book portrays the worst form of mental terrorism: Critical speech acts in medical English book reviews. In K. András (Ed.), *Approaches to the pragmatics of scientific discourse* (pp. 47 - 72). Berlin: Peter Lang.

Salager-Meyer, F. , Alcarza A. , & María Á. （2004）. Negative appraisals in academic book reviews: A cross-linguistic approach. In N. C. Candlin, & M. Gotti (Eds.), *Intercultural aspects of specialized communication* (pp. 149 - 172). Bern: Peter Lang, .

Salager-Meyer, F. , Ariza, A. A. , & Zambrano, N. (2003). The scimitar, the dagger and the glove: Intercultural differences in the rhetoric of criticism in Spanish, French and English medical discourse (1930 - 1995). *English for Specific Purposes*, 22(3),223 - 247.

Samovar, L. & Porter, R. E. （2004）. *Communication Between cultures (fifth edition)*. Boston: Wadsworth.

Sanz, R. L. （2006）. I will argue that: First person pronouns as metadiscoursal devices in research article abstracts in English and Spanish. *ESP Across Cultures*, 3,23 - 40.

Schiffrin, D. (1980). Metatalk: Organizational and evaluative brackets in discourse. *Sociological Inquiry: Language and Social Interaction*, 50, 199 - 236.

Schubert, A. , Zsindely, S. , Telcs, A. & Braun, T. (1984). Quantitative analysis of a visible tip of the iceberg: Book reviews in chemistry. *Scientometrics*, *6*(6),433 – 443.

Scollon, R. , & Scollon, S. (1995). *Intercultural communication: A discourse approach*. Oxford: Blackwell.

Searle, J. R. (1969). *Speech acts: An essay in the philosophy of language*. Cambridge: Cambridge University Press.

Shaw, P. (2009). The lexis and grammar of explicit evaluation in academic book reviews, 1913 and 1993. In K. Hyland, & G. Diani (Eds.), *Academic evaluation: Review genres in university settings* (pp. 217 – 235). Basingstoke: Palgrave MacMillan.

Sheldon, E. (2009). From one I to another: Discursive construction of self-representation in English and Castilian Spanish research articles. *English for Specific Purposes*, *28*,4: 251 – 265.

Shrivastava, P. (1994). From the book review editor. *Academy of Management Review*, *19*(1),9 – 10.

Sinclair, J. McH. (2005). Corpus and text-based principles. In M. Wynne (Ed.), *Developing linguistic corpora: A guide to good practice* (pp. 1 – 16). Oxford: Oxbow Books.

Snizek, W. , & Fuhrman, E. R. (1979). Some factors affecting the evaluative content of book reviews in sociology. *The American Sociologist*, 14,108 – 114.

Sperber, D. , & Wilson, D. (1986/1995). *Relevance: Communication and cognition*. Oxford: Blackwell.

Spink, P. , Robins, D. & Scamber, L. (1998). Use of scholarly book reviews: Implications for electronic publishing and scholarly communication. *Journal of the American Society for Information Science*, 4,364 – 374.

Suárez, L. & Moreno, A. I. (2008). The rhetorical structure of academic book reviews of literature: An English-Spanish cross-linguistic approach. In U. Connor, & E. Nagelhout, (Eds.), *Contrastive rhetoric: Reaching to intercultural rhetoric* (pp. 147 – 168). Amsterdam/Philadelphia: John Benjamins Publishing Company.

Swales, J. M. (1981). *Aspects of article introductions*. Birmingham: Aston University.

Swales, J. M. （1985）. English as the international language of research. *RELC Journal*, *16*(1),1 - 7.

Swales, J. M. （1990）. *Genre analysis：English in academic and research settings*. New York：Cambridge University Press.

Swales, J. M. （1996）. Occluded genres in the academy. In E. Ventola &. A. Mauranen （Eds.）, *Academic writing：Intercultural and textual issues* （pp. 45 - 58）. Philadelphia：John Benjamins North America.

Swales, J. M. （2000）. Language for specific purposes. *Annual Review of Applied Linguistics*, *20*,59 - 76.

Swales, J. M. （2001）. Metatalk in American academic talk：The cases of point and thing. *Journal of English Linguistics*, *29*,34 - 54.

Swales, J. M. （2002）. On models in applied discourse analysis. In C. N. Candlin （Ed.）, *Research and practice in professional discourse* （pp. 61 - 78）. Hong Kong：City University of Hong Kong Press.

Swales, J. M. （2004）. *Research genres：Exploration and applications*. New York：Cambridge University Press.

Swales, J. M. （2009）. Worlds of genre-Metaphors of genre. In C. Bazerman, A. Bonini, &. D. Figueiredo （Eds.）, *Genre in a changing world* （pp. 3 - 16）. West Lafayette, IN：Parlor Press.

Swales, J. M. , Ahmad, U. K. , Chang, Y. Y. , Chavez, D. , Dressen, D. F. , &. Seymour, R. （1998）. Consider this：The role of imperatives in scholarly writing. *Applied Linguistics*, *19*,97 - 121.

Swales, J. M. , &. Feak, C. B. （2003）. *English in today's research world：A writing guide*. Ann Arbor, MI：The University of Michigan Press.

Swales, J. M. , &. Van Bonn, S. （2007）. Similarities and differences in French and English EAP research article abstracts：The case of Asp. In K. Fløttum （Ed.）, *Language and discipline perspectives on academic discourse* （pp. 275 - 294）. Newcastle upon Tyne：Cambridge Scholars Press.

Tang, R. , &. John, S. （1999）. The "I" in identity：Exploring writer identity in student academic writing through the first person pronoun. *English for Specific Purposes*, *18*, S23 - S39.

Tankó, G. （2017）. Literary research article abstracts：An analysis of rhetorical moves and their linguistic realizations. *Journal of English for*

Academic Purposes, 27,42 – 55.

Tarone, E. , Dwyer, S. , Gillette, S. , & Icke, V. (1981). On the use of the passive in two astrophysics journal papers. *The ESP Journal*, 1(2), 123 – 140.

Thompson, E. (2003). Text-structuring metadiscourse, intonation and the signaling of organization in academic lectures. *Journal of English for Academic Purposes*, 2,5 – 20.

Thompson, G. & Thetela, P. (1995). The sound of one hand clapping: The management of interaction in written discourse. *Text*, 15(1),103 – 127.

Thompson, G. (2008). Book review: Ken Hyland, Metadiscourse: Exploring interaction in writing. *Language in Society*, 37,138 – 141.

Thompson, S. (1994). Frameworks and contexts: A genre-based approach to analyzing lecture introductions. *English for Specific Purposes*, 13,171 – 186.

Toulmin, S. (1972). *Human understanding: The collective use and evolution of concepts*. Princeton, NJ: Princeton University Press.

Tweed, R. G. & Lehman, D. R. (2002). Learning considered within a cultural context: Confucian and Socratic approaches. *American Psychologist*, 57,89 – 99.

Vande Kopple, W, J. (1980). *Experimental evidence for functional sentence perspective*. Chicago: University of Chicago.

Vande Kopple, W. J. (1985). Some exploratory discourse on metadiscourse. *College Composition and Communication*, 36,82 – 93.

Vande Kopple, W. J. (1988). Metadiscourse and the recall of modality markers. *Visible Language*, XXII, 233 – 272.

Vande Kopple, W. J. (1997, March). *Refining and applying views of metadiscourse*. Paper presented at the 48th annual meeting of the conference on college composition and communication. Phoenix: AZ.

Vande Kopple, W. J. (2002). Metadiscourse, discourse and issues in composition and rhetoric. In F. Barton, & C. Stygall (Eds.), *Discourse studies in composition* (pp. 91 – 113). Cresskill, NJ: Hampton Press.

van Dijk, T. , Ting-Toomy S. , Smitherman, G. , & Troutman, D. (1997). Discourse, ethnicity, culture and racism. In van Dijk, T. (Ed.),

Discourse as social action (pp. 144 - 180). London: Sage Publications.

van Dijk, T., & Kintsch, W. (1983). *Strategies of discourse comprehension*. New York: Academic Press.

Vassileva, I. (1997). Hedging in English and Bulgarian academic writing. In A. Duszak (Ed.), *Culture and styles of academic discourse: Trends in linguistics* (pp. 157 - 179). Berlin/New York: Mouton de Gruyter.

Vassileva, I. (2001). Commitment and detachment in English and Bulgarian academic writing. *English for Specific Purposes*, 18, 177 - 200.

Widdowson, H. (1979). *Explorations in Applied Linguistics*. Oxford: Oxford University Press.

Williams, J. M. (1981a). *Style: Ten lessons in clarity and grace*. Boston: Scott Foresman.

Williams, J. M. (1981b). Literary style: The personal style. In T. Shapen & J. M. Williams (Eds.), *Style and variables in English* (pp. 116 - 216). Cambridge, MA: Winthrop.

Williams, R. (1983). *Keywords: A vocabulary of culture and society*. New York: Oxford University Press.

Wilson, D., & Sperber, D. (2004). Relevance theory. In G. Ward & L. R. Horn (Eds.), *Handbook of Pragmatics* (pp. 607 - 632). Oxford: Blackwell.

Wittgenstein, L. (1958). *Philosophical investigations*. Oxford: Basil Blackwell.

Wray, A. (2000). Formulaic sequences in second language teaching: Principle and practice. *Applied Linguistics*, 21(4), 463 - 489.

Yang, Y. (2013). Exploring linguistic and cultural variations in the use of hedges in English and Chinese scientific discourse. *Journal of Pragmatics*, 50, 23 - 26.

Yum, J. O. (1997). The Impact of Confucianism on interpersonal relationships and communication patterns. In L. A. Samovar & R. E. Porter (Eds.), *Intercultural communication: A reader*. Belmont, CA: Wadsworth.

布占廷,(2013),基于评价理论的语言学书评标题研究,《外语与外语教学》,(4)：53—57。

布占廷,(2014),英语语言学书评语篇中的负向评价对比研究[博士学位论文,山东大学]。

曹凤龙、王晓红,(2009),中美大学生英语议论文中的元话语比较研究,《外语学刊》,(5)：97—100。

陈令君,(2008),英语学术书评中的评价：一项基于语料库的研究[博士学位论文,山东大学]。

陈令君,(2010),语篇评价的语用维度阐释——兼论英语学术书评中的评价策略,《当代外语研究》,(3)：17—20。

陈令君,(2012),基于自建英语学术书评语料库的评价参数模型探析,《外语与外语教学》,(2)：23—27。

成晓光,(1997),《亚言语研究》,大连：辽宁师范大学出版社。

成晓光,(1999),亚言语的理论与应用,《外语与外语教学》,(9)：4—7。

成晓光、姜晖,(2004),亚语言在大学英语写作中作用的研究,《外语界》,(5)：68—73。

成晓光、姜晖,(2008),Metadiscourse：亚言语、元话语,还是元语篇?,《外语与外语教学》,(5)：45—48。

戴炜华,(2007),《新编英汉语言学词典》,上海：上海外语教育出版社。

高建,(2005),英语元话语的人际-修辞功能多角度研究[博士学位论文,上海外国语大学]。

高健,(2009),《元话语研究：理论与实践》,南京：东南大学出版社。

葛冬梅、杨瑞英,(2005),学术论文摘要的体裁分析,《现代外语》,(5)：138—147。

韩美竹,(2009),元话语、语料库与大学英语口语教学,《外语界》,(3)：32—36。

胡春华,(2008),学术讲座中元话语的语用学研究：顺应-关联路向[博士学位论文,上海外国语大学]。

黄勤、王晓利,(2010),基于语料库的《红楼梦》中的元话语"又"及其英译对比研究,《西安外国语大学学报》,(3)：96—99。

黄勤、王佳怡,(2013),基于语料库的《红楼梦》中的元话语"不过"及其英译对比研究,《外国语文》,(5)：100—106。

纪蓉琴,(2014),元语篇的主体间性建构与典籍英译——以《孙子兵法》英译为例,《上海翻译》,(2)：54—58。

鞠玉梅,(2015),《论语》英译文语篇人际元话语使用与修辞人格构建,《外国语》,(6)：79—88。

李经纬,(1996),英汉书评中的礼貌策略比较,《解放军外语学院学报》,(3)：

1—8。

李秀明,(2006),汉语元话语标记研究[博士学位论文,复旦大学]。

李佐文,(2001),论元话语对语境的构建和体现,《外国语》,(3)：44—50。

李佐文,(2003),元话语：元认知的言语体现,《外语研究》,(1)：27—31。

连淑能,(2006),中西思维方式：悟性与理性——兼论汉英语言常用的表达
    方式,《外语与外语教学》,(7)：35—38。

穆从军,(2010),中英文报纸社论之元话语标记对比分析,《外语教学理论与
    实践》,(4)：35—43。

潘文国,(1997),《汉英语对比纲要》,北京：北京语言大学出版社。

秦秀白,(1997),"体裁分析"概说,《外国语》,(6)：8—15。

冉志晗、冉永平,(2015),语篇分析视域下的元话语研究：问题与突破,《外语
    与外语教学》(2)：38—44。

唐建萍,(2010),元话语研究述评,《山东外语教学》(1)：96—101。

唐丽萍,(2005),英语学术书评的评价策略——从对话视角的介入分析,《外
    语学刊》(4)：1—7。

唐青叶,(2004),书评的语类结构及其情态的力量动态阐释,《外语学刊》,
    (1)：51—55。

王红阳、程春松,(2008),英汉语言学学术书评的态度意义对比研究,《西安
    外国语大学学报》,(2)：56—60。

王力,(1984),《中国语法理论》,济南：山东教育出版社。

王强,(2016),交往行为理论视角下英语学术语篇中元话语对主体间性的构
    建研究[博士学位论文,东北师范大学]。

谢群,(2012),商务谈判中的元话语研究,《外语研究》,(4)：19—23。

辛志英、黄国文,(2010),元话语的评价赋值功能,《外语教学》,(6)：1—5。

邢欣、金允经、郭安,(2013),起始标记语的元话语功能探讨,《当代修辞学》
    (6)：36—44。

徐柏容,(1993),《书评学》,哈尔滨：黑龙江教育出版社。

徐海铭,(2004),中国英语专业本科生使用元话语手段的发展模式调查研
    究,《外语与外语教学》(3)：59—63。

徐海铭、龚世莲,(2006),元语篇手段的使用与语篇质量相关度的实证研究,
    《现代外语》,(1)：54—61。

徐海铭、潘海燕,(2005),元语篇的理论和实证研究综述,《外国语》,(6)：
    54—61。

徐赳赳,(2006),关于元话语的范围和分类,《当代语言学》,(4)：345—353。

许余龙,(2010),《对比语言学》,上海:上海外语教育出版社。

闫涛,(2010),中国英语教师课堂元话语研究[博士学位论文,上海外国语大学]。

杨信彰,(2007),元话语与语言功能,《外语与外语教学》,(12):1—3。

俞东明,(2011),《什么是语用学》,上海:上海外语教育出版社。

袁媛,(2012),英汉书评中表达类言语行为的对比研究,《浙江社会科学》,(5):130—135。

张玉宏,(2014),汉语立法语篇的元话语研究[博士学位论文,华中师范大学]。

朱玉山,(2012),英语专业学生写作文本中元话语使用和分布特征对比研究[博士学位论文,上海外国语大学]。

附　　录

附录1　本研究考察的元话语项目

1. 英语书评语篇中的元话语项目
（1）引导式元话语
逻辑标记语

附 加 式：in addition, additionally, what's more, further, equally, likewise, moreover, similarly, also, besides, apart from, and, furthermore, at the same time, not only ... but also

比较式：however, but, yet, rather, nevertheless, instead, alternatively, conversely, in contrast/by contrast, needless to say, otherwise, on the contrary, still, whereas, while, whilst, although, even though/though, nonetheless

因果式： thus, therefore/thereby/thereafter, consequently, then, as a result/the result is/result in, hence, as a consequence, so, so as to, so that, in order to, such that, it follows that, unless, lead to, since, because, as such, accordingly, as, thanks to

框架标记语

话题转换式：now, so, to move on, to look more closely, to

come back to, in/with regard to/as for/as to, to digress, in terms of, regarding, to turn to

结构标记式：for one thing, to start with, first (ly), second (ly), next/then, to begin (with), last (ly), finally, subsequently, later, eventually, in the end, numbering (1,2,3, etc.), listing (a, b, c, etc.), on the one hand ... on the other hand, to conclude, in conclusion, to sum up, in short, in summary, in sum, summarize, overall, on the whole, all in all, so far, by far, thus far

消息来源标记语

内指式：see/noted/discussed below, see/noted/discussed above, see/noted/discussed earlier, see/noted/discussed later, see/noted/discussed before, (mentioned) above, below, reviewing, previewing, follows, the following, as follows, in what follows, next, Section X, Chapter X, Fig. /Figure X, Table X, Example X, Excerpt X, Page X, see Table X, see Fig. /Figure X, as in X, the current paper/research, as noted above, as mentioned previously, in sections 3 and 4

证源式：(date), (date：page), according to X, cite, quote, say, X points out, X indicates, X argues, X claims, X believes, X notes, X suggests, X shows, X proves, X demonstrates, X finds/found that, studies/research/literature/approaches/model

注解标记语

换言式：i. e. , that is, specifically, in other words, namely, put

simply, stated differently, put differently, which
means, in fact, put another way, refer to, X＝Y, viz,
（ ）, :, 一; or, this means that, to say the same thing
differently, to be more precisely, known as, called,
referred to

举例式：for example, say, for instance, like, e. g. , example,
that is to say, illustrate, such as, or X, more simply,
（ ）, :, 一

（2）互动式元话语

模糊标记语：about, almost, appear to, approximately, argue/
argument, around, assume, assumption,
attempt, basically, broadly, certain extent/
amount/level, claim, commonly, could, doubt,
estimate, feel, （in）general, generally, guess,
hypothesize, hypothesis, hypothesized,
hypothetically, imagine, implication, imply, in
broad terms, indicate, in part, just, likely,
likelihood, mainly, marginally, may, maybe,
might, more or less, nearly, not necessarily,
normally, occasionally, often, partly, partially,
perhaps, plausible, possibility, possible （ly）,
postulate, potential, potentially, predict,
prediction, presumably, presume, probable (ly),
probability, prone to, provided that, propose,
open to question, questionable, rare (ly), rather,
relatively, roughly, seem, seemingly, seldom,
(general) sense, slightly, somewhat, somehow,
sometimes, speculate, suggest, superficially,

suppose, surmise, suspect, technically, tend to, tendency, tentatively, think, to our knowledge, to some extent, typical, typically, uncertain, unclear, unlikely, unsure, usually

增强标记语：actually, always, assert, assertion, assured (ly), certainly, certainty, certain that, clear (ly) /it is clear, say with confidence, confirm, considerable, consistently, strongly, convince, convincingly, decided (ly), definite (ly), demonstrate, determine, doubtless, dramatically, emphasize, entirely, especially, essential, evident, evidence, expect, extensively, fact, for the most part, in fact, the fact that, fairly, fully, highly, highlight, hold, impossible (ly), improbable (ly), indeed, in effect, inevitable (ly), invariably, maintain, believe, it is known that, it is shown that, (at) least, largely, majority, manifest (ly), more than, must, necessary (ly), never, no/beyond doubt, obvious (ly), particularly/in particular, plain (ly), precise (ly), primarily, prove, pinpoint, (without) question, quite, reliable (ly), reveal, show, significantly, substantial, substantially, sure (ly), to a large extent, true (ly), ultimately, unambiguous (ly), unarguable (ly), undeniable (ly), underscore, undoubted (ly), unequivocal (ly), unmistakable (ly), unquestionable (ly), widely

态度标记语：!, acceptable, adequate, agree, amazingly,

appropriately, best, better, broad（ly）, caution, central, core, complex, complexity, comprehensive, conclusively, confident, consistent, consistency, contrary to, contribute, contribution, correctly, credibility, critical（ly）, crucial, curiously, dangerous, deserve, desirable, difficult, dilemma, disappointing, disagree, discovery, easier, effective, ensure, essential, even X, fail, failure, fine-grained, fortunately, fundamental, good, great, hard, have to, helpful, hope, hopeful, hopefully, ignore, importance, important（ly）, inclusive, inconsistent, in-depth, influential, insight, interesting（ly）, intriguing, ironically, key, lack, like, limitation, limited, main, meaningful, merit, missing, narrow, neglect, new, notable, prefer, preferable, glad, major, necessary, notable, noteworthy, obvious, opaque, overemphasize, overlook, paradox, paradoxical（ly）, pleased, poor, primary, problematic, promising, rejection, relevant, remarkable, reasonable, reliably, respond, ripe, robust, satisfactory, serious, shortcomings, short of, side with, significant, significance, strengths, stricter, sufficient, suggestive, support, surprising（ly）,（the）first, tremendous, true, underdeveloped, unexplored, unfortunate（ly）, unique, unusually, understandably, useful（ly）, valid, validity, valuable, value, wealth, wise, worth，worthwhile，worthy

交际主体标记语

自我提及语：I，(exclusive) we，us，our，me，my，mine，the
present study，the study，the investigation，the
author，self-citations

介入标记语：(inclusive) we，us，our，one，you，　?，by the
way，should，must，consider，imagine，let's/
let us

　　2. 汉语书评语篇中的元话语项目

引导式元话语

附加式：此外，除……之外，另外，进一步，并且，而且，不仅……而
且，既……也……

比较式：虽然(尽管)……但是……，不是……而是……，并非……
而是……，不过，反之，否则，然而，相反，可是，而

因果式：之所以……是因为……，因为……所以……，因此，由于，
鉴于

框架标记语

话题转换式：从……的角度(视角)来看，对……而言(来说)，
就……来讲，从……讲，在……的前提下，在……领
域(方面)，在……情况下(过程中)，当……时，至
此，近年来，……年代以来，最近，近来，与此同时

结构标记式：第一……，第二……；一……，二……；(A)……，
(B)……；①……，②……；首先……，其次(接着，再
则)；先……，再……；综上所述，总而言之，总体来
说，总之

消息来源标记语

内指式：下面，以下，上述，在下一节里，以上所述，本文

证源式：据此，根据，按照，由……看出，……指出，……表明，由此

看来，……论述道，从……可见，……的研究显示

注解标记语

换言式：定义为，即，……是……，……指……，或者（说），相当于，
　　　　意味着，那就是，意思是说，同样，换言之，也可以说，换句
　　　　话说，这就是，代表，指的是，更确切地说，解释为

举例式：例如，比如，正如，诸如，譬如，更具体地说，像……一样，
　　　　以……为例

互动式元话语

模糊标记语：可能会，也许，很有可能，似乎，在很大（某种，一定）
　　　　　　程度上，尝试，试图，一般情况下，一般而言，一般，
　　　　　　几，多，少数，……左右，……以上，某些，相关，偏，逐
　　　　　　步，从某种意义上说，不一定，部分，相对，较，一些，
　　　　　　不够，有些，有待……论据来论证，比较，一定的，数
　　　　　　个，通常，不少，些许，或许，数，近，一定数量，某，经
　　　　　　常，逾，约，貌似，大体上，大约，大都，有所，若干，往
　　　　　　往，几乎，大致，基本上，恐怕，多少，常，不妨，或多或
　　　　　　少，尽量，余，颇，常常，适当

增强标记语：实际上，事实上，其实，确实，的确，尤其，特别，甚至，
　　　　　　当然，着重强调，需要指出的是，值得一提的是，严格
　　　　　　来说，很，着实，总是，切实地，极大地，重大，不可否
　　　　　　认的是，无疑，足以，究竟，绝不会，显然，绝非，完
　　　　　　全，乃至，不可能，本身，明显，显然，明确地，必须，
　　　　　　应该

态度标记语：遗憾，从根本上讲，实事求是地说，重要的是，难能
　　　　　　可贵，缺憾，指导意义，令人信服地，意义重大，重
　　　　　　要启示，可以肯定的是，不容忽视的是，不幸的
　　　　　　是，更为糟糕的是，无可厚非，心存质疑，理应，有
　　　　　　必要

交际主体标记语

自我提及语：“排他性的”我们，笔者，本文作者

介入标记语：“融他性的”我们，请看，再看，见后，下面分而述之（详细探讨），先看下面的例句，需要指出的是，值得注意的是

附录 2　本研究所使用的英汉语书评语料

1. 50 篇英语书评

选自 *Applied Linguistics* 的书评

EBR ♯ 01　Hartig, A. J. (2015). Review of "Legal-lay communication: Textual travels in the law" by C. Heffer, F. Rock & J. Conley, Oxford University Press, 2013. *Applied Linguistics*, 36 (1), 140 – 143.

EBR ♯ 02　Stemper, K. D. (2015). Review of "Language policy" by D. C. Johnson, Palgrave Macmillan, 2013. *Applied Linguistics*, 36(2), 278 – 281.

EBR ♯ 03　Joaquin, A. D. L. (2015). Review of "A history of applied lingusitics: From 1980 to the present" by K. de Bot, Routledge, 2015. *Applied Linguistics*, 36 (4), 497 – 499.

EBR ♯ 04　Santos, D. H. (2016). Review of "English language teaching textbooks: Content, consumption, production" by N. Harwood, Palgrave Macmillan, 2014. *Applied Linguistics*, 37(1), 128 – 132.

EBR ♯ 05　Stafford, C. (2016). Review of "Sensitive periods, language aptitude, and ultimatee L2 attainment" by G. Granena, & M. Long, John Benjamins, 2013. *Applied Linguistics*, 37(1), 132 – 135.

EBR ♯ 06　Daborn, E. (2016). Review of "Focus on grammar and meaning" by de Oliverira, L. C. , & M. J. Schaleppegrell, Oxford, 2015. *Applied Lingui-*

stics, 37(2),302 – 305.

EBR♯07　　Jung, Y. J. (2016). Review of "Second language acquisition and task-based language teaching" by M. Long, Wiley Blackwell, 2015. *Applied Linguistics*, 37(3),438 – 441.

EBR♯08　　Tuck, J. (2016). Review of "Learning and teaching writing online: Strategies for success" by M. Deane, & T. Guasch, Brill, 2015. *Applied Linguistics*, 37(4),583 – 586.

EBR♯09　　Hilterbran, A. (2017). Review of "Worldcall: Sustainability and computer-assisted language learning" by A. Gimeno, M. Levy, F. Blin, & D. Barr, Bloomsbury, 2016. *Applied Linguistics*, 38(2),271 – 275.

选自 *English for Specific Purposes* 的书评

EBR♯10　　Park, E. (2015). Review of "Teaching L2 composition: Purpose, process, and practice" by D. R. Ferris, & J. Hedgcock, (3rd ed.), Routledge, 2013. *English for Specific Purposes*, 40,57 – 58.

EBR♯11　　Geluso, J. (2015). Review of "Writing About Quantitative Research in Applied Linguistics" by L. Woodrow, Palgrave Macmillan, 2014. *English for Specific Purposes*, 40,60 – 62.

EBR♯12　　Shin, Y. K. (2016). Review of "Lexical bundles in native and non-native scientific writing: Applying a corpus-based study to language teaching" by D. Salazar, John Benjamins, 2014. *English for Specific*

Purposes, 41,82 - 83.

EBR♯13　　Junqueira, L. (2016). Review of "Academic literacy and student diversity: The case for inclusive practice" by U. Wingate, Multilingual Matters, 2015. *English for Specific Purposes*, 41,84 - 85.

EBR♯14　　Darics, E. (2016). Review of "The discourse of online consumer reviews" by C. Vásquez, Bloomsbury, 2014. *English for Specific Purposes*, 42,119 - 121.

EBR♯15　　Staples, S. (2016). Review of "Understanding patients' voices: A multi-method approach to health discourse" by M. Antón, & E. Goering, John Benjamins, 2015. *English for Specific Purposes*, 42,121 - 124.

EBR♯16　　Kim, M. (2016). Review of "The discourse of nurse-patient interactions: Contrasting the communicative styles of U. S. and international nurses" by S. Staples, John Benjamins Publishing Company, 2015. *English for Specific Purposes*, 44,82 - 83.

EBR♯17　　Egbert, J. (2016). Review of "Linguistic variation in research articles: When discipline tells only part of the story" by B. Gray, John Benjamins, 2015. *English for Specific Purposes*, 44,86 - 87.

EBR♯18　　Rosalia, C. (2017). Review of "Genre-based automated writing evaluation for L2 research writing: From design to evaluation and enhance-ment" by E. Cotos, Palgrave Macmillan, 2014.

English for Specific Purposes, 45,110 – 111.

EBR♯19　Eick，T. (2017). Review of "Introducing English for academic purposes" by M. Charles, D. Pecorari，Routledge，2015. *English for Specific Purposes*, 45,112 – 114.

选自 *Journal of English for Academic Purposes* 的书评

EBR♯20　Jones，M. (2015). Review of "Review of English for academic purposes" by E. de Chaza, Oxford University Press，2014. *Journal of English for Academic Purposes*, 20,215 – 217.

EBR♯21　Healey，C.，& Mayne, R. (2015). Review of "Learn to write badly, how to succeed in the social sciences" by M. Billig, Cambridge University Press，2013. *Journal of English for Academic Purposes*, 20,219 – 220.

EBR♯22　Gurney，L. (2015). Review of "English for academic purposes (EAP) in Asia: Negotiating appropriate practices in a global context" by I. Liyanage，& T. Walker (Eds.), Sense Publishers，2014. *Journal of English for Academic Purposes*, 20,221 – 223.

EBR♯23　Neculai，C. (2016). Review of "Power and meaning making in an EAP classroom: Engaging with the everyday" by C. W. Chun, Multilingual Matters，2015. *Journal of English for Academic Purposes*, 21,137 – 140.

EBR♯24　Muresan，L. M. (2016). Review of "Academic publishing: Issues and challenges in the construction of knowledge" by K. Hyland, Oxford University Press, 2015. *Journal of English for Academic Purposes*, 23,114 – 116.

EBR ♯ 25　Habibie, P. (2016). Review of "Writing for scholars: A practical guide to making sense & being heard" by L. P. Nygaard, (2nd ed.), Sage, 2015. *Journal of English for Academic Purposes*, 23,119 – 121.

EBR ♯ 26　Blagojevic, S. (2016). Review of "Linguistic variation in research articles: When discipline tells only part of the story" by B. Gray, John Benjamins Publishing Company, 2015. *Journal of English for Academic Purposes*, 24,75 – 77.

EBR♯27　Latimer, N. (2016). Review of "Assessing English proficiency for university study" by J. Read, Palgrave Macmillan, Basingstoke, 2015. *Journal of English for Academic Purposes*, 24,100 – 102.

EBR♯28　Storch, N. (2017). Review of "Introducing English for academic purposes" by M. Charles, D. Pecorari, Routledge, 2016. *Journal of English for Academic Purposes*, 25,86 – 87.

EBR♯29　Potts, D. (2017). Review of "Multimodal analysis in academic settings: From research to teaching" by B. C. Camiciottioli, & I. F. Gomez. Routledge, 2015. *Journal of English for Academic Purposes*, 25,87 – 89.

EBR♯30　Jablonkai, R. R. (2017). Review of "First-year university writing. A corpus-based study with implications for pedagogy" by L. Aull, Palgrave Macmillan, 2015. *Journal of English for Academic Purposes*, 26, 79 - 81.

选自 *Journal of Pragmatics* 的书评

EBR ♯ 31　Haugh, M. (2015). Review of "Review of intercultural pragmatics" by I. Kecskes, Oxford University Press, 2014. *Journal of Pragmatics*, 79, 40 - 42.

EBR ♯ 32　Waltereit, R. (2015). Review of "Discourse and pragmatic markers from Latin to the Romance languages" by C. Ghezzi, & P. Molinelli, Oxford University Press, 2014. *Journal of Pragmatics*, 81, 74 - 76.

EBR ♯ 33　Kopaczyk, J. (2015). Review of "Diachronic corpus pragmatics" by I. Taavitsainen, A. H. Jucker, & J. Tuominen, John Benjamins, 2014. *Journal of Pragmatics*, 84, 33 - 36.

EBR ♯ 34　Singh, J. N. (2015). Review of "Poststructuralist discourse analysis: Subjectivity in enunciative pragmatics" by J. Angermuller, & H. P. Macmillan, 2014. *Journal of Pragmatics*, 88, 55 - 57.

EBR ♯ 35　Bolander, B. (2016). Review of "The discourse of culture and identity in national and transnational contexts" by C. Jenks, J. Lou & A. Bhatia (Eds.), Routledge, 2015. Journal of Pragmatics, 94, 12 - 14.

EBR ♯ 36　Barbier, F. (2016). Review of "Quotatives. New trends and sociolinguistic implications" by I.

Buchstaller, Wiley Blackwell, 2014. *Journal of Pragmatics*, 98,61–64.

EBR♯37 Adami, E. (2016). Review of "The pragmatics of discourse coherence. Theories and applications" by H. Gruber, & G. Redeker, John Benjamins, 2014. *Journal of Pragmatics*, 103,70–72.

选自 *Journal of Second Language Writing* 的书评

EBR♯38 Tabari, M. A. (2015). Review of "Collaborative writing in L2 classrooms" by N. Storch, Multilingual Matters, 2013. *Journal of Second Language Writing*, 28,76–77.

EBR♯39 Lillis, T. (2015). Review of "The semiperiphery of academic writing. Discourse, communities and practices" by K. Bennet, Palgrave Macmillan, 2014. *Journal of Second Language Writing*, 30,84–86.

EBR♯40 Fazel, I. (2015). Review of "Writing for peer reviewed journals: Strategies for getting published" by P. Thomson, & B. Kamler, Routledge, 2013. *Journal of Second Language Writing*, 30,87–88.

EBR♯41 Yigitoglu, N. (2016). Review of "Effective curriculum for teaching L2 writing: Principles and techniques" by E. Hinkel, Routledge/Taylor & Francis, 2015. *Journal of Second Language Writing*, 32,53–54.

EBR♯42 Yousif, M. (2016). Review of "Academic writing step by step: A research-based approach" by C. N. Candlin, P. Crompton & B. Hatim, Equinox,

2016. *Journal of Second Language Writing*, 32,55 - 57.

EBR # 43　Hirvela, A. (2016). Review of "Teaching and researching writing (3rd ed.)" by K. Hyland, Routledge, 2016. *Journal of Second Language Writing*, 33,1 - 2.

EBR # 44　Siegal, M. (2016). Review of "Teaching U. S. -educated multilingual writers: Pedagogical practices from and for the classroom" by M. Roberge, K. M. Losey, & M. Wald, University of Michigan Press, 2015. *Journal of Second Language Writing*, 33,18 - 20.

EBR # 45　Gilliland, B. (2016). Review of "Principles and practices for response in second language writing: Developing self-regulated learners" by M. S. Andrade, & N. W. Evans, Routledge, 2013. *Journal of Second Language Writing*, 34,1 - 2.

EBR # 46　Woodrow, L. (2016). Review of "The Routledge handbook of English for academic purposes" by K. Hyland, & P. Shaw, Routledge, 2016. *Journal of Second Language Writing*, 34,31 - 33.

EBR # 47　Alamri, B. (2017). Review of "Getting published in academic journals: Navigating the publication process" by B. Paltridge, & S. Starfield, University of Michigan Press, 2016. *Journal of Second Language Writing*, 35,18 - 19.

EBR # 48　Russell-Pinson, L. (2017). Review of "Supporting graduate student writers: Research, curriculum, &

program design" by S. Simpson, N. A. Caplan, M. Cox, & T. Phillips, University of Michigan Press, 2016. *Journal of Second Language Writing*, 35,26 – 28.

EBR♯49　Ruecker, T. (2017). Review of "Second language writing in elementary classrooms: Instructional issues, content-area writing and teacher education" by L. C. de Oliveira, & T. Silva, Palgrave-Macmillan, 2016. *Journal of Second Language Writing*, 35,29 – 31.

EBR♯50　Burgess, S. (2017). Review of "Editing research: The author editing approach to providing effective support to writers of research papers" by V. Matarese, Information Today, 2016. *Journal of Second Language Writing*, 35,35 – 37.

2. 50 篇汉语书评

选自《当代语言学》的书评

CBR♯01　许立群,(2015),《指示：语言、文化、认知汇交之处》介绍,《当代语言学》,(2)：240—243。

CBR♯02　谢翠平、刘承宇,(2015),《历史认知语言学》介绍,《当代语言学》,(2)：244—247。

CBR♯03　许恒、宫齐,(2015),《二语习得中的研究方法：实用指南》评介,《当代语言学》,(3)：348—351。

CBR♯04　姚岚,(2015),《儿童语言习得理论比较》介绍,《当代语言学》,(3)：352—355。

CBR♯05　夏登山,(2015),《东亚礼貌研究》介绍,《当代语言学》,(3)：356—359。

CBR♯06　曾国才,(2015),《语言、思维与大脑中的转喻》介绍,

《当代语言学》,(3)：372—374。

CBR♯07　王雪玉,(2016),《话语 2.0：语言与新媒介》述介,《当代语言学》,(2)：299—302。

CBR♯08　姜其文,(2016),《跨语言中的可数性与物质性》述介,《当代语言学》,(2)：308—311。

CBR♯09　丁健,(2016),《语言的功能取向》述介,《当代语言学》,(3)：452—456。

CBR♯10　唐毅,(2016),《美国土著语言规划与政策：历史、理论与实践》述介,《当代语言学》,(3)：461—464。

选自《外国语》的书评

CBR♯11　董诗文,(2015),评价理论与翻译研究的联姻——《翻译与评价：译者决策中的关键点》介评,《外国语》,(3)：100—104。

CBR♯12　周洋,(2016),从构式语法看语言演变——《构式化与构式变异》评介,《外国语》,(1)：104—108。

CBR♯13　朱海婷、林允清,(2016),计算语言学框架下的语言习得研究——《语言天赋论与刺激贫乏》评介,《外国语》,(1)：109—112。

CBR♯14　范莉,(2016),语言的社会-文化决定论——《语言：文化的工具》评介,《外国语》(4)：104—109。

选自《外语教学与研究》的书评

CBR♯15　王勇,(2015),《动词：体及致使结构》介绍,《外语教学与研究》,(3)：469—473。

CBR♯16　曹贤文,(2015),《敏感期、语言学能和最终二语习得状态》述介,《外语教学与研究》,(3)：474—478。

CBR♯17　古海波、顾配娅,(2015),《批评性英语教学中的情感研究》评介,《外语教学与研究》,(4)：634—638。

CBR♯18　于善志,(2015),《心理、大脑和叙事》评介,《外语教学与研究》,(6)：945—950。

CBR#19 刘亮,(2015),《语法的模块化体系结构》述介,《外语教学与研究》,(6)：951—955。

CBR#20 章柏成,(2016),《二语时体研究设计与方法论》述评,《外语教学与研究》,(2)：305—310。

CBR#21 尉万传,(2016),《语言与时间：认知语言学方法》评介,《外语教学与研究》,(2)：311—316。

CBR#22 周凌、张绍杰,(2016),《礼貌的语用观》述介,《外语教学与研究》,(4)：625—629。

CBR#23 张晓艺,(2016),《重审语言测试：哲学性与社会性探寻》评述,《外语教学与研究》,(4)：630—633。

CBR#24 孙崇飞,(2016),《二语句子加工》介评,《外语教学与研究》,(4)：634—638。

CBR#25 徐锦芬、范玉梅,(2016),《借鉴二语习得研究探索语言教学》述评,《外语教学与研究》,(5)：794—798。

CBR#26 郑咏滟,(2016),《语言学习动机的动态机制》评介,《外语教学与研究》,(6)：947—952。

CBR#27 王小潞、郭晓群,(2016),《跨文化语用学》述评,《外语教学与研究》,(6)：953—958。

选自《外语研究》的书评

CBR#28 袁周敏,(2015),《中国话语研究》述介,《外语研究》,(3)：108—111。

CBR#29 齐金鑫,(2015),《定量方法在语料库翻译研究中的应用》评介,《外语研究》,(5)：109—111。

CBR#30 刘新芳,(2015),《话语形式与意义：语料库辅助话语研究理论与实践》评介,《外语研究》,(6)：102—104。

CBR#31 李淑康、李克,(2016),《转喻：语言、思维与交际背后的捷径》评述——一位隐喻研究学者的转喻思想,《外语研究》,(3): 110—111。

CBR♯32 杜宜阳、赵蓉晖,(2016),构建融合政治学与语言学的语言政策理论——评《语言政策与政治理论》,《外语研究》,(5): 109—111。

选自《现代外语》的书评

CBR♯33 韦晓宝,(2015),《当代二语习得研究方法》评介,《现代外语》,(1): 137—140。

CBR♯34 吴雪、雷蕾,(2015),《话语分析与媒体态度》评介,《现代外语》,(3): 425—428。

CBR♯35 高瑞阔,(2015),《同伴互动与二语学习》述介,《现代外语》,(3): 429—432。

CBR♯36 陆礼春,(2015),《系统功能语言学——选择研究》评介,《现代外语》,(4): 579—582。

CBR♯37 范婷婷、王华,(2015),《二语/外语阅读中的诊断测试》评介,《现代外语》,(6): 863—867。

CBR♯38 严敏芬、王敏,(2015),《超越课堂的语言学习》评介,《现代外语》,(6): 868—871。

CBR♯39 黄妮娅、俞东明,(2016),《语用学与英语语言》评介,《现代外语》,(1): 137—140。

CBR♯40 周晓君,(2016),《语法结构中的致使研究》述评,《现代外语》,(1): 141—144。

CBR♯41 孙云梅、李菲,(2016),《二语课堂中的显性学习: 以学生为中心的视角》述评,《现代外语》,(2): 287—290。

CBR♯42 宫丽丽,(2016),《(不)礼貌含意》评介,《现代外语》,(3): 429—432。

CBR♯43 周琼、张再红,(2016),《词汇加工与第二语言习得》评介,《现代外语》,(3): 433—436。

CBR♯44 乐思伟,(2016),《专业话语》述评,《现代外语》,(4):

570—573。

CBR♯45　杨昆、毛延生，(2016)，《社会语言学与二语习得：学习在语境条件下使用语言》评介，《现代外语》，2016(4)：578—581。

CBR♯46　徐海、冯永芳，(2016)，《基于使用的构式语法下的论元结构》述评，《现代外语》，(5)：724—727。

CBR♯47　张瑞杰、何伟，(2016)，《生态语言学：语言、生态与我们赖以生存的故事》评介，《现代外语》，2016(6)：863—866。

CBR♯48　庞双子，(2016)，《多语言语篇产出：历时和共时视角》述评，《现代外语》，(6)：867—871。

CBR♯49　李健雪、俞越聪(2017)，《多模态与认知语言学》评介，《现代外语》，(1)：137—140。

CBR♯50　钟俊、张丽，(2017)，《剑桥语言教学的混合学习指南》述评，《现代外语》，(2)：287—290。

附录3　英汉语书评中介绍章节内容常用的报道动词及动词词组

英语书评中的报道动词及词组	汉语书评中的报道动词及词组
be dedicated to, begin by, include, draw on, ask, discuss, introduce, summarize, define, provide, review, utilize, propose, incorporate, highlight, conclude, classify, report, explore, investigate, draw a link between.., evaluate, (critically) examine, stress, problematize, point out, argue, outline, move on to, be devoted to, focus on, present, describe, deal with, exemplify, illustrate, centre around, distinguish, elaborate, touch upon, explain, acknowledge, assess, analyze, seek to, offer, emphasize, address, open with, approach, compromise, pay attention to, suggest, delineate, close by, serve as, differentiate, contrast, share, feature, consider, continue, give an overview, we are invited to explore, revolve around, situate, cover, contain, synthesize	（主要/着重/重点）阐述,（着重/重点）探讨,研究,揭示,论述,考察,指出,（主要）关注,追踪,阐明,（主要/逐一/简要/详细/重点）介绍,（详细/逐步）说明,（重点/详细）阐释,详述,围绕,（侧重/着重）讨论,（清晰地）展示,给予……特别关注,对……给予解释,简述,反思,梳理,回顾,探析,关注的是,描写,主要内容是,区分,描述,聚焦,调查,总结,追溯,追述,展望,对比,归纳总结,举例论述,审视,（重点）剖析,强调,呈现,融合,解释,专注于,致力于,例释,倡导,比较,（清晰地）概述,旨在探究,重述,谈,界定,列举,借鉴,引出,廓清,主张,声明,反驳,认为,针对,讲述,综述,批判,旨在回答,厘清,拓展

图书在版编目(CIP)数据

英汉学术期刊中应用语言学书评比较研究：语类与
元话语/李玉著.—上海：上海三联书店，2020.5
ISBN 978-7-5426-7043-4

Ⅰ.①英… Ⅱ.①李… Ⅲ.①英语-应用语言学-对
比研究-汉语 Ⅳ.①H31②H1

中国版本图书馆 CIP 数据核字(2020)第 076777 号

英汉学术期刊中应用语言学书评比较研究：语类与元话语

著　　者／李　玉

责任编辑／杜　鹃
装帧设计／一本好书
监　　制／姚　军
责任校对／张大伟

出版发行／上海三联书店
　　　　　(200030)中国上海市漕溪北路 331 号 A 座 6 楼
邮购电话／021-22895540
印　　刷／上海惠敦印务科技有限公司

版　　次／2020 年 5 月第 1 版
印　　次／2020 年 5 月第 1 次印刷
开　　本／890×1240　1/32
字　　数／310 千字
印　　张／11.25
书　　号／ISBN 978-7-5426-7043-4/H·91
定　　价／45.00 元

敬启读者,如发现本书有印装质量问题,请与印刷厂联系 021-63779028